21世纪经济管理新形态教材·公共基础课系列

大学生
国家安全教育导论

《大学生国家安全教育导论》编写组 ◎ 编

清华大学出版社

北京

内 容 简 介

本书全面贯彻习近平总书记总体国家安全观，以《教育部关于加强大中小学国家安全教育的实施意见》为指导，对总体国家安全及总体国家安全观视域下各领域安全的概念、意义、面临的威胁与挑战，以及维护该领域安全的途径与方法进行了深入浅出的阐述，特别是在经济、文化、社会、网络、太空、深海、极地、生物安全等高校国家安全工作者原有知识结构比较薄弱的非传统安全和新型领域安全方面，提出了权威系统的观点与理念，相信对读者会有良好的学习与参考价值。

本书采用新形态教材形式进行编写设计，将生动丰富的视频、文字延伸阅读材料和即测即练材料通过二维码进行网络链接，既方便学生多形式地开展学习，也方便教师了解学生的学习情况。本书可作为高职高专、本科大学生的通识教育教程，也可作为高校国家安全教育工作者的教学参考用书。

图书在版编目 (CIP) 数据

大学生国家安全教育导论 /《大学生国家安全教育导论》编写组编 . —北京：清华大学出版社，2024.2

21 世纪经济管理新形态教材 . 公共基础课系列

ISBN 978-7-302-65332-5

Ⅰ．①大… Ⅱ．①大… Ⅲ．①国家安全－安全教育－中国－高等学校－教材 Ⅳ．① D631

中国国家版本馆 CIP 数据核字 (2024) 第 077586 号

责任编辑：付潭娇
封面设计：汉风唐韵
版式设计：方加青
责任校对：宋玉莲
责任印制：刘海龙

出版发行：清华大学出版社
　　网　　　址：https://www.tup.com.cn，https://www.wqxuetang.com
　　地　　　址：北京清华大学学研大厦 A 座　　　　　邮　　编：100084
　　社　总　机：010-83470000　　　　　　　　　邮　　购：010-62786544
　　投稿与读者服务：010-62776969，c-service@tup.tsinghua.edu.cn
　　质　量　反　馈：010-62772015，zhiliang@tup.tsinghua.edu.cn
印 装 者：三河市人民印务有限公司
经　　销：全国新华书店
开　　本：185mm×260mm　　　印　　张：15.75　　　字　　数：351 千字
版　　次：2024 年 4 月第 1 版　　　印　　次：2024 年 4 月第 1 次印刷
定　　价：49.00 元

产品编号：098599-01

前　言

　　安而不忘危，存而不忘亡，治而不忘乱。国家安全是国家生存发展的前提，维护国家安全，是坚持和发展中国特色社会主义，实现"两个一百年"奋斗目标和中华民族伟大复兴的重要保障。2014年4月，习近平总书记在中央国家安全委员会第一次全体会议上提出了"总体国家安全观"这一全新的战略思想，全面完善和丰富了我国国家安全内涵，把我们党对国家安全的认识提升到了新的高度和境界，为破解我国国家安全面临的难题、推进新时代国家安全工作提供了基本遵循。

　　"图之于未萌，虑之于未有。"当今世界，兵戎相见时有发生，冷战思维和强权政治无处不在，恐怖主义、难民危机、重大传染性疾病、气候变化等非传统安全威胁持续蔓延。种种现象深刻启示我们：没有国家安全的基础，任何美好蓝图都是空中楼阁。习近平总书记高度重视国家安全问题，多次强调要增强忧患意识，做到居安思危，把安全发展贯穿国家发展各领域全过程。

　　国家安全一切为了人民，一切依靠人民。2015年7月1日全国人大常委会通过的《中华人民共和国国家安全法》第十四条规定：每年4月15日为全民国家安全教育日。在2016年首个全民国家安全教育日，习近平总书记作出重要指示："国泰民安是人民群众最基本、最普遍的愿望。实现中华民族伟大复兴的中国梦，保证人民安居乐业，国家安全是头等大事。"习近平总书记强调，要以设立全民国家安全教育日为契机，以总体国家安全观为指导，全面实施国家安全法，深入开展国家安全宣传教育，切实增强全民国家安全意识。要坚持国家安全一切为了人民，一切依靠人民，动员全党全社会共同努力，汇聚维护国家安全的强大力量，夯实国家安全的社会基础，防范化解各类安全风险，不断提高人民群众的安全感、幸福感。国家安全是人民的基本需要，学习贯彻落实总体国家安全观，增强国家安全意识，维护国家安全是每一个公民和组织的责任和义务。

　　"扫除四海一清净，整顿万物俱安全。"总体国家安全观是习近平新时代中国特色社会主义思想的重要组成部分，也是我国国家安全理论的最新成果。总体国家安全观是全面、立体、科学的安全观，内容既包括政治、军事、国土等传统安全，也包括经济、文化、社会、科技、信息、生态、资源、核安全等非传统安全，还包括太空、深海、极地、生物等新型领域的安全。2018年4月教育部发布了《教育部关于加强大中小学国家安全教育的实施意见》，强调加强国家安全教育是立德树人的重要任务，明确了以国家安全战略需求为导向，构建国家安全教育体系，为实现"两个一百年"奋斗目标、实现中华民族伟大复兴的中国梦提供坚实的国家安全教育保障的总体要求。2020年10月，教育部印发《大中小学国家安全指导纲要》，进一步明确了大学生国家安全教育的内容、目标和途径。落实总体国家安全观，编写出版权威、专业、适合高等学校国家安全教育的教育教程，既是落实立德树人根本任务的迫切需要，也是广大高校国家安全教育工作者，尤其是大学生的现实需求。

本书全面贯彻习近平总书记总体国家安全观，以《教育部关于加强大中小学国家安全教育的实施意见》为指导，以在校大学生（高职、本科）、研究生为读者对象，邀请传统安全、非传统安全、新型领域安全方面的权威专家，立足大学生的身心特点，对总体国家安全及总体国家安全观视域下各领域安全的概念、意义、面临的威胁与挑战，以及维护该领域安全的途径与方法进行了深入浅出的阐述，特别是经济、文化、社会、网络、太空、深海、极地、生物安全等高校国家安全工作者原有知识结构比较薄弱的非传统安全和新型领域安全方面，提出了权威系统的观点与理念，弥补了其他国家安全教育出版物的短项，是本书鲜明的特色亮点之一，相信对读者会有良好的学习与参考价值。

本书采用新形态教材形式进行编写设计，将生动丰富的视频、文字延伸阅读材料和即测即练材料通过二维码进行网络链接，既方便学生多形式地开展学习，也方便教师了解学生的学习情况。本书可作为高职高专、本科大学生的通识教育教程，也可作为高校国家安全教育工作者的教学参考用书。

编　者
2023 年 4 月

目　录

第一章
国家安全综述

学习目标

◇ 理解国家安全的基本概念。
◇ 理解总体国家安全观与传统国家安全的区别。
◇ 掌握总体国家安全观的核心要义。
◇ 熟悉中国特色国家安全道路的主要内涵。

国家安全是国家生存发展的前提、人民幸福安康的基础。《中华人民共和国国家安全法》（以下简称《国家安全法》）第一章第十一条明确规定：中华人民共和国公民、一切国家机关和武装力量、各政党和各人民团体、企业事业组织和其他社会组织，都有维护国家安全的责任和义务。当前，中华民族伟大复兴战略全局与世界百年未有之大变局同步交织，"两个一百年"奋斗目标历史交汇，我国国家安全的内涵与外延比历史上任何时候都要丰富，时空领域比历史上任何时候都要宽广、内外因素比历史上任何时候都要复杂，维护国家安全是我们党巩固执政地位，团结和带领人民坚持和发展中国特色社会主义的"头等大事"。

第一节　什么是国家安全

一、国家安全的产生与发展

1. 安全的概念

安全是人的本能欲望，也是人类生存的基本需要。不同的国家对安全的定义与用词不尽相同，如日语中的"安全"是指"人身没有危险，物没有损伤、损害之虞的状态"。英语中的"安全"通常用 safe、safety 和 secure、security，都含有安全的、保险的、牢靠的意思。我国古人讲的"无危则安，无缺则全"，即是讲安全没有危险且尽善尽美。总体上，安全既指一种客观状态，也指一种主观感觉，通常是指人没有危险、感觉不存在危险的状态。

2. 国家安全的产生

国家安全是随着国家的出现而出现的一种社会现象。为了防范威胁，消解各种侵害国家安全的因素，所有的国家都会采取临时或持久的应对措施和行动。随着国家事务的持续发展，逐渐设立了相应的工作机构，产生了系统性活动，出现了以保障国家安全为目的的国家安全活动和国家安全工作。人类历史上长期没有"国家安全"一词，有关国家安全的思想理论分散于政治、军事、情报、国际关系等理论和学科中。20 世纪三四十年代，"国家安全"开始出现，特别是第二次世界大战后，"国家安全"一词逐渐被广泛使用。最早使用"国家安全"一词的成文立法是美国于 1947 年通过的《国家安全法》。

3. 国家安全的概念发展

"国家安全"一词自用于法律文件以来，其内涵和外延并未达成共识。传统的国家安全主要限于军事、政治、国土、主权领域，也常被作为情报和反间谍等隐蔽战线机构和工作的掩护名称。比较通用的国家安全一般是指国家不受内外威胁和侵害的客观状态，也指国人普遍存在的安全的感觉，国家客观上不存在威胁，国人主观上不存在恐惧的状态。

受国家制度、经济社会所处阶段、所处的安全环境和对威胁的主观感知和意识形态等影响，不同的国家在不同的阶段对国家安全的定义会有所不同。例如，2009 年《俄罗斯联邦 2020 年前国家安全战略》报告称："国家安全"是个人、社会和国家既没有内部威胁，也没有外部威胁，公民的宪法权利、自由及应有的生活质量和水平，以及俄联邦主权、领土完整、持续发展、国防和国家安全因而得到保障的一种状态。1997 年美国参谋长联席会议出版的《军语及有关术语》将"国家安全"定义为：国家安全既包括美国国家防务，又包括美国对外关系的一个集合名词，具体指下述状态：在军事和防务上占有对任何外国和国家集团的优势；对外关系上的有利地位；能成功地抵抗来自内部或外部的、公开或隐蔽的敌对行动或破坏行动的防务态势。2010 年《美国国家安全战略报告》也强调了经济、教育、科技、能源、核扩散、互联网与太空安全的影响。

我国古代没有专门的"国家安全"一词，但有关"国家安全"及其观念的内涵、内容在历代史籍、兵书、经书中都有体现，如"国之安危""社稷已安""居安思危"等都是针对国家政体的安全而言的，国家安全主要是指王朝受政权威胁、国内政治格局稳定性遭到破坏或天灾、疾疫、饥荒等引发的国家不稳定状态。国家安全治理上强调"中国"与周边"国家"关系以"礼"为纽带，被称为朝贡体系，强调"恩"与"德"的教化和影响，不在于对领土的占有和对周边邦国的直接统治。国家安全工作主要为"遣边戍守""以边拱安""屯田守边"，对内设立"察事听儿""武德司"（唐朝）、"皇城司"（宋朝）、"厂卫""锦衣卫"（明朝）"军机处"（清朝）等国家安全情报机构负责国家安全。总体上，国家安全内容经历了以"皇权为核心"到以"民族国家"为核心、以"内防""陆防"为主到"外防""海防"为主的转变过程。

新中国成立后，我国在法律层面对国家安全并没有一个明确的定义。1982 年《中华人民共和国宪法》首次在国家根本法层面写入"国家安全"。1993 年 2 月第七届全国人大常委会第十三次会议通过的《中华人民共和国国家安全法》在内容上明确了"阴谋颠覆政府，分裂国家，推翻社会主义制度的；参加间谍组织或者接受间谍组织及其代理人的任务；窃取、刺探、收买、非法提供国家秘密"等五种危害国家安全的行为，内容侧重于反奸防谍，但没有定义国家安全。

4. 影响、危害国家安全的主要因素

影响国家安全的因素一般包括自然因素和社会因素两个方面，影响国家安全的自然因

素一般为国土面积、地理位置、自然资源、气候条件、人口数量等。一般国土面积大对国家安全有正面的积极作用，而国土面积小则会对国家安全产生消极作用；影响国家安全的社会因素主要分内部因素和外部因素，内部因素主要是指政治制度、政策方针、国民素质、民族宗教、文化传统等，外部因素主要为一国之外的国际形势、地区形势、邻国形势及安全状态，影响国家安全的内外部因素并不都是割裂的，有些因素经常交叉在一起，如宗教是影响国家安全的社会因素，很多时候，它既是国内因素，也是国际因素。影响国家安全的自然因素和社会因素之间也会有交叉，比如人口因素，其中人口数量为自然因素，人口素质则是社会因素。

危害国家安全的因素可分为国内因素和国外因素两个方面，国内因素主要是指内战、内乱、分裂（民族分裂与地方分裂）、破坏以及各种形式的极端主义、恐怖主义等；国外因素主要是指军事入侵、政治颠覆、文化侵略（渗透）、间谍活动、国际恐怖主义等。

5. 国家安全保障的主要体系

国家安全保障主要包括国家安全保障机制与国家安全保障活动。国家安全保障机制是国家安全保障体系的主题和核心，国家安全保障机制一般由硬件和软件两个方面构成，硬件主要是指以保障国家安全为目的建立起来的专职保障机构和非专职机构，专职机构主要为军队、警察、情报、外交等机构，非专职机构主要是指经济、贸易、文化、教育、科技、体育、外事等部门。也可以从不同的角度对国家安全保障机制进行分类，如国家安全"公开战线"和"隐蔽战线"。软件主要是指那些以保障国家安全为目的来制定或确立的国家安全制度、法律、法规、政策、战略、国家安全观，以及国家战略等。国家安全保障活动可分为以公开或秘密的方式开展的政治、军事、法律、外交、情报等硬手段和包括发展经济、科技、教育、文化等事业，做好外交外事、公共关系、宣传教育等活动，开展国家安全体制机制调整、改革、创新等内容的软手段。

二、我国国家安全的概念及核心内涵

1. 国家安全的法定概念

2015 年 7 月 1 日第十二届全国人大常委会第十五次会议审议通过的《中华人民共和国国家安全法》明确指出：国家安全是指国家政权、主权、统一和领土完整、人民福祉、经济社会可持续发展和国家其他重大利益相对处于没有危险和不受内外威胁的状态，以及保障持续安全状态的能力。

扩展阅读1.1
央视快评：把生物安全作为国家总体安全重要组成部分

2. 国家安全的核心内涵

国家安全既指国家处于安全状态，又指国家维持这种安全状态的能力。从我国对国家安全的定义可以看出，维护国家安全的核心内容是国家核心利益、人民福祉等得到持续稳定的保护，不受内外威胁。根据 2011 年 9 月 6 日我国政府发表的《中国的和平发展》白皮书明确的国家核心利益的内容，我国国家安全维护的主要内容包括国家主权、国家安全、领土完整、国家统一、国家宪法确立的国家政治制度和社会大局稳定、经济可持续发展的根本保障等核心利益不受内外威胁。由于安全威胁的因素永远不可能根除，追求绝对安全不利于总体安全和可持续安全，因此国家安全是一种相对安全。同时，国家安全必须既强调国家核心利益处于没有危险和不受内外威胁的状态，也要强调维护这种状态的能力。

我国国家安全工作的指导思想是总体国家安全观，它是一种全面、完整、系统的国家安全观，内容体系主要涉及政治安全、国土安全、军事安全、经济安全、文化安全、社会安全、科技安全、网络安全、生态安全、资源安全、核安全、海外利益安全等领域。随着科技的进步和研究的深入，太空、深海、极地、生物等战略新疆域、新领域凸显的现实和潜在的重大国家利益日益明显，面临的威胁与挑战日益突出，太空安全、深海安全、极地安全、生物安全也成为国家安全的重要内容。

第二节　总体国家安全观

一、总体国家安全观的提出

当今世界是一个变革的世界，国际体系进入了加速演变和深刻调整期，大国战略博弈日趋激烈，地缘政治错综复杂，国际力量格局处于再调整、再平衡中，单边主义、贸易战、科技战、金融战不断演进，霸权主义、强权政治、新干涉主义有新的发展，气候变化、重大传染性疾病等非传统安全威胁上升，国际秩序存在失范的风险，世界面临百年未有之大变局。从国内来说，党的十八大以来，我国经济实力、科技实力、国防实力、国家软实力、国际影响力又上了一个新台阶，与世界的关系日益密切，互动日益频繁，发生了历史性变革，中华民族的伟大复兴展现出前所未有的光明前景。与此同时，国家安全面临的压力和风险日益增多，生存安全问题和发展安全问题、传统安全威胁和非传统安全威胁相互交织，维护国家统一、维护领土完整、维护发展利益的任务艰巨繁重。

站在新的时代方位，以习近平同志为核心的党中央统筹国内国际两个大局、统筹"百年未有之大变局""中华民族伟大复兴战略全局"和国家安全面临的新形势新任务，在2014年4月15日召开的中央国家安全委员会第一次会议上正式提出了总体国家安全观。它以实现中华民族伟大复兴中国梦为目标，系统、全面地阐述了新时代国家安全工作的指导思想、目标方略，明确我国国家安全走中国特色国家安全道路，是国家安全理论的重大创新，有着深厚的思想基础，内涵十分丰富，是指导新时代国家安全工作的纲领性思想，是新时代我国国家安全工作的根本遵循。

二、总体国家安全观的核心要义

国家安全是国家所有方面、所有领域、所有层级安全的总和，总体国家安全观是富有中国特色的国家安全观，具有系统性、全面性、持续性三个重要特性，其内涵和外延概括起来，可以归结为五大要素、五对关系、七个统筹、十个坚持。

1.五大要素

五大要素就是以人民安全为宗旨，以政治安全为根本，以经济安全为基础，以军事、文化、社会安全为保障，以促进国际安全为依托。以人民安全为宗旨，就是要坚持以人民为本、以人为本，坚持国家安全一切为了人民、一切依靠人民；以政治安全为根本，就是要坚持党的领导和中国特色社会主义制度不动摇，把制度安全、政权安全放在首要位置，为国家安全提供根本政治保证；以经济安全为基础，就是要确保国家经济发展不受侵害，促进经济持续稳定健康发展，为国家安全提供坚实物质基础；以军事、文化、社会安全为保障，就是要注意这些领域面临的大量新情况新问题，根据军事、文化、社会领域的特点规律，建立完善强基固本、化险为夷的各项对策措施，为维护国家安全提供硬实力和软实力保障；以促进国际安全为依托，就是要矢志不渝地走和平发展道路，在维护本国国家安全利益的同时，注重维护共同安全，推动建设持久和平、共同繁荣的和谐世界。

扩展阅读1.2
芯"急背后的美式霸权

2.五对关系

五对关系包括以下内容。①既重视外部安全，又重视内部安全。外部安全主要强调世界和地区因素对我国国家安全的影响，内部安全强调我国内部因素对国家安全的影响。强调必须统筹外部安全和内部安全，尤其要防止内外因素相互联动,形成叠加效应,冲击国家安全底线,冲击社会主义制度和党的执政根基。②既重视国土安全，又重视国民安全。国土安全主要强调国家领土主权完整统一，国民安全则强调一国之民的安全、利益得到有效保护。国土安全与国民安全有机统一，维护国土安全和国民安全，既要考虑静态的固有领土主权安全，又要考虑领土之上人民的各项生存发展需求保障。③既重视传统安全，又重视非传统安全。传统安全把主权安全、政治安全、军事安全等作为国家安全中的重中之重，维护国家安全主要靠军事力量和手段。而随着社会的发展和世界形势的变化，恐怖主义、自然灾害、网络信息、生物威胁、太空威胁等非传统的安全问题日益突出，成为威胁国家安全的重要因素。传统安全威胁与非传统安全因素有时相互交织，相互影响，并在一定条件下可能相互转化，严重威胁国家安全。④既重视发展问题，又重视安全问题。发展是安全的基础，安全是发展的条件，发展和安全是一体两面，只以其中一项为目标，两个目标均不可能实现，必须统筹发展与安全。⑤既重视自身安全，又重视共同安全，自身安全主要强调一国本身的安全，共同安全则是从全局出发考虑国与国在维护各自安全中的相互关系，考虑人类命运共同体应有的安全。

3.七个统筹

七个统筹分别是统筹发展与安全、统筹开放与安全、统筹外部安全和内部安全、统筹国土安全与国民安全、统筹传统安全与非传统安全、统筹自身安全与共同安全、统筹维护国家安全与塑造国家安全，是总体国家安全观不可分割的一部分。统筹开放与安全、统筹

外部安全和内部安全、统筹国土安全与国民安全、统筹传统安全与非传统安全、统筹自身安全与共同安全是"五对关系"在国家安全治理方面的实践体现。统筹发展与安全强调"安全中发展"和"发展促安全"两者并重，坚持经济社会发展同国家安全一起谋划，是习近平新时代中国特色社会主义在国家安全方面的原创性成果。统筹维护国家安全与塑造国家安全充分体现了国家安全治理概念的本质要求，维护国家安全针对的通常是业已存在且具有紧迫性的现实国家安全问题，是指运用军队、警察、情报等强力手段维持和保护国土、主权、政治等方面不受内外威胁和危害。塑造国家安全主要是指运用文化、经济、心理、政策等软实力、巧实力，以及交流、贸易、合作、共赢等软措施、软手段，通过长期的潜移默化、互利互信使国家安全得到提升与强化，更多的是针对潜在的、没有明显紧迫性的未来国家安全问题。

4.十个坚持

十个坚持就是坚持党对国家安全的绝对领导，坚持中国特色社会主义道路，坚持以人民安全为宗旨，坚持统筹发展与安全，坚持把政治放在首要位置，坚持统筹推进各领域安全，坚持把防范化解国家安全风险摆在突出位置，坚持推进国家共同安全，坚持推进国家安全体系和能力现代化，坚持加强国家安全干部队伍建设。十个坚持是一个有机融合、有机统一的整体。

五大要素清晰地反映了新时代国家安全的内在逻辑关系，五对关系辩证、全面、系统、准确阐述了新时代国家安全理念，七个统筹充分体现了国家安全治理的实践要求，与十个坚持形成一个有机融合、有机统一的整体，是对传统国家安全观的极大超越，是我国国家安全理论的最新成果，也是对世界安全理念的重大贡献。厘清总体国家安全观的五大要素，准确处理五对关系，做好七个统筹，坚持十个坚持，从全局和战略的高度审视国家安全问题，统筹好不同领域、不同性质的安全工作，形成维护国家安全的强大合力，防范化解各类国家安全风险，是理解贯彻总体国家安全观的关键所在。

第三节　中国特色国家安全道路

中国特色国家安全道路是中国特色社会主义在国家安全上的具体体现，2021 年 11 月 18 日，习近平总书记在审议《国家安全战略（2021—2025 年）》时明确指出，走中国特色国家安全道路，必须坚持党的绝对领导，完善集中统一、高效权威的国家安全领导体制，实现人民安全、政治安全、国家利益至上相统一。

一、坚持党对国家安全工作的绝对领导

中国共产党是中国特色社会主义事业的领导核心，中国特色社会主义最本质的特征是中国共产党的领导。党的一百年的发展历程证明：中国共产党从根本上结束了近代以后中

国内忧外患、积贫积弱的悲惨命运，不可逆转地开启了中华民族走向伟大复兴的历史进程。党的核心地位是历史形成的、人民选择的、宪法赋予的。国家安全工作的首要任务是保证政权安全和制度安全。坚持党对国家安全的绝对领导，是总体国家安全观的本质特征，更是国家安全工作的需要，关系社会主义的前途命运和国家的长治久安，关系"两个一百年"奋斗目标的实现。走中国特色国家安全道路，坚持党对国家安全工作的领导，是发挥党总揽全局、统筹协调作用的重要体现，是做好国家安全工作的基本原则。

二、坚持以人民安全为根本宗旨

人民安全是国家最大的安全利益，是总体国家安全观所坚持的根本宗旨，充分体现了中国共产党全心全意为人民服务的根本宗旨与价值追求。在 2017 年 2 月 17 日召开的国家安全工作座谈会上，习近平总书记指出："国家安全工作归根结底是保障人民利益，要坚持国家安全一切为了人民、一切依靠人民，为群众安居乐业提供坚强保障。"人民是维护和实现国家安全的最强大力量，保障人民安全是中国特色国家安全道路的出发点和落脚点。"国家安全一切为了人民、一切依靠人民"充分回答了中国特色国家安全"为了谁""依靠谁"的问题。坚持以人民安全为宗旨，说到底就是要维护中华民族的生存权、发展权，让全体中国人民分享发展成果，基本权利得到保护，人的尊严受到尊重，安全得到保障。我国《国家安全法》对以人民安全为宗旨有充分体现：第一条立法宗旨中强调"保护人民的根本利益"；第七条基本原则中强调"尊重和保障人权，依法保护公民的权利和自由"；在第十六条国家安全的任务中明确强调"国家维护和发展最广大人民的根本利益，保卫人民安全，创造良好的生存发展条件和安定的工作生活环境，保障公民的生命财产安全和其他合法权益"。尤其值得一提的是，在第三十三条对海外中国公民、组织和机构的安全和正当权益明确给予保护，将人民安全延伸至域外。

三、坚持国家利益至上

国家利益是一个国家在国际社会中生存需求和发展需求的总和，反映的是国家作为整体的需求、绝大多数人民的共同需求。国家利益一般可分为核心利益、重大利益和一般利益，也可分为整体利益、局部利益，从时效上还可分为长远利益、当前利益、潜在利益，等等。国家利益具有排他性和共同性。排他性是指每个国家都有对内对外至高无上的主权，都有自己的独特利益，都有一些不容侵犯的特殊权益。共同性是指随着全球化的发展，国家与国家之间相互依赖的程度也越来越深，相互依赖的国家具有相互重合的利益，需要相互合作来实现。

国家利益是人民利益的集中体现，捍卫国家利益是国家安全工作的根本使命与最高目标。当代中国，实现中华民族伟大复兴最鲜明的特点就是将国家、民族视为一个命运共同体，将国家利益和民族利益紧密联系在一起。走中国特色的国家安全道路，必须坚持国家利益至上，将国家利益作为国家安全战略的出发点，坚决维护好国家核心利益，坚持正确的义利观，走和平发展道路。

四、坚持系统思维、共同安全、合作安全、可持续安全

1. 坚持系统思维

国家安全工作与国家安全活动是一项社会系统工程。总体国家安全观下的国家安全，指向的是国家所有方面、所有领域、所有层级的安全，是国家所有方面、所有领域、所有层级安全的总和。2020 年 12 月 11 日，习近平总书记主持中央政治局第二十六次集体学习时强调："做好新时代国家安全工作，要坚持总体国家安全观，抓住和用好我国发展的重要战略机遇期，把国家安全贯穿党和国家工作各方面全过程，坚持系统思维，构建大安全格局，为建设社会主义现代化国家提供坚强保障。"走中国特色的国家安全道路，必须坚持系统思维，运用系统思维认识国家安全问题，把国家安全看作一个有机体系，认识到体系内外的普遍联系，根据价值关系和轻重缓急对体系中的不同要素进行系统性定位，全面贯彻落实总体国家安全观，构建系统思维下的大安全格局，实现综合安全。

2. 坚持共同安全

坚持共同安全是我国国家安全的鲜明特色。当今世界，各国人民命运与共、唇齿相依，任何国家都不可能脱离世界而实现自身安全，也不可能将自身安全建立在其他国家不安全的基础之上。以习近平同志为核心的党中央与时俱进地提出了"共同安全的理念"，是顺应国家安全发展潮流的必然选择，是对当今世界主要安全问题和共同安全利益的准确把握，是维护自身安全和国际安全的重要举措。所谓"共同安全"，就是适用于世界上每一个国家的安全观，强调安全是平等的，国家不论大小强弱，都有平等参与地区安全事务的权利，也都有维护地区安全的责任，任何国家都不应该垄断地区安全事务，侵害其他国家正当权益。强调安全是普遍的，就是要国际社会得到认可的国家都享有独立自主的安全地位，各国人民都能免于战争、贫困和流离失所的状况，不能一个国家安全而其他国家不安全，更不能以牺牲别国安全来谋求自身所谓的绝对安全。强调安全应该是包容的，把各国的多样性和差异性转化为促进地区安全合作的活力和动力，尊重各国自主选择的社会制度和发展道路，尊重多样性，妥善处理和照顾不同的利益关系和诉求，力求实现"各美其美，美人之美，美美与共，天下大同"。

3. 坚持合作安全

合作安全，顾名思义就是以合作取得安全。世界各国面临着许多共同安全问题，如国际恐怖主义、国际犯罪、难民问题、生态环境问题、粮食问题、能源问题等，没有国际范围的合作，任何国家都不可能单独解决这些问题。合作安全就是要摒弃安全领域的军事冲突、政治对抗、零和游戏，使安全问题能在合作的框架下得到更好解决。合作安全的精髓是互信、互利、平等、协作。互信是指超越意识形态和社会制度的异同，摒弃冷战思维和强权政治心态，互不猜疑，互不敌视，各国应经常就各自安全及重大行动展开对话、相互

通报。互利是指应顺应全球化时代社会的客观要求，互相尊重对方的安全利益，在实现自身利益的同时，为对方安全创造条件，实现共同安全。平等是指国家无论大小强弱，都是国际社会的一员，应互相尊重、平等相待、不干涉别国内政，推动国际关系的民主化。协作是指以和平谈判的方式解决争端，并就共同关心的安全问题进行广泛深入的合作，消除隐患，防止战争和冲突的发生。需要说明的是，合作安全与安全合作是不同的，安全合作是国际关系中的一种古老的国家行为，是一种国家间的安全关系，而合作安全是安全合作的一种类型。

4. 坚持可持续安全

可持续安全是一种着眼于未来的国家安全理念，旨在确保国家和平与安全状态不被迫中断，是长期维护国家安全的一种能力和艺术。2014年5月21日在上海举行的亚信会议第四次峰会上，习近平总书记讲道："我们应该积极倡导共同安全、综合安全、合作安全、可持续安全的亚洲安全观，创新安全理念，搭建地区安全合作新架构，努力走出一条共建、共享、共赢的亚洲安全之路。"可持续安全既是我国现实和长远的利益，也是世界各国的共同利益，其核心是综合安全、合作安全、共同安全，尽量以和平的方式和较低成本，实现和维护国际和平安宁与国家的长治久安。党的十九大报告指出：新时代是全体中华儿女勠力同心、奋力实现中华民族伟大复兴中国梦的时代，是我国日益走向世界舞台中央、不断为人类作出更大贡献的时代。面向新时代，坚持可持续安全理念，确保国家可持续的总体安全，推动构建人类命运共同体，为全球安全作出中国贡献，是走中国特色国家安全道路的重要体现。

本章思考题

1. 什么是国家安全？

2. 总体国家安全观与传统国家安全有什么不同？

3. 中国特色国家安全道路的主要内涵是什么？

扩展阅读1.3
习近平总书记在"中国共产党与世界政党高层对话"会上的主旨讲话

即测即练

参考文献

[1]　《总体国家安全观教育读本》编写组．总体国家安全观教育读本 [M]. 北京：光明日报出版社，2016.

[2]　郑淑娜．中华人民共和国国家安全法解读 [M]. 北京：中国法制出版社，2016.

[3]　张永攀．从先秦"王畿"到近代民族国家——论中国传统"国家安全观"的流变与转型 [J]. 国际安全研究，2021，39(6)：59-81+154-155.

[4]　《总体国家安全观干部读本》编委会．总体国家安全观干部读本 [M]. 北京：人民出版社，2016.

[5]　刘跃进．系统思维下的大安全格局与理念 [J]. 人民论坛，2021(8)：16-20.

[6]　王成君．合作安全视角下中国非传统安全问题研究 [J]. 学理论，2014(11)：24-25+36.

第二章
政治安全

学习目标

◇ 掌握政治安全的基本概念与主要内容。
◇ 理解政治安全在国家安全中的地位与意义。
◇ 了解政治安全面临的威胁与挑战。
◇ 掌握维护政治安全的途径与方法。

在我国国家安全体系中，政治安全处于最根本、最核心的地位。没有政治安全，国家安全就无法实现，实现中华民族伟大复兴的战略全局也就无从谈起。新时代以来，习近平总书记多次强调政治安全在国家安全体系中的特殊重要性，指出要把维护政治安全特别是政权安全、制度安全放在第一位。与此同时，在世界百年未有之大变局的时代背景下，中国所面临的内部与外部、线上与线下、传统与非传统的政治风险也越发频繁复杂。只有清晰理解、科学把握、全民参与，才有可能守住政治安全这道国家安全与发展、人民安定与幸福的根本屏障。

第一节　政治安全的主要内容

政治安全是指一个国家的领土、主权、政权、政治制度以及意识形态等方面不受威胁、侵犯和颠覆的客观状态。国家领土完整、主权独立、政权稳定、政治制度自主、主流意识形态彰显是一个国家政治安全的主要表现。其中，领土完整与主权独立是国家与人民得以生存的基本前提；政权稳定与制度自主是国家发展与人民幸福的根本保障；主流意识形态彰显了国家软实力、社会凝聚力、人民向心力。具体而言，政治安全的主要内容包括以下方面。

一、领土与主权安全

1. 维护国家领土完整

领土完整是一个国家独立自主、国民生存发展的基本空间条件。一个国家的领土不仅包括一般意义上的陆地山川、江河湖泊，还包括领海、领空及在该空间范围内的一切资源。领土完整既指海、陆、空三维空间的完整无缺，不受外来侵扰与威胁，又指一个国家对以上三维空间内资源的独立占有权和使用权。直至今天，我国的领土仍面临着分裂主义的威胁，"台独""港独"等分裂势力的破坏行动仍然存在。这些分裂势力又常常被境内外反华势力当作政治筹码、用作政治武器，遏制我国经济社会发展，破坏我国政治局势稳定。因此，我们需要清醒地认识到：领土完整不仅是国土安全的问题，而且是政治安全的重要构成部分。

2. 维护国家主权独立

主权是国家区别于其他一切国内国际集团和组织的最根本属性，是其他一切组织团体所不具备的特殊性质。国家主权主要包括管辖权、独立权、自卫权和平等权四个方面。具体而言，管辖权是指国家拥有管理其领土、领空、领海内部的一切人和事务的最高权力。独立权是指国家能够排除一切外来干扰因素，独立自主地行使其对内对外各项事务的权利，包括但不限于政治、经济、文化等领域制度和发展道路的选择。自卫权是指国家为维护政治独立与领土完整而对外来侵略与威胁采取防卫措施的权利。平等权是指主权国家不论强弱、制度类型、文化差异，在国际法上的地位都一律平等的权利。

二、政权与制度安全

1. 巩固国家政权稳定

政权是指掌握国家主权的政治组织及其所掌握的政治权力。政权组织是维护政治安全的主体，其所掌握的政治权力用以维护国家和社会的稳定运行与持续发展。政权稳定意味着政治运行独立有序、政治程序稳定高效、政治组织合法完备、政治认同牢固统一。就我国而言，坚持中国共产党的领导是巩固国家政权稳定的首要前提与核心内涵。

2. 坚持国家制度自主

一个国家能够独立自主、不受外界干涉地选择适合自身发展的各项制度是制度自主的主要体现。就中国而言，我国在始终坚持马克思主义指导思想，坚持社会主义制度不动摇的同时探索出了一条具有中国特色的社会主义道路。具体来看，人民代表大会制度是我国的根本政治制度，中国共产党领导的多党合作和政治协商制度、民族区域自治制度以及基层群众自治制度是我国的三项基本政治制度。正是我国始终坚持以上制度的独立性、自主性和连续性，才取得了如今经济快速发展、政治稳定有序、社会安定祥和的发展成就。因此，国家制度自主是其自身政治、经济、社会发展的基石。

三、意识形态安全

意识形态安全是政治安全的核心，是国家安全的灵魂。意识形态是人们基于社会存在，对于政治、经济、法律、道德、文化等方面的总体性认知、理解与倾向。社会存在不仅包括社会现状，如国家经济社会发展状况，还包括各自的社会历史文化，如历史事件、传统习俗与文化观念等。因此，意识形态并不是凭空产生的，而是根源于社会存在的。就政治领域而言，意识形态安全的关键在于人民即江山，江山即人民。任何一个政党与政府一旦失去了人民发自内心的认可与拥护，就失去了存在的意义与可能。这既与政党的性质、政府的能力有关，也受教育宣传、信息传播、个人价值取向等因素的影响。

第二节　维护政治安全的重要意义

政治安全不仅是国家安全与发展的根本保证，还是人民安宁与幸福的守护屏障。只有国家主权独立、领土完整、制度自主、政局稳定、主流意识形态彰显，国家总体安全才有保障、经济社会发展才有根基、人民的生命与健康才能得到保证、尊严与价值才能得到守护、幸福与发展才成为可能。

一、维护国家安全的根本

国家经济安全、文化安全、社会安全在失去了政治安全后都将难以为继。近代以来，自鸦片战争开始，我国国家主权与领土不再完整，对内没有最高统治权，对外丧失独立自主权，开始沦为半殖民地半封建国家。1842 年，中英签署《南京条约》，中国割让香港岛；向英国赔偿鸦片烟价、商欠、军费共 2100 万银元。1900 年签署的《辛丑条约》要求中国对各国赔款 4.5 亿两白银，价息合计超过 9.8 亿两白银；划定东交民巷为使馆界，允许各国驻兵保护，不准中国人在界内居住；允许列强各国派兵驻扎北京到山海关铁路沿线要地。直到中华人民共和国成立之前，中国领土不再完整，经济难以自主、社会秩序混乱，国家安全尽失。

中国近代以来的历史遭遇证明：没有政治安全就没有国家安全，政治安全是维护国家安全的根本保证。

二、保障国家发展的基石

中华人民共和国成立以后，我国国家主权得以确立，国内政局逐步走向稳定，虽然仍面临着政治上的内忧外患，但整体的政治安全局势得到稳固，为国家经济社会的全面发展提供了保障。中华人民共和国成立初期，经济快速复苏，尤其在重工业领域，建立了一整套完整的工业生产体系；物价得到稳定，完成土地改革；西藏和平解放，祖国大陆完全统一。在"文化大革命"期间，我国国家经济建设遇到了一些挫折。

自改革开放以来，国内政局长期稳定，政治安全得到进一步巩固，我国经济与社会迅速发展，并取得一系列伟大成就：中国经济连年快速增长，创造了"中国奇迹"；1997 年、1999 年中国政府相继对香港、澳门恢复行使主权，香港澳门回归祖国；2001 年中国正式加入世界贸易组织，以更加开放的姿态融入世界发展大潮；2008 年，中国政府成功举办北京奥运会，向世界展示了一个强大自信、开放包容的中国形象。

回望中国当代史，不难发现，政治安定始终是中国全面发展的基本条件，政治安全始终是国家发展的基石。

三、守护人民福祉的保证

新时代以来，以习近平同志为核心的党中央决策把握中华民族伟大复兴战略全局和世界百年未有之大变局，把反腐败斗争上升至危及党和国家生死存亡的政治安全高度，查处了一系列涉及党和国家高级领导干部的严重违纪违法案件。不仅"打虎"，还要"拍蝇"，全力惩治群众身边的微腐败行为，出台了"中央八项规定"，坚决制止"吃、拿、卡、要"的不良社会风气和违法乱纪行为，为经济社会的全面发展提供了有力的政治保障。

在此基础上，我国政府打赢了举世瞩目的"脱贫攻坚战"，全国 832 个贫困县全部摘帽，12.8 万个贫困村全部出列，近一亿农村贫困人口实现脱贫，提前十年实现联合国 2030 年可持续发展议程减贫目标，历史性地解决了绝对贫困问题；国内生产总值突破百万亿元大关，人均国内生产总值超过 1 万美元；在收入分配上，以"共同富裕"为目标，促进公平的收入分配体系，调节过高收入，取缔非法收入，增加低收入者收入，稳步扩大中等收入群体；在教育领域，推进义务教育均衡发展和城乡一体化，全面推行国家通用语言文字教育教学，规范校外培训机构，落实"双减"政策，办好人民满意的教育；在医疗保障领域，我国建成了世界上规模最大的社会保障体系，10.2 亿人拥有基本养老保险，13.6 亿人拥有基本医疗保险；在环境治理领域，全面禁止进口"洋垃圾"，秉持"绿水青山就是金山银山"的理念，开展中央生态环境保护督察工作，解决人民群众突出反映的环境问题。

新时代以来的种种现实启示我们，政治安全不仅是国家安全的根本、国家发展的基石，还是守护人民福祉的保证。政治安全不仅事关国家大局，还与每一个人的生活息息相关。只有国家安全得到保障，经济社会全面发展，人民的生命与健康才能得到保证，尊严与价值才能得到守护，幸福与发展才成为可能。

第三节　政治安全面临的威胁与挑战

一、互联网背景下的全方位意识形态斗争

意识形态领域的斗争是一场没有硝烟的战争。第二次世界大战后，大规模的"热战"逐渐退出历史舞台，和平与发展成为时代的主题。但这并不意味着国家间的竞争不复存在，相反地，在意识形态领域展开的斗争更加隐蔽、更加复杂也更加激烈。意识形态领域的斗争早已横跨线上与线下两个空间，融入经济、政治与文化等领域，意识形态的渗透变得愈发隐秘与微观。新时代以来，我国在意识形态领域所面临的风险和挑战也越发严峻，主要体现在以下四个方面。

1. 互联网空间中的意识形态渗透

随着"热战"时代的结束以及互联网时代的到来，国内外政治斗争形势发生了巨大的变化，互联网领域的信息战争如期而至，黑客攻击、意识形态渗透、网络谣言等威胁国家安全的事件层出不穷。相较于直接的、短期的、小范围的传统政治安全风险，互联网空间中的意识形态渗透更加隐蔽、长效且广泛，往往以软性的"和平演变"方式对我国政治安全造成更为隐秘且深远的破坏。习近平总书记说过："过不了互联网这一关，就过不了长期执政这一关。"互联网领域的风险不仅是现实政治风险在空间上的腾挪，也是将政治风险进行集中、放大与深化。近年来，一些境外媒体在网络空间对我国展开有组织的、有目的的污蔑抹黑，还有一些个人和组织以哗众取宠的"低级红"方式对我国进行别有用心的"高级黑"。互联网领域的意识形态斗争是我国近年来面临的一种主要斗争形式。

2. 经济领域的意识形态斗争

随着中国进一步融入经济全球化的发展大潮，在全球产业分工体系中占据着越发重要的地位，西方反华势力对中国在经济领域所展开的意识形态攻击也越发激烈，主要有两种形式：①以经济手段展开意识形态斗争。近年来，新自由主义经济理论已经从一种经济学理论蜕变为一些发达资本主义国家的意识形态武器，通过鼓吹经济自由化、私有制无限化、政府职能最小化等并不适合我国国情，甚至历史已经证明并不正确的经济发展理念对我国的经济制度、政治制度展开攻击。在微观层面上，一些西方反华势力通过境外驻华组织，包括金融机构、非政府组织、商业组织等，为境内一些异见人士提供经济支援，煽动其在线上与线下对中国进行恶意抹黑，意图诱导舆论、混淆视听。②借意识形态进行经济遏制。中国加入世界贸易组织以来，对全球经济贡献率连年增长，截至2019年，中国对世界经济增长贡献率已达30%左右，连续13年稳居世界第一。中国不仅成了世界工厂，还是全球经济高速运转的发动机。但与此同时，中国的经济发展屡屡遭受一些发达资本主义国家的恶意打压。一些国家和组织多次对中国施行无端且不公的经济制裁，包括加征反倾销关税、设置贸易壁垒、列举进出口负面清单、巨额索赔等方式。经济遏制常常是以国家间的主流意识形态进行阵营划分的，进而对西方阵营之外的国家或地区进行打压制裁，而经济遏制的背后，实则是以意识形态为武器所展开的国家博弈。

3. 政治领域的意识形态斗争

在政治领域的意识形态斗争常常围绕我国的国家性质、政治制度、执政理念、民主方式、治理模式展开，通过国家代理人、媒体代理人、企业代理人打着"人权、民主、自由、平等"的旗号，对我国制度、道路和理念进行污蔑和攻击。而现实是中国从未发动战争、从不海外殖民、不搞经济掠夺，通过坚定不移地走中国特色社会主义发展道路，以占世界7%的土地养活了全球22%的人口，人民生活水平日益提高，生活幸福感、尊严感也不断提升，在国际事务上也积极主动承担起大国责任，作出应有的贡献。

4. 思想文化领域的意识形态斗争

随着中国全球化程度的加深和互联网技术的普及，中西方思想文化的交融与碰撞在所难免。中国是世界上历史最悠久的文明古国之一，拥有着丰厚的文化、历史和思想资源。

难能可贵的是，中国文化历来倡导尊重包容、平等相待，从不推行强人所难的文化输出，更不会借文化输出之名，行政治破坏之实。可是近年来，一些西方反华势力利用其在互联网领域的技术优势和成体系的话语优势，对中国进行有目的、有组织的意识形态渗透。思想文化中的意识形态渗透常常围绕大众日常生活中的热点话题、焦点问题和生活方式展开。例如，一些反华势力常会利用中国个别社会舆论事件，以资金支持的方式，通过境内外媒体代理人对话题进行炒作歪曲、无限放大，有目的地"带节奏"，将一些孤立事件、偶发事件刻意上升至群体对立乃至制度层面的污蔑和攻击。

二、新形势下"三股势力"的破坏与威胁

暴力恐怖势力、民族分裂势力、宗教极端势力常被统称为破坏中国政治安全的"三股势力"。"三股势力"的破坏是政治安全风险中最传统、最典型、最直接的。在当今社会，和平与发展深入人心，成为全体国民的价值共识，但互联网时代的到来为经济社会发展注入新的活力的同时，也带来了一些新的社会问题，使"三股势力"的破坏活动具有了一些新的特征。

（1）"三股势力"趋于联合，互为表里。近年来，暴力恐怖势力、民族分裂势力与宗教极端势力的破坏行动之间并无明显的界限区分。在国内发生的事件中，往往存在着"三股势力"之间的共谋与交织现象。①"三股势力"的破坏行动往往以暴力恐怖事件为主要表现形式，如爆炸、纵火、骚乱等。2009 年 7 月 5 日 20 时左右，新疆乌鲁木齐市发生打砸抢烧的严重暴力犯罪事件，造成众多无辜群众和一名武警被杀害，多部车辆被烧毁，多家商店被砸被烧。截至 2009 年 8 月 5 日，事件已造成 197 人死亡，1 700 余人受伤。②"三股势力"以民族和国家分裂为主要目的。"三股势力"的破坏形式既有公开的，也有隐蔽的，既有暴力的也有非暴力的，但历史经验表明，无论是采用何种形式，其最终目的始终是破坏民族团结，分裂国家统一。③"三股势力"多以极端宗教信仰为组织动员方式。一些民族与国家分裂主义者往往披着宗教自由、信仰自由的外衣，利用"宗教原教旨主义"中的一些极端思想作为动员手段，将教徒信众的生命健康作为达到民族与国家分裂目的的政治武器。这既是对国家安全的威胁，也是对生命价值的蔑视，更是对宗教信仰的亵渎。

（2）以互联网为新型组织动员手段。互联网作为一种全球化、无边界、低门槛、即时性的通信技术和平台，除了为社会经济发展带来极大便利之外，也为一些境内外反华势力提供了便利，常被用作发动和组织破坏行动的工具。具体表现：①网络空间正成为"三股势力"宣传与组织的重要阵地。"三股势力"通过设立网站、维护社交网站账号，以组织、拉拢、操纵部分人员，造谣、歪曲、炒作，借机制造事端，散布分裂思想，煽动民族仇恨，从事分裂活动。2009 年韶关事件发生后，境外"三股势力"从网络论坛和个人空间大量发帖，

扩展阅读2.1
暗流涌动——中国新疆反恐挑战

呼吁在乌鲁木齐市人民广场举行示威游行。7 月 5 日，数千名暴徒分散在市区多处打砸抢烧，最终酿成惨痛恐怖事件。2008 年发生在拉萨的 "3·14" 事件中，境内外民族分裂分子也是使用互联网传递信息、策划实施暴力分裂活动。②网络空间正成为 "三股势力" 募集资金的重要渠道。网络空间是我们生活必不可少的组成部分，但同时也正成为 "三股势力" 筹集资金的重要平台。一些跨国网络支付平台成为 "三股势力" 的重要融资渠道。"三股势力" 活动资金传统上主要来源于 "基地" 组织、西方基金会的资助及其走私贩毒等非法活动。但随着我国相关措施的进一步升级，物理越境转运日益困难，

扩展阅读2.2
煽惑、洗脑与撕裂——香港 "修例风波" 回望之一

同时，由于一些支付平台存在着监管盲区，具有匿名性、隐蔽性等特征，跨国网络支付平台已然成为 "三股势力" 的重要融资渠道。在 2019 年的中国香港 "修例风波" 中，美国一些所谓的民主基金会就是通过境外账户将 "黑金" 以互联网跨境转账的方式转入香港一些本土组织。

三、复杂社会矛盾与历史问题的 "政治化" 倾向

　　当今中国仍处在全面高速发展的阶段，经济增长、政治稳定、社会安宁、人民幸福始终是中国政府工作的重心。但需要承认的是，改革开放四十多年以来的高速发展，除了帮助中国取得了西方发达国家两百余年才获得的经济成就之外，也为中国带来了一系列经济领域、政治领域、社会领域的问题与矛盾。而当今社会是一个系统性社会，往往 "牵一发而动全身"。因此，发展中的经济问题、社会问题乃至一些历史问题之间也常常盘根错节、同频共振，甚至会转化为威胁政治与国家安全的潜在风险。

　　（1）经济与社会矛盾的 "政治化" 演变。当前中国的政治安全风险面临着越来越多的来自经济与社会领域的 "传导性风险"。一些系统性的经济风险、地方性的社会风险在一定条件下会转化为破坏国家安全的潜在威胁，尤其是一些波及面广泛，涉及领域较为关键的 "灰犀牛" 与 "黑天鹅" 事件。比如金融领域的风险可能会导致资本外流或通货膨胀，继而引发经济危机、社会冲突，最终转变为严重的政治风险。在国际上曾发生过许多此类事件，一些国家的政局稳定、社会安宁、人民幸福都因此遭受了严重的冲击。对此，我们要引以为戒，时刻警惕，用系统化思维防范和化解经济与社会矛盾的 "政治化" 演变。

　　（2）历史问题的 "政治化发酵"。当前，中国正处在经济转型发展、社会结构调整的关键时期，而我国政府对于一些由历史原因造成的现实问题始终是抱着深刻理解、厘清脉络、积极解决、绝不回避的态度，积极制定和出台相关解决措施。但在这个过程中，一些国家刻意制造舆论、混淆视听、误导大众，将历史问题片面化、割裂化、政治化。近年来中国的经济和社会形势始终处在日新月异的变化当中，为了应对新形势下出现的新问题，中国政府总能发扬实事求是的求真务实精神，因地因时制宜，科学决策研判，以巨大的改革勇气和决心推陈出新，深化改革。当然，在这个过程中必然需要舍弃一些不合时宜的旧

政策、旧办法，才能使新政策、新思路有落地和施展的空间。但是，一些西方国家对中国政府审时度势、革故鼎新的改革决心与科学研判、统筹把握的改革能力视而不见，反而通过对中国历史决策的污名化来质疑党的执政能力与国家的大政方针，试图以此动摇当今中国的政策、道路与制度的合法性。

第四节　维护政治安全的途径与方法

一、加强党的领导与建设

中华人民共和国成立至今，已取得了诸多举世瞩目的发展成就，其根本原因就在于坚持党的领导。改革开放以来，以习近平同志为核心的党中央旗帜鲜明提出，党的领导是党和国家的根本所在、命脉所在，是全国各族人民的利益所系、命运所系。党明确提出，党的领导是全面的、系统的、整体的，保证党的团结统一是党的生命；党中央集中统一领导是党的领导的最高原则，加强和维护党中央集中统一领导是全党共同的政治责任，坚持党的领导首先要旗帜鲜明讲政治，保证全党服从中央。只有加强党的全面领导，中国的政治局势才能稳定、制度道路才能坚持、意识形态才能彰显、政治安全才能得到最根本的保障。

与此同时，中国共产党作为拥有9 800多万名党员的全球第一大政党、最大发展中国家与全球第二大经济体的长期执政党，其自身的执政安全很大程度上决定着国内政治安全的状况。从外部来看，不同于西方资本主义国家，中国是当今世界少有的社会主义国家之一，也是信息化、工业化、全球化程度最深的社会主义国家，政党性质、国家体制以及意识形态的差异会为党的长期执政合法性带来极大的外部风险。更为重要的是，就内部而言，党自身的组织规模、队伍质量、执政能力也会影响区域和整体的政治安全，尤其是基层党组织的架构设置、服务管理水平、工作效率与廉洁程度等方面。打铁还需自身硬，党作为政治安全的主体之一，其自身建设对于政治安全至关重要。

二、坚定政治理想信念

如今，和平与发展早已成为时代主题，政治安全领域的斗争更多地体现在意识形态领域。所以，坚定政治理想与信念就成为取得政治斗争胜利的关键所在。习近平总书记指出："马克思主义是我们立党立国的根本指导思想。背离或放弃马克思主义，我们党就会失去灵魂、迷失方向。在坚持马克思主义指导地位这一根本问题上，我们必须坚定不移，任何时候任何情况下都不能有丝毫动摇。"否则必然导致政治上变质、经济上贪婪、道德上堕落、生活上腐化。始终坚持中国共产党的领导与中国特色社会主义制度，坚决防范一切干涉我国内政，尤其是试图动摇党的统治地位和干涉我国发展道路选择的势力。在理论上、从历史中、在现实里搞懂"中国共产党为什么能，马克思主义为什么行，中国特色社会主义为什么好"等根本性问题，增强道路自信、理论自信、制度自信、文化自信，把坚定的政治理想信念落实在具体问题中。

三、提升防范参与意识和能力

当代大学生在拥护党的领导、坚定政治理想信念的基础上，还应该努力从以下三个方面提高自身的防范参与意识和能力，以此应对国家和个人所面临的政治安全风险。

（1）坚决抵制和防范外部势力的意识形态渗透。要时刻提高警惕，清楚地认识到意识形态的渗透随时随地都在发生，从文化与价值观念的输入到社会热点事件的舆论诱导，都存在着意识形态渗透的影子。近年来，西方一些国家发动的"颜色革命"屡屡得逞，但西方国家承诺的、描绘的、讴歌的民主自由非但没有在革命发生后如期而至，反而给不少国家及其人民带去了深重的苦难。究其原因是一些西方政客妄图通过"颜色革命"实现其个人和本国利益的最大化，其他国家和人民的幸福、发展乃至生命只是其实现个人和本国目的的垫脚石。但根本原因还是在于，一些国家的政府和人民并没有坚定的理想信念，对原本适合于本国国情的制度、道路缺乏自信。与此同时，也没有看清楚一些西方国家的"原始积累"是建立在其发展早期的"海外殖民"、近代的"战争掠夺"和当今的"金融收割"之上，而并非其所宣扬的民主制度优势。

（2）坚定不移反对和打击"三股势力"的破坏。民族分裂势力、暴力恐怖势力以及宗教极端势力是破坏我国政治安全的三大传统势力，也是严重挑战当今全人类道德规范、文明成果、社会秩序的邪恶势力。一些西方国家对发生在本国内部的"三股势力"和发生在他国的"三股势力"的破坏事件采取了完全相反的"双标"态度和行动。2019年发生在中国香港地区的由"修例风波"引起的严重暴力骚乱事件，不仅破坏了香港社会的政治经济秩序，影响了香港地区的长期稳定发展局势，还为香港的普通大众带来了严重的经济损失甚至人身安全威胁。但美国一些政客罔顾事实，称发生在中国香港地区的暴乱是"美丽的风景线"，是"民主自由的体现"。讽刺的是，此后不久美国发生了由白人警察"跪杀"黑人平民弗洛伊德而引发的全国性抗议游行活动，一些地区甚至也出现了"打砸抢烧"的暴力事件，造成部分无辜民众的伤亡和商家的经济损失。这一次，美国政府却悄悄收起了往日的民主自由大旗，称此次事件为严重的暴力骚乱，派驻军警上街，逮捕了大批暴乱分子。所以，我们要清晰地认识到，"三股势力"的破坏无论在哪个国家、哪种文明下都是不被允许和不被接受的。

（3）深入理解一些社会矛盾的必然性与内部性。当今的中国仍处在高速发展的时期，经济的腾飞为中国社会带来巨大物质财富的同时，也带来了一些复杂的社会矛盾。我们要清晰地认识到，当代中国所面临的一些社会矛盾是必然的。改革开放以来，中国的经济增长速度创造了世界奇迹，用四十多年的时间走完了西方发达资本主义国家近两百年的路程。但与此同时，我们也面临一些西方国家曾经在发展早期遇到的问题，如一些地区的雾霾严重、水土流失等问题，这就是环境破坏与经济发展如何兼顾的一对社会发展矛盾。当今中国甚至还出现了很多西方国家都不曾面临过的挑战，如超大型国家的治理问题、人工智能技术所带来的社会伦理挑战等。所以，我们应该保持清醒，深刻理解经济社会的历史发展规律，对当今中国所面临的一些难以避免的发展性问题保持客观理性的认知。而认清发展性问题的目的是指导我们吸取经验教训，更加科学高效地解决问题。最后，中国的一些社会矛盾虽然尖锐、紧迫，但始终不应该超越"人民内部矛盾"和"国家内部矛盾"的边界，不应随便上升至"民族矛盾""阶级矛盾"以及"制度矛盾"的层面。我们要在坚持中国特色社会主义道路自信、理论自信、制度自信、文化自信的基础上理解和解决发展中的社会矛盾。

本章思考题

1. 政治安全包括哪些方面内容？
2. 维护政治安全有什么意义？
3. 我国政治安全面临的威胁与挑战有哪些？
4. 作为当代大学生，我们该如何维护政治安全？

扩展阅读2.3
大学生陷境外间谍策反阴谋，拍军事杂志挣"跑腿费"

即测即练

参考文献

[1] 习近平.决胜全面建成小康社会　夺取新时代中国特色社会主义伟大胜利——在中国共产党第十九次全国代表大会上的报告 [M].北京：人民出版社，2017.

[2] 中共中央纪律检查委员会，中共中央文献研究室.习近平关于党风廉政建设和反腐败斗争论述摘编 [M].北京：中央文献出版社、中国方正出版社，2015.

[3] 中共中央文献研究室.习近平关于总体国家安全观论述摘编 [M].北京：中央文献出版社，2018.

[4] 中共中央文献研究室.习近平关于社会主义政治建设论述摘编 [M].北京：中央文献出版社，2017.

[5] 中国共产党十九届中央委员会.中共中央关于党的百年奋斗重大成就和历史经验的决议 [M].北京：

人民出版社，2021.

[6]　中国共产党十九届中央委员会 . 中共中央关于坚持和完善中国特色社会主义制度推进国家治理体系和治理能力现代化若干重大问题的决定 [M]. 北京：人民出版社，2019.

[7]　第十二届全国人民代表大会常务委员会 . 中华人民共和国国家安全法 [M]. 北京：中国法制出版社，2015.

[8]　党东升 . 国家政治安全的综合性治理框架及司法治理机制 [J]. 上海法学研究集刊，2021（1）.

[9]　李大光 . 国家安全 [M]. 北京：中国言实出版社，2016.

[10]　刘跃进 . 政治安全的内容及在国家安全体系中的地位 [J]. 国际安全研究，2016（6）.

[11]　王兵 . 网络化条件下"三股势力"暴恐活动趋势及应对策略研究 [J]. 中国信息安全，2015（5）.

[12]　虞崇胜 . 近年来关于政治安全问题研究述评 [J]. 探索，2012（3）.

第三章
国土安全

学习目标

◇ 理解国土安全的基本概念。
◇ 掌握维护国土安全的主要内容。
◇ 理解维护国土安全的重要意义。
◇ 熟悉维护国土安全需要把握的主要问题。

总体国家安全观是新形势下指导国家安全工作的强大思想武器，丰富了国家安全的内涵和外延，为指导新时期国家安全工作提供了思想性纲领。在总体国家安全观下，国土安全是国家政治、经济、军事、文化、生态、信息等安全的基础，国土安全利益是国家安全利益的核心，国土安全对于我国生存和发展具有重大意义。

第一节　国土安全是国家安全之基

国土是构成国家的基本要素，国土安全涵盖领土、自然资源、基础设施等要素，是国家生存发展的必要前提。国土安全是立国之基，是传统安全备受关注的重要方面。当今，我国国土安全面临严峻复杂挑战，维护国土安全是维护国家安全重要、紧迫的任务之一。

一、什么是国土安全

1. 国土安全的内涵

狭义国土属于空间的范畴，是主权国家管辖下的领土、领海和领空的政治地域概念，包括一个国家的全部疆域。广义国土内涵更为广泛，包括国家的陆地、陆上水域、内水、领海以及它们的底土和上空等由各种自然要素和人文要素组成的物质实体，是国家社会经济发展的物质基础或资源、国民生存和从事各种活动的场所或环境。

国土安全是立国之基，是国家生存和发展的基本条件。国土安全涵盖领土、自然资源、基础设施等要素，是指领土完整、国家统一、边疆边境、海洋权益等不受侵犯或免受威胁的状态，以及持续保持这种状态的能力。从法律政策看，国土安全包括国家领土主权和空间管辖权不受侵犯、不被分裂，边疆和边境安全稳定，人民生命财产不受暴力恐怖袭击三个方面。

2. 国土安全的主要内容

《国家安全法》第十七条规定：国家加强边防、海防和空防建设，采取一切必要的防卫和管控措施，保卫领陆、内水、领海和领空安全，维护国家领土主权和海洋权益。维护国土安全就是维护国家主权范围内的领陆、领水、领空和底土四个方面的安全，这是传统的国家生存空间范围的安全。

（1）领陆安全。领陆是指国家国界范围内的陆地及其底土，是国家领土组成的基本部分。一个国家的领陆包括其大陆部分，也包括其所属岛屿，如果是岛国或群岛国，其领陆就由其全部岛屿或群岛构成。国家有权对所属陆地地表以下深度无限的地下资源进行勘探、开采，修建隧道，铺设管道和经营其他事业。

（2）领水安全。领水是指国家主权管辖下的全部水域及其底土，领水中的"水"包括内水和领海两部分。其中内水包括河流及其河口、湖泊、港口、内海等水体，如我国的长江、黄河、鄱阳湖等都属于内水。领海是领水的一部分，是指沿海国主权管辖下与其海岸或内水相邻的一定宽度的海域，根据 1958 年我国政府关于领海的声明、1992 年《中华人民共和国领海及毗连区法》和 1998 年《中华人民共和国专属经济区和大陆架法》，我国领海宽度为 12 海里，主张管辖海域包括渤海全域和黄海、东海、南海的大部分海区。辽阔的"蓝色"国土，需要我们增强海权意识、树立海洋观念、开发海洋国土、维护海洋权益，推动我国海洋事业的发展。

（3）领空安全。领空是指一个主权国家领陆、领水上空垂直向太空 100 公里之内的全部空气空间的空域。根据《巴黎航空公约》和《国际民用航空公约》规定，国家对其领土上空的空气空间享有绝对主权。1979 年中国民用航空总局颁布的《外国民用航空器飞行管理规则》第二条规定：外国民用航空器只有根据中华人民共和国政府同该国政府签订的航空运输协定或者其他有关文件，或者通过外交途径向中华人民共和国政府申请，在得到答复接受后，才准飞入或者飞出中华人民共和国国界和在中华人民共和国境内飞行。如果擅自进入，就是侵犯中华人民共和国的主权。

（4）底土安全。底土是指耕作土壤中位于心土层下面的一层质地紧密的土壤。表土层和心土层下面的第三层土壤，因所处部位较深，受耕作、施肥等措施的影响很小，土质紧密，物质的转化缓慢而平稳，一般将其称为生土或死土。底土包括领陆的底土和领水的底土，主权国家对这些地下土具有绝对操控权，能自由地开发底土的地下资源，如煤、石油等。

随着科学技术的发展以及经济技术开展和经济发展的需要，国家生存空间领域也在不断拓展，网域、天域和经济海域等非传统的空间安全也需要引起重视。

3. 我国国土安全的总体现状

我国地域辽阔，国土面积十分广阔，与数十个国家海上与陆地相邻，经过多年努力，我国已成功解决绝大部分陆地领土主权争议，为集中处理剩余的领土主权和海洋权益争议奠定了基础。同时也要看到，随着我国进一步发展壮大和周边安全环境的发展变化，国土安全依然面临复杂威胁，陆地边界争议尚未彻底解决，岛屿领土问题和海洋划界争端依然存在，个别域外国家舰机对中国频繁实施抵近侦察，多次非法闯入中国领海及有关岛礁邻近海空域。

我国位于亚欧大陆东南部、太平洋西岸，陆地边界线约 22 000 千米，与我国有共同边界的国家有 14 个。疆域范围南起南沙群岛的曾母暗沙南侧，北达漠河东北侧黑龙江主航道中心线；西起新疆维吾尔自治区乌恰县以西的帕米尔高原，东至黑龙江省抚远县以东乌苏里江与黑龙江主航道中心线汇流处，南北长约 5 500 千米，东西宽约 5 200 千米，形成了西部深入亚欧腹地，东南面向世界海洋的地理形势，拥有约 960 万平方千米的陆地疆土。

我国是一个太平洋沿岸的海洋大国，拥有的海域自北向南划分为渤海、黄海、东海（含台湾东侧的太平洋海区）和南海。渤海是我国的内海，三面为陆地包围，面积为 7.7 万平方千米。黄海面积为 40 万平方千米。东海海区比较开阔，面积为 77 万平方千米。南海是我国四大海区中最大的一个，总面积 350 万平方千米。我国主张的 300 多万平方千米管辖海域中，有一半以上与有关国家存在争议。南海周边有关国家非法侵占南沙岛礁，南沙和西沙大面积海域被分割。个别国家频繁挑起事端，企图联手他国对我国发难，为我国维护岛礁主权和海洋权益带来新的复杂因素。

二、维护国土安全的重要意义

国土是国家主权赖以存在的物质空间，在当代国际关系中，国土安全问题最主要的表现是国家间的领土争端和国家内部的统一、分离之争。这些问题是当今世界局部战争和冲突不断的一个重要原因，也是一些国家不能和平发展的主要困扰。为此，我们要充分认识维护国土安全在国家安全和发展全局中的特殊地位，进一步增强维护国土安全的责任感和使命感。

1. 国土安全是国家生存和发展的基本条件

国土安全对于国家安全的重要性，是由国土本身固有的性质所决定的，生存和发展是国家的两大基本利益。从国家生存方面看，领土是主权国家人民赖以生存和发展的物质基础，提供人们生存和发展的场所、国家政权行使主权的空间，以及不可或缺的生产生活资料，直接关系国家的生死存亡。领土主权和权益一旦遭到破坏，其他主权也就难以幸免，甚至荡然无存，轻则人民的生存权遭受威胁，重则整个国家可能衰败甚至灭亡。从国家发展方面看，国土安全是国家繁荣发展的基础，国土不受外来侵略和威胁，资源不因战争或战争准备过分消耗，国家才能稳定发展，人民才能安居乐业。

2. 国土安全是国家安全的重要载体

国家拥有的领土是不可分割、不可侵犯的，国土安全是国家安全最敏感的要素。国家在其领土上拥有完全的主权，且其他国家理论上无权干涉。国土安全作为赖以生存的最基本安全，是当代国家安全战略高度重视的安全，在维护国家安全中具有十分重要的地位。近代中国大陆上有边无防，海上门户洞开，频频遭受外敌入侵，导致国家主权沦丧、领土割让，历史教训十分惨痛。在新时代，强大稳固的国土安全，是国家安全的前提和基础，是国家总体安全的重要地理防线和重要屏障。只有确保国土安全，才能自主地管理和调控本国经济，有效地保护国家财富和资源以及生态环境，为国民经济得到持续有效的发展提供基本保障。

3. 国土安全与其他领域的安全息息相关

国土安全是国家安全体系的重要组成部分，与政治安全、经济安全、军事安全等相互依赖、相互影响、相互作用。实践证明，国土安全作为国家安全最敏感的要素，具有很强的联动性。如果国土安全能够得到切实有效的维护，国家的政治、经济、文化等安全就有保障。一旦国土安全遭受破坏，将很快波及其他领域安全，进而引发国家安全的总体危机。同时，其他领域的安全对国土安全也具有重大影响。任何一个领域的安全出现问题，都将直接或间接对国土安全造成威胁。比如"台独""东突""港独"等分裂势力，不仅对我国政治安全造成威胁，而且对国家统一、领土完整造成严重威胁。

第二节 我国国土安全面临的威胁与挑战

经过多年努力，我国已成功解决绝大部分的陆地领土主权争端，从战略上消除了周边的主要对抗因素，为集中处理剩余的领土主权和海洋权益争端奠定了基础。随着自身综合国力和国际影响力的增强，我国解决国土安全问题的手段及资源不断增加，统筹运用政治、经济、外交、军事等手段应对突发事件的综合管控能力得到了较大的提升。同时，在国际政治经济体系大变动和全球资源环境日趋紧张的背景下，我国所面临的领土安全冲击日趋严重，国土安全面临的形势较以往更为突出复杂。

一、国土边境安全面临挑战

随着世界战略格局和亚太地区战略格局的不断发展变化，为我国周边安全环境增加了许多不确定和不稳定因素，边界领土争端尚未全部解决，海洋权益存在复杂纠纷，影响边疆地区安全和稳定的因素较多，使我国国土边境安全环境面临严峻挑战。

1. 中印边界领土争端仍然激烈

中印边界问题是当今中国陆地边界唯一没有解决的问题（虽然目前我国与不丹也没有划定陆地边界，但其主要原因是印度的干涉）。中印双方有争议的边界长 1 700 千米，其中东段长 650 千米、中段长 450 千米、西段长 600 千米。在西段，双方争议面积为 3.35 万平方千米，主要是阿克赛钦地区，除巴里加斯地区约 450 平方千米被印方侵占外，其余都在我国控制之下。在中段，双方争议面积为 2 500 多平方千米，除个别地区外均为印方控制。在东段，双方争议面积约有 9 万平方

千米，现被印方控制。在整个中印边境争端中，东西两段是争议重点。在中印边界谈判中，我国政府本着"相互尊重、相互理解"的原则，在边界协定中，中国间接承认了印度对锡金的主权，为解决边界争端作出了重大让步。但由于印方坚持非法的"麦克马洪线"，不仅对中国在东线合理的领土要求置之不理，而且妄图在西线阿克赛钦瓜分一片土地，致使中印边界谈判难以取得实质性进展。印度在中印边界领土争端上坚持不让步立场，将中印边境地区视为战略前沿，不断地加强边境地区战场建设，特别是 2017 年 6 月至 8 月，印度军队越境进入我国洞朗地区长达两个多月，引起了国际社会的广泛关注。2020 年 6 月15 日晚，印方一线边防部队打破双方军长级会晤达成的共识，违背承诺，在加勒万河谷现场局势已经趋缓的情况下，再次跨越实控线非法活动，蓄意发动挑衅攻击，甚至暴力攻击我方前往现场交涉的官兵，进而引发激烈的肢体冲突，造成人员伤亡。从目前情况看，中印边境争端短期内难以全部解决，我国陆地边境地区仍然存在一定程度的现实威胁。

2. 周边海洋争端导致海洋安全威胁上升

我国周边海上安全形势面临较多挑战，与 8 个海上邻国存在海洋争议。在南海方向，一些周边国家长期非法侵占我国南沙部分岛礁，不断加强非法岛礁建设和油气等海洋资源开发，致使南沙争端日益突出。南海争端的实质是一些国家非法侵占我国南沙群岛部分岛礁引起的领土争议以及南海沿岸国家之间的海洋权益主张重叠问题。域外大国介入南海事务的力度不断加大，试图利用南沙问题挑拨我国与东盟国家的关系，并制造"中国威胁论"，对我国施加更有针对性的压力，致使南海问题呈现占领合法化、事态扩大化、争端国际化、局势复杂化的严峻局面，不断阻挠我国海上维权维稳。在东海方向，日本不断对钓鱼岛采取单方面举措，特别是对钓鱼岛实施所谓"国有化"，严重侵犯中国主权。日本在钓鱼岛问题上立场顽固，借助美日军事同盟，利用钓鱼岛问题推进所谓政治和军事大国化进程。日本的种种所谓"实际控制"举措，是违反国际法且没有法律效力的，改变不了钓鱼岛诸岛屿及其海域主权属于中国的客观事实。中国政府维护国家领土主权的决心和意志坚定不移，捍卫世界反法西斯战争胜利成果的决心毫不动摇。在黄海方向，中韩、中朝之间就海洋专属经济区、大陆架划界问题存在分歧。在黄海北部，我国面临与朝鲜划分各自领海、专属经济区和大陆架边界的纠纷；在黄海南部，我国与韩国存在海洋划界的争议。朝、韩两国均主张以黄海的中间线与我国划分管辖海域，而我国则主张应该以大陆架为标准，根据整个海岸线长度的比例划分管辖海域。韩国和朝鲜曾多次扣押我渔民、渔船，擅自进行石油开发，挤压我国海军和海监活动空间。

二、反分裂斗争形势依然错综复杂

在国际战略格局变化的大背景下，我国周边地区的宗教极端主义、民族分裂主义和国际恐怖主义势力日益蔓延，并向我国境内渗透，对我国边境地区的安全与稳定带来了直接的影响。与国际反华势力相勾结、相呼应的宗教极端势力、民族分裂势力和国际恐怖势力"三股势力"的破坏活动为我国社会稳定和民族团结带来了严重威胁。

1. "台独"分裂活动仍具现实威胁

当前，台湾问题是我国国土安全面临的最大隐患，"台独"势力不放弃分裂主张，竭力煽动两岸敌意和对立，刻意阻挠破坏两岸关系发展，构成了两岸关系发展与和平统一的最大障碍。部分台湾民众对台湾地位、两岸关系前途的认识存在偏差，"台独"的社会基础在相当长时期内仍会存在。某些外部势力纵容扶持"台独"分裂势力，形成阻滞中国和平统一进程的消极因素。不管台湾岛内局势出现何种重大变化，大陆和台湾同属一个中国的法理和现实都不会改变。遏制"台独"分裂活动是确保两岸关系和平发展的必然要求，必须继续反对和制止任何形式的"台独"分裂主张和活动，不能有任何妥协，坚决捍卫国家主权和领土的完整。

解决台湾问题，以和平方式实现祖国统一，是中华民族的根本利益，也符合包括台湾同胞在内的中华民族整体利益。习近平总书记在纪念辛亥革命110周年大会上的重要讲话中明确指出："中华民族具有反对分裂、维护统一的光荣传统。台独分裂是祖国统一的最大障碍，是民族复兴的严重隐患。凡是数典忘祖、背叛祖国、分裂国家的人，从来没有好下场，必将遭到人民的唾弃和历史的审判！台湾问题纯属中国内政，不容任何外来干涉。任何人都不要低估中国人民捍卫国家主权和领土完整的坚强决心、坚定意志、强大能力！祖国完全统一的历史任务一定要实现，也一定能够实现！"

2. 来自民族分裂势力的长期威胁

民族分裂势力是民族分裂主义思潮和宗教极端主义思潮蔓延、沉淀所形成的恶果，当前我国主要面临着"藏独""东突"等民族分裂势力的威胁，其打着"民主""宗教自由"的幌子，骗取国际社会的同情与支持，实则是企图通过暴力恐怖手段破坏国家统一和民族团结。随着我国综合国力的提升、国际影响力的扩大，边疆地区发展稳定，国家对民族分裂势力进行了严厉的打击，民族分裂势力得到了一定控制。但是部分民族分裂主义分子改变立脚点，通过境外操纵的方式在边疆地区制造恐怖袭击事件，严重影响了边疆人民正常的生活秩序和边疆地区的安全稳定，这对我国民族团结、社会发展造成了消极影响。民族分裂势力为民族团结、国家统一带来了严重的危害。

反对民族分裂，维护祖国统一，是国家最高利益所在，也是边疆各族人民根本利益所在。我国维护国家统一、打击分裂暴恐活动的举措得到了更多理解和支持，国际舆论持续改善，客观、理性的声音不断增多。同时，还必须深刻认识到反分裂斗争的长期性、复杂性、尖锐性。民族分裂势力越是企图破坏民族团结，就越要加强民族团结，筑牢各族人民共同维护祖国统一、维护民族团结、维护社会稳定的钢铁长城。

三、国土安全舆论环境有待改善

国土安全与我国国内稳定关联度不断上升，与地区形势及大国博弈紧密相关。随着苏联解体，冷战结束，世界格局发生了翻天覆地的变化，我国作为一个负责任的发展中的社会主义文明大国迅速崛起，同时也卷入了国际舆论旋涡之中。一些国家不能公正地看待我国维护国土安全有关政策、举措，利用其在国际社会的话语权频频制造不利于我国国土安全的舆论。与我国存在领土和海洋权益争议的部分周边国家，也在制造不利于我国国土安全的舆情。我国采取的是和平友好的外交政策，期望通过和平谈判、协议的方式解决领土、海洋权益争议问题。我国采取的一切维护国土安全的政策措施都是维护自身领土权益的正当措施，我们在坚决捍卫国家领土主权、海洋权益的同时，也将不断增信释疑，增进国际社会的理解，营造友善的国际舆论环境，保障国土安全。

第三节　维护国土安全需要把握的主要问题

国土安全是一项系统性、综合性工程，与其他领域的安全相互影响、相互作用。我国在领土、领海主权等方面与邻国仍然存在一些争议，民族分裂势力、"台独"分裂势力都对我国内部安全稳定产生消极影响，同时国际社会的不实舆论也威胁着我国的国土安全。面对这些威胁与挑战，既要保障领土、领海、边境安全，维护内部稳定，又要不断提高我国的国土安全保障能力。

一、完善国土安全法律法规

法律法规是维护国土安全工作的有力武器，完善国土安全法律法规体系，依法维护国土安全是贯彻全面依法治国战略、加强国家治理体系建设的必然要求。要从法律上进一步明确维护国土安全的任务、原则、方式和手段，确保各项工作有法可依、有规可循，如制定综合性海洋立法、加强管辖海域内的司法执法。在此过程中，遵循国际法基本原则，借鉴其他国家的通行做法，使相关法律法规更好地与国际接轨。

依法保障国土安全是法治的基本要求。事实证明，法律法规完全可以成为维护国土安全工作的有力武器。我国已经制定了一系列法律法规，如《领海及毗连区法》《中华人民共和国专属经济区和大陆架法》《中华人民共和国反分裂国家法》等。《宪法》总纲第四条规定：禁止对任何民族的歧视和压迫，禁止破坏民族团结和制造民族分裂的行为。这有力地维护了各民族平等互助、团结友爱关系。《反分裂国家法》的施行，对促进海峡两岸关系和平发展起重要作用。《国家安全法》第十七条明确规定：国家加强边防、海防和空防建设，采取一切必要的防卫和管控措施，保卫领陆、内水、领海和领空安全，维护国家领土主权和海洋权益。这为新时期推进维护国土安全工作提供了新的法律依据。未来我国应当进一步完善与国土安全相关的法律法规体系，针对外层空间、网络空间、恐怖主义等新型国土安全威胁制定相应的政策法规，推动国家各级应急处置预案与国土安全法律法规的有效衔接，为构建集中统一、高效权威的国土安全领导管理体制提供坚实的法律基础，进而更有效地保障国土安全。

二、加强国土安全宣传教育

国民安全意识的高低，关乎整个国家和民族的安危，国土安全是否能够得到有效保障，在很大程度上取决于国民对国土安全的认识。当前，国家国土安全形势不容乐观，加强全民国土安全宣传教育势在必行。加强国土安全宣传教育，对于开拓国民视野、树牢民族团结信念、增强安全维护能力，具有极其重要的现实意义。

围绕国土安全各领域开展国土安全宣传教育，采取多种方法手段、多种形式、多种载体使国土安全教育深入人心，帮助学生了解我国维护国土安全的复杂形势及有利条件，系统掌握国土安全内涵和实质，树立底线思维，强化责任担当，增强必胜信念，激发参与维护国家主权和领土完整的主人翁意识，推动形成自觉维护国土安全的强大精神力量。①把国土安全教育融入以理想信念为核心的思想政治教育之中，纳入"两课"教学和日常思想政治工作范畴，使高校学生的国土安全意识深深扎根于爱国主义教育这一落脚点，对于破坏我国国土安全的任何行径，坚决抵制和还击，从小事做起，坚决维护国土安全。②在边疆地区有针对性地开展国土安全宣传教育，加强民族政策及经济社会发展取得巨大成绩的宣传力度，引导广大学生认清民族分裂势力的险恶阴谋，加强"团结稳定是福，分裂动乱是祸"的共识，在涉及祖国统一和中华民族长远发展的重大问题上，绝不妥协和动摇，对任何人在任何时候以任何形式进行的分裂国家的行动，开展斗争，予以抵制，绝不答应。③加强对国土安全现状的监测和未来动向趋势的预判分析，不断完善应急处置机制，妥善应对重大突发事件和紧急状态。重视对突发事件的舆情监测及舆论引导，及时发声并阐明真相，推进国家应急处置进程。

三、坚持兴边富民，强边、固边、稳边

边境地区占全国国土面积近五分之一，是对外开放的重要门户，是深化与周边国家和地区合作的重要平台，是确保边境和国土安全的重要屏障，在改革发展稳定大局中的战略地位十分关键。实施新时代兴边富民行动，关乎国家的长治久安，关乎边境地区的高质量发展，关乎全国各族人民的福祉。完善沿边开发开放政策体系，深入推进兴边富民行动，以产业创新、科技创新、制度创新等推动民族地区经济发展质量变革、效率变革、动力变革。完善产业体系，将产业培育作为推动高质量发展的有力抓手，鼓励和支持民族地区立足自身优势发展经济，实现经济发展稳中提质。调整优化区域结构、产业结构、城乡结构等促进协调发展，着力解决发展不平衡的问题。以生态优先、绿色发展为导向，提高将绿水青山变为金山银山的能力，促进经济社会发展全面绿色转型，实现可持续发展目标。提升对外开放水平，推进贸易发展，推动共建"一带一路"高质量发展，打造对外开放新高地。

边民是守土固边的重要力量，坚持"中华民族一家亲、同心共筑中国梦"这一目标，把发展的着眼点和着力点放在改善民生、凝聚民心上，放在铸牢中华民族共同体意识上。

建设边境地区民族团结示范带，因地制宜扶持边境一线产业发展，赋予边境地区经济发展维护祖国统一、民族团结的意义，着力建设繁荣和谐的边境，实现兴边富民、稳边、固边。推进兴边富民行动，帮助边境地区突破发展条件和瓶颈的制约，实现跨越式发展，把边境各族群众团结凝聚起来，共同守边、固边、稳边、兴边，为推动我国民族团结进步事业的发展、实现国家长治久安发挥不可替代的作用。

四、坚持陆海统筹，建设海洋强国

陆地与海洋之间存在着广泛的物质、能量交换，具有生态统一性，存在着密切的社会和经济联系。陆海统筹是从国家经济社会发展的高度将陆地和海洋进行整体部署，促进陆海在基础设施建设、空间布局、产业发展、资源开发、环境保护等方面全方位协同发展。坚持以陆海统筹为引领，加快建设海洋强国，成为新时代中国特色社会主义建设的重要任务之一。实施区域协调发展战略，以"一带一路"建设为重点，坚持"引进来"和"走出去"并重，遵循"共商共建共享"原则，加强创新能力开放合作，形成陆海内外联动、东西双向互济的开放格局。本着陆海联动、因地（海）制宜的原则，梳理正确的陆与海整体发展战略思想，统一谋划沿海陆域与海洋两大系统的资源利用、经济发展、环境保护、生态安全和区域政策，形成陆域和海域融合发展新优势。

海洋是人类可持续发展的重要战略空间，也是当今世界各国赢得竞争优势的战略制高点，是彰显国家实力、维护国家安全的战略要冲。进入21世纪后，中国的海上安全依然面临挑战，美日海上遏制围堵不断强化，岛屿主权和海洋权益争端错综复杂，海上战略通道安全风险增大，因此迫切需要增强民族的海防安全意识，提升海上综合实力，维护国家海洋权益。推动海洋强国建设，逐步实现中国从濒海大国向新时代海洋强国的转变。实行蓝色开发的海洋政策，树立全球海洋观念，提升科技创新能力，推动海洋开发尽快从近海走向深海大洋，合理利用并分享人类共同财富。实行绿色保护的海洋政策，加大生态系统保护力度，实施流域环境和近岸海域综合治理，遏制沿海区域海洋生态环境恶化势头，保证海洋的可持续开发利用。实行合作共赢的海洋政策，积极参与全球海洋治理，加强国际海洋事务合作，与国际社会共同分担保护海洋资源和环境的责任和义务，促进海洋的和平利用和世界的和谐发展。坚持军民融合发展，提升海上综合实力，做好应对各种复杂局面的准备，维护国家海洋权益。

五、加强国防和外交能力建设

国防安全是国家安全和国家治理能力的集中反映，提升国防安全水平始终是维护国土安全的可靠基础和基本前提。必须坚持总体国家安全观，把加强国防和军队建设、提升国土安全水平作为全面提高国家治理能力的重要方面和重点工程，纳入国家治理体系的建设规划，进一步明确国防和军队改革的目标和方向，努力建设与我国国际地位相称、与国家安全和发展利益相适应的坚固国防和强大军队，有效维护国土安全。按照任务和能力需求，着眼提高对陆海空侦察预警、对海精确打击、对空防卫作战和机动防御作战能力，调整优化陆海空防卫作战力量的结构编成，突出军事斗争准备，坚持灵活机动、自主作战原则，运用诸军兵种一体化作战力量，实施信息主导、精打要害、联合制胜的作战体系。

提升综合国力是维护国土安全的强有力保障，一个国家综合国力的强弱与维护国土安全的能力成正比，只有国家强盛才能更有效地遏制侵害我国国土安全的各种图谋及分裂活动。坚决捍卫中国共产党的领导和中国特色社会主义制度，坚定维护国家政权安全和制度安全。在台湾问题上坚持"一个中国"原则，在涉港、涉疆、涉藏等问题上坚决抵制反华势力的歪曲抹黑，决不允许外部势力干涉中国内政。在南海等问题上，有效维护我国领土主权和海洋权益。妥善应对经贸摩擦，维护我国发展空间和长远利益。坚持独立自主的和平外交政策，与各国友好往来，平等对待，互利合作，创造有利的外部环境。贯彻外交为民宗旨，加强对外合作机制与谈判机制建设，构建海外利益保护和风险预警防范体系，在解决领土争端时居于更有利的谈判地位，保障海外同胞的安全和正当权益。

本章思考题

1. 什么是国土安全？
2. 国土安全包括哪些内容？
3. 如何维护国家的国土安全？

扩展阅读3.2
钓鱼岛是中国的
固有领土

即测即练

参考文献

[1]　李大光.国家安全教育通识课[M].北京：北京时代华文书局，2021.

[2]　张晓芝.论现代国际法对主权的强化与弱化[J].西北大学学报，2008（6）.

[3]　《总体国家安全观干部读本》编委会.总体国家安全观干部读本[M].北京：人民出版社，2016.

[4]　曲秀君.国家总体安全观视角下的大学生国土安全教育初探[J].教育教学论坛，2019（3）.

[5]　侯娜，池志培.总体国家安全观研究新探[M].北京：中国商务出版社，2020.

[6]　张丽君，巩蓉蓉.夯实铸牢中华民族共同体意识的经济基础[EB/OL]. https://vbep.muc.edu.cn/info/1076/1492.htm，2021-12-14.

[7]　王芳.新时代海洋强国建设必须走陆海统筹之路[J].中国国土资源经济，2021（2）.

[8]　杨洁篪.积极营造良好外部环境（学习贯彻党的十九届五中全会精神）[N].人民日报，2020-11-30（6）.

第四章
军事安全

军事安全伴随着国家与国家安全的出现而出现。可以说，自有国家起，军事安全就是国家安全的核心内容和关注焦点，对任何国家来说都是"国之大事"，军事与军事安全在传统国家安全中占据头等重要地位。军事安全所涉及的不是国家的一般利益，而是国家的核心利益和重大利益，不仅仅是军事领域自身的安全，也是整个国家的安全。因此，军事安全的意义远远超出军事领域本身，国家的政治、经济、社会、文化等各个领域都需要军事安全提供重要保障。当前，复杂多变的国内外形势和军事力量对比态势深刻影响着军事安全的状况。在新形势下维护我国军事安全，要有效应对国家面临的各类安全威胁，筹划和推进国防和军队建设，平时营造态势、预防危机，战时遏制战争、打赢战争。

第一节 军事安全概述

军事安全在整个国家安全体系中发挥着至关重要的支柱和保障作用，关系着国家的生死存亡和长治久安。近年来，各种非传统安全因素凸显，人们开始重视经济、文化、科技等非军事因素引发的安全问题及其在国家安全中的作用。但是，军事安全的重要性并没有因此而降低，军事安全既是国家安全体系的重要领域，也是国家其他领域安全的重要保障。

一、军事安全的概念与内涵

军事安全可定义为：国家不受外部军事入侵和战争威胁的状态，以及保障这一持续安全状态的能力。从总体国家安全观视角下研究军事安全这一概念，可以发现军事安全不再满足于状态的安全，还包含保障这一持续状态的能力，状态与能力是共同构建军事安全的基础，即军事安全既要包含安全状态，又要有保障这一持续状态的能力。

从实践上看，国家军事安全主要指国家在一定的政策制度的规范下，建设并运用军事力量维护国家利益的活动，其主要任务是抵御外来军事威胁，捍卫国家领土、主权，维护社会稳定和国家统一，巩固政权，为国家经济发展和人民生活提供安全保障。这是军事安全的主体，其特征主要是国家面临威胁时，不仅需要有军事力量来对付，而且还要具有消除这种威胁的能力。

二、军事安全的内容

军事安全有非常广泛的内容，主要包括军队安全、军人安全、军纪安全、军事装备安全、军事设施安全、军事秘密安全、军事信息安全、军事工业安全、军事活动安全等。

1. 军队安全

军队安全就是负责国家对外防御、保障国家安全的武装力量不受威胁和侵害。军队在任何时候都是军事的主体、根基、核心，军事安全首先就是军队安全。军队安全是军事安全中最核心、最重要的内容。从历史上看，军队是国家或政治集团为政治目的而组成的常备和正规的武装组织，是对外抵抗或实施侵略、对内巩固政权的主要工具。在当代，世界各国军队虽然依然承担对内职责，但其主要职责已经更多地转向对外承担国防任务。军队安全就是负责国家对外防御、保障国家安全的武装力量不受威胁和侵害。

2. 军人安全

军队是由军人组成的，军人安全既是军队安全的主要内容，也是军事安全的重要内容。从古至今，军人安全比普通民众的安全更受重视。但是无论是军队还是军人，都是为了保卫国家安全、保卫国民安全而存在的。所以，从根本目的上看，军人安全相对于民众安全来说，也只是方法、手段、工具性的安全，但也是因为其具有重要的工具性而获得了比一般民众更重要的安全地位。

3. 军纪安全

从广义上讲，军纪包括军队纪律和制度。军队是一种不同于其他社会组织的特殊社会组织，严明的军纪是军队战斗力的制度保障。在中外历史上，能征善战的军队多是军纪严明的部队。从红军到八路军新四军，再到解放军，人民军队在战争与和平时期都非常重视军队制度和纪律的建设与执行。在新形势下，受改革开放和经济建设大潮的影响，在军队系统强化制度纪律建设，做到军纪严明，是我国军队保持和提高军队战斗力的迫切需求。

4. 军事装备安全

狭义的军事装备是指直接用于作战的武器装备，广义上还包括后勤物资，因而主要有枪支弹药、火炮车马、舰船飞机、卫星飞船、通信器材、粮草被服、医疗体系等，但不包括军事设施。军事装备是军队战斗力的物质保障，军事装备安全是军事安全的基础。军队的战斗力及战争的进程与结局，不仅受军事装备优劣的影响，而且受军事装备使用、管理以及保障情况的影响，也就是受军事装备安全状况的影响。

5. 军事设施安全

军事设施是指专门用于军事目的的建筑、场地和设备，主要包括军事指挥工程、作战工程、防护工程、国防通信线路、军用机场以及码头、训练场、仓库、营房等。军事设施是军队履行职能的重要依托，是国防实力和军队战斗力的重要组成部分，其状况直接影响整个军事安全、国防安全和国家安全。当前，分布在我国城乡的各种军事设施，其安全状况也面临各种挑战。在一些地方和企业，为了经济建设和商业利益，在军事设施安全距离之内建楼房、厂房，给军事设施带来了较大的安全隐患。为此，我国1990年8月颁布了《中华人民共和国军事设施保护法》；2014年又根据新形势对该法进行修订，新法首次明确了军事禁区、军事管理区、军事禁区外围安全控制范围、作战工程安全保护范围的划定标准。

6. 军事秘密安全

自从有了战争和军事，就出现了军事秘密和军事秘密安全问题。《孙子兵法》中提出了以"知彼知己，百战不殆"为核心的情报观，从保密方面提出问题，强调在情报工作中"间事未发而先闻者，间与所告者皆死"。近年来，有些人缺乏军事安全意识，不经意间泄露了军事秘密，或者为了经济利益或其他利益窃取和出卖军事秘密，特别是通过互联网泄露、窃取和出卖军事秘密，也在严重损害我国的军事安全。这些问题的出现，既有国民，特别是一些青少年国家安全意识和军事安全意识不强的原因，也有军队内外军事管理不严的原因。

7. 军事信息安全

军事信息安全是全球进入信息时代后军事安全和军事秘密安全的新内容。如同历史上许多新技术的发明源于战争和军事需要一样，信息和网络技术最初也是由战争和军事需要而出现的。在信息网络已经普及世界各个角落和人们生活各个环节的当下，军事上的信息网络技术已经渗透到战争和军事活动的每个环节，如部队生活、训练和作战等都与信息网络密切联系在一起。在这种情况下，信息安全及其重要组成部分的网络安全，不仅成为军事安全的重要内容，而且在很大程度上决定着军队战斗力状况和整个军事安全。正因如此，在世界各国的军事安全战略中，军事信息安全都是非常重要的内容。

8. 军事工业安全

军事工业是专门生产、制造、建造用于军事国防目的的武器装备、船舶车辆、侦察器材、通信工具、指挥系统、被服织物、医疗器材、军事设备、军事建筑、军事场地等物质资料的企业和生产部门，通常都有保密性强、系统复杂、耗资巨大的特点。军事工业安全既包括军工生产安全、军工产品安全，也包括军工秘密安全。在改革开放后，一些军工企业开始生产民用产品，同时也有一些民营和私营企业开始承接军工订单，生产军需物品或零部件。军事工业安全由此不断出现一些新情况、新问题，面临许多新挑战。

9. 军事活动安全

军事活动也称军事行动，是军队有目的、有计划、有组织地使用武装力量的过程，可分为战争性军事活动和非战争军事活动。战争性军事活动，可按武装冲突的等级分为战争、战役和战斗三个层次；非战争性军事活动，包括军演、维和、反恐、救援、护航等。军事活动安全是军队事务的动态安全，既包括战争性军事活动的安全，也包括非战争性军事活动的安全。

第二节 军事安全的意义

军事安全关系国家主权和领土完整不受侵犯，关系国家生死存亡和长治久安，世界各国无不将其视为维护核心利益的重要保证。

一、军事安全始终是国家安全的核心内容和关注焦点

按照马克思主义国家学说，国家本质上是一种有组织的暴力。这一本质属性，决定了军事安全在国家总体安全中的支柱作用。同时，现代国际关系体系的特点也强化了用军事手段维护国家利益的功能。按现实主义观点，现代国际关系体系是国家之间、特别是大国之间利益竞争和权力博弈的天下。在现实的国际环境中，国家间相互制衡、相互防范和由此产生的安全压力是难以完全排除的。对于外来威胁，人们通常采取"宁可信其有，不可信其无"的态度，军事安全领域更是倾向于从最坏的情况出发考虑问题。担任过美国国防部副部长助理的小约瑟夫·奈是"软实力"理论的原创者，他曾形象地说明了军事安全的作用：忽视武力的作用和安全的重要，就如同忽视氧气。在正常情况下，氧气大量存在，我们丝毫不加注意。但是一旦情况改变，我们得不到氧气时，我们也找不到任何其他替代物。当今世界，军事能力仍是国家战略能力中最"硬"的能力，军事手段仍是解决国家安全问题最后的和最有效的手段，军事安全对任何国家来说仍是"国之大事"。

二、重视军事安全是国家长治久安的基本保证

毛泽东曾深刻指出："从马克思主义关于国家学说的观点看来，军队是国家政权的主要成分。谁想夺取国家政权，并想保持它，谁就应有强大的军队。"在为争取和平而进行的斗争中，毛泽东、周恩来等多次阐明"敢战方能言和"的道理，强调要立足于复杂困难情况筹划军事安全，通过积极备战来慑止帝国主义、霸权主义的军事威胁和战争讹诈。习近平总书记指出："现在，虽然维护国家安全的手段和选择增多了，我们可以灵活运用、纵横捭阖，但千万不能忘记，军事手段始终是保底的手段。"对主权国家而言，要真正自立于世界民族之林，就必须建立自己独立的军事力量。否则，国家安全依靠别国保护，就丧失了主权国家的独立性。如果国家没有一定的军事实力作后盾，在国际上可能会受制于人，在激烈的国际竞争中就不能成为一个强国，在国际社会中的作用将十分有限。以美国为首的西方国家发动科索沃战争、阿富汗战争、伊拉克战争、利比亚战争，对民众生命财产造成严重后果，使许多国家增加了对霸权国家干涉主权国家内部事务的忧虑和警惕。

三、军事安全与其他安全不可分割

军事安全与其他安全密切联系、不可分割、互为一体。军事安全不仅仅局限于军事领域的安全，还涉及政治、国土、经济、文化、社会、科技、网络、生态、资源、核以及海外利益等领域，这些领域的安全都需要军事手段来提供保障。例如，军事安全是政治和国土安全的基本保障。在国际社会中，军事手段往往是解决国家之间主权、领土等核心利益冲突的最后手段。在其他各种手段都无法奏效的情况下，冲突双方往往就要在战场上一决雌雄，获胜的一方将最终从根本上获得国家安全和发展的利益。事实表明，有了可靠的军事安全，政治安全、国土安全等其他安全才能有保障，总体国家安全才有强大支撑。又如，军事安全是经济安全的重要前提。当今世界最突出的特征是经济全球化，经济利益更具有全球性。随着经济的发展，许多国家对世界市场、原料、资本、技术的依赖持续增加。从历史上看，许多战争源于经济的发展，随着经济的不断发展，各国对自然及经济资源的需求越来越大，而资源总是有限的，因此不少战争及军事行动都是围绕对资源的争夺而展开。虽然经济的发展未必会导致战争，但经济发展环境客观上要求有一定的军事保障。此外，社会、科技、网络、资源、核以及海外利益等领域的安全是新形势下军事斗争不断拓展的新领域，这些领域的安全与军事安全相互交织、相互渗透、相互影响，既以军事安全为重要保障，又为军事安全提供基础条件。

第三节　军事安全面临的威胁与挑战

自改革开放以来，我国国家综合国力、核心竞争力、抵御风险能力显著增强，国际地位和国际影响力显著提升。但世界局部冲突动荡频发，影响地区安全的不确定因素显著增多，国际霸权主义和强权政治依然存在，传统安全威胁和非传统安全威胁交织来袭。在今后一段时期，我国军事安全面临诸多难以预见的风险及挑战。

一、国家主权、统一和领土完整面临多重挑战

我国尚未实现完全统一，并且是与周边存在陆地和海洋领土争端最多的国家。台湾问题事关国家统一大业，至今影响台海局势稳定的根源并未消除，"台独"分裂势力及其分裂活动的威胁仍然存在。日本拒不承认我国拥有钓鱼岛主权，在东海大陆架划界上与我国存在大面积的争议海域，以我国为假想敌加强武装，不断挑起事端。南海周边有关国家非法侵占南沙岛礁，南沙和西沙大面积海域被分割，油气和渔业资源被掠夺。个别国家频繁挑起事端，企图联手他国对我国发难，为我国维护岛礁主权和海洋权益带来新的复杂因素。我国陆地边境部分地段尚未与相关国家正式划定，保持边境地区稳定和领土不受蚕食面临较大压力。

二、世界和周边地区依然面临潜在战争风险

一些国家仍不放弃霸权主义、强权政治，积极谋求绝对军事优势，以经济制裁、文化渗透和武力干预等各种方式粗暴干涉别国内政，制造地区紧张局势。个别国家政治右倾化加剧，加快军力发展步伐，解禁集体自卫权，安全战略和军事战略的外向性、进攻性明显增强，在我国周边四处煽风点火，是亚太地区和平的"麻烦制造者"。周边一些热点地区"三股势力"活动猖獗，暴恐事件频发，对地区稳定构成严重威胁。朝鲜半岛局势发展存在不确定性，爆发冲突乃至战争的可能性依然存在。特别值得警惕的是，某些域外大国将我国视为主要战略对手，怂恿部分周边国家制造纷争，为我国周边安全形势带来不稳定因素。此外，海外发展利益面临的安全威胁日益增大，我国能源资源供应地等海外利益攸关区的安全形势不容乐观。

三、世界新军事革命深入发展带来新挑战

当今世界，战争形态加速向信息化、智能化战争演变，信息主导成为制胜关键，体系对抗成为基本形态，精确作战成为主要形式，非对称、非线性、非接触作战成为主要作战样式。世界主要国家纷纷调整安全战略和军事战略，创新作战理论，发展武器装备，优化体制编制，加紧推进军事转型，重塑军事力量体系。有的国家深化新型作战理论，发展新型航母、无人作战平台以及动能定向能等新概念武器，打造新型作战力量，提升全球快速打击能力。有的国家出台新的国家安全保障战略和防卫计划大纲，修订同盟式防卫合作指针，强行通过新的安保法案，加大进攻性武器装备研发力度。有核国家持续巩固提升核力量，不断推进核武器现代化进程。我国应对世界新军事革命挑战、推进国防和军队改革面临巨大压力。

四、新兴技术为军事安全带来新变局

随着新兴技术的迅猛发展及广泛应用，太空、网络等新型安全领域斗争日趋尖锐复杂，逐步成为国家安全新领域和军事斗争新战场。太空战、网络战对军事安全影响日益重大，且这些领域的对抗不仅在战时，还表现为平时，给国家军事安全带来常态化威胁。特别是人工智能技术的发展与运用，将深刻改变战争形态和作战方式。人工智能将改变大国军事实力对比图景。自主化、低成本的远程无人机和深海无人潜航器，将对以坦克、航空母舰为代表的传统武器平台形成非对称作战优势，使这些我们熟悉的"大国重器"的作战效能和军事影响力大为降低。同时，人工智能为工业领域带来的"机器人换人"现象，也深刻影响和重塑着国家军事实力，人口规模将不再是大国军事实力的重要支撑要素，取而代之的是国家军事智能化水平。

第四节 维护军事安全的主要举措

当今世界，战争形态加速向信息化战争演变，世界主要国家纷纷调整安全战略和军事战略，创新作战理论，发展武器装备、优化体制编制，加紧推进军事转型，重塑军事力量体系。因此，新形势下维护军事安全面临严峻挑战，必须加强军事力量建设，不断提高运用军事力量的能力，适时运用军事手段维护国家安全。

一、加强军事力量建设

党的二十大报告中明确指出：全面加强军事治理，巩固拓展国防和军队改革成果，完善军事力量结构编成，体系优化军事政策制度。维护军事安全，必须加强军事能力、战争能力建设，尤其是要加强军事力量建设。军事力量的强弱，对于军事斗争特别是战争的规模、方式、进程和结局具有重大的决定性影响。因此，军事力量建设是实现军事安全的核心。在新形势下，加强军事力量建设需要把握以下几个方面。

1. 创新军事战略

在战争与革命年代，军事战略是以战争为指导对象的，全部活动都围绕战争而展开。和平与发展成为时代主题后，尽管战争威胁依然存在，打赢战争仍是维护国家安全的重要手段和军事战略筹划指导的重要内容，但军事活动领域更加广阔、斗争方式更加丰富、斗争手段也更加灵活。因此，在新形势下，必须将国家军事斗争全局作为军事战略的指导对象，即军事战略不仅指导战争方式的军事斗争，而且指导各种非战争方式的军事斗争，既包括指导军事力量运用和军事斗争实施，又包括指导军事力量建设和军事斗争准备，从而在理论和实践上赋予军事战略更强的包容性和适应性，使其成为国家军事领域的总战略。

在当今经济全球化、政治多极化、社会信息化、文化多元化的时代背景下，国家安全威胁发生的时代性变化，既为军事战略注入了新活力，也赋予其新使命。必须把维护国家综合安全作为新时代条件下军事战略的基本使命。在战略筹划指导上，既要维护国家统一、领土主权完整和海洋权益，又要维护国家经济利益和发展环境，还要维护国家在网络、电磁、太空等新兴领域的安全利益以及应有的国际地位。

2. 推进军事改革

军事改革是一个国家适应国际国内环境的变化，主动对军事力量建设进行调整的过程。纵观古今，以军事变革推动强军强国是历史铁律。

当前，世界新军事革命深入发展，不仅反映在军事科技突飞猛进、军事理论不断创新上，也反映在军事制度的深刻变革上。这场革命以信息化为核心，以军事战略、军事技术、作战思想、作战力量、组织体制和军事管理创新为基本内容，以重塑军事体系为主要目标，正在推动新军事革命深入发展，其速度之快、范围之广、程度之深、影响之大，为第二次世界大战结束以来所罕见。世界主要国家纷纷掀起一股"军事改革热"，竞相调整军事战略，加紧推进军事转型，以信息化为核心重塑军队组织形态、重构军事力量体系。例如，美国强力推动以"强化联合作战、增强信息优势、开发先进概念、推动转型落实"为主旨的军事改革，力求为美军继续保持绝对优势提供支撑。俄罗斯大刀阔斧推进"新面貌"军事改革，已实现由大战动员型向常备机动型的转变，奠定建立创新型军队的组织基础。英国、法国、德国、日本、印度等国也不断采取新的重大军事举措。面对世界新军事革命大潮，如果思想保守、故步自封，就会错失宝贵机遇，陷于战略被动。必须顺应世界新军事革命发展大势，加快推动军事改革，为维护国家利益与安全奠定坚实的力量基础。

3. 加强新型军事力量建设

太空和网络空间等领域是军事竞争新的制高点，竞争日趋激烈，很容易成为国家安全的"阿喀琉斯之踵"。为此，需要高度重视、紧密跟踪，确保有效应对，争取战略主动。

（1）太空是国际战略竞争制高点。世界主要国家围绕进出、利用和控制太空，纷纷制定太空战略，发展太空军事力量。美国全面谋求太空能力优势、技术优势、联盟优势和规则优势，积极发展太空及临近空间进攻手段。日本、印度大力发展太空支援作战能力和反卫武器系统。中国一贯主张和平利用太空，为应对新的竞争，需密切跟踪掌握太空态势，保卫太空资产安全，服务国家经济建设和社会发展，维护太空安全。

（2）网络空间是经济社会发展新支柱和国家安全新领域。网络空间国际战略竞争日趋激烈，不少国家都在发展网络空间军事力量。有关国家相继出台网络空间安全战略，加紧建设网络战部队，加紧研发网络空间武器装备。面对日益增多的网络攻击，只有加快网络空间力量建设，提高网络空间态势感知、网络防御能力，才能支援国家网络空间斗争和参与国际合作，预防网络空间重大危机，保障国家网络与信息安全，掌握新型安全领域军事竞争战略主动权。

4. 增强全球军事斗争能力

国家利益的范围变化是不受一国领土界线限制的，在新形势下，国家利益的目标趋向多重化，国家利益的范围趋向国际化，国家利益的空间趋向多维化。必须适应国家利益拓展，增强全球军事斗争能力，高度关注国际维和、国际救援，打击恐怖主义、海盗以及保护海洋战略通道、维护海洋权益等军事任务，加强陆、海、空、天、电、网一体化的联合作战力量运用，增强全球战略威慑能力。

（1）加强前沿军事存在。保持海外军事存在是美国国家安全战略的基石。据统计，美国拥有接近 800 个各种类型的海外军事基地，分布在全球 170 多个国家和地区，几乎与联合国成员国数量相当。美国海外军事基地不是位于经济军事重心，就是海上航道要塞，在美国外交和军事战略中扮演关键角色。2017 年 8 月，中国驻吉布提保障基地正式成立，这是新形势下军事力量建设与运用的重大举措，标志着中国军队维护世界和平的能力有了新的提升。

（2）提升兵力投送能力。美国有能力将力量快速投射至全球任何地区。美国现役航空母舰不仅在数量上远远多于其他国家，在性能上也遥遥领先。亚丁湾和索马里海域的护航行动表明，中国海军已经具备一定的远海作战能力。

（3）提高海外军事行动保障能力。现代作战体系离不开高效的保障体系。"兵马未动，粮草先行"这一保障思想，在现代战争中的重要体现之一是基地化保障。俄罗斯一直以来苦心经营的叙利亚塔尔图斯海军基地，为俄罗斯空袭"伊斯兰国"极端组织行动提供了坚强的保障基础。依托海外基地，既保证了俄罗斯空袭兵力迅速到位，又有效破解了单纯依靠长途补给可能造成的供给中断、无后方依托等弊端。

二、合理运用非战争军事行动

1. 深化国际军事合作

军事合作是指两国或多国在军事领域共同完成作战、训练、军事装备研发等方面的任务。通过多边对话与合作机制，与有关国家军队开展多层次、多军兵种的双边多边联演联训，在人员培训、军事物资援助、装备技术等领域进行合作，共同应对多种安全威胁。在全球化时代，任何国家都不可能通过单打独斗来维护自身的安全。即便是强大的美国，也非常注重发挥盟友或安全伙伴的作用。除了北约成员国，美国的盟友还有日本、澳大利亚、新西兰、韩国、菲律宾等。美国科学家联盟网站曾称美国每年至少进行 68 种代号的大型军事演习，其中仅在西太平洋地区进行的演习就有 17 种之多。中国全方位发展对外军事关系，同世界各国军队开展务实交流合作。2012 年以来，中国同 30 多个国家举行百余次联合演习与训练。此外，中国按照不冲突不对抗、相互尊重、合作共赢的原则，积极稳妥处理同美国的军事关系，双方在防务部门、陆军、海军、空军等层面开展机制性交流，在人道主义救援减灾、反海盗、院校交流等领域开展务实合作。

2. 军事威慑

军事威慑是国家或政治集团之间通过显示武力或表示准备使用武力的决心，以期迫使对方不敢采取敌对行动或使行动升级的军事行为。作为军事力量运用的一种特殊形式，它重在巧妙地运用军事力量，以非暴力或暴力手段，从心理上遏制敌方。存在利益对抗的国家或武装集团，根据双方的综合实力对比，对未来可能发生的战争不断进行模拟和预测，评估可能造成的利害得失。在这一过程中，当一方感觉到另一方的军事压力时，也就产生了遏制作用。

军事威慑可以分为不同的层次，包括低层次、中强度的常规军事力量威慑和最高层次的核威慑。核威慑是根据国家战略和总体利益需求，通过对战略核力量的显示或威胁使用等方式，达到"不战而屈人之兵"的目的。在核时代，有核国家尤其是核大国之间的相互威慑，是军事斗争的重要方面。当世界呈现出对立的或核均势格局的时候，特别是各大国的核力量之间已形成了一个多极化力量体系，相互间的影响和牵制作用更明显。

从本质上看，军事威慑的立足点是制止战争，或制止战争的扩大。在攻防对抗中，防御者实施有效的军事威慑，可令进攻者望而生畏，因而放弃进攻；进攻者也可实施有效的军事威慑，使防御者产生防御无效的心理，达成"不战而屈人之兵"的目的。敌对双方的相互威慑，相互制约，在动态中不断形成暂时的平衡，使战争得到遏制。实施军事威慑，重在使用非战争手段，如和平时期的军事动员、军事演习、展示武力、调整部署等，都可以向对方暗示或显示力量和决心。

3. 军备控制

军备控制是对军事装备的发展、试验、部署和使用的限制，目的在于减轻军事存在的危险性和一旦战争爆发时进行相应的克制。军备控制一般是通过国际协定来完成的。

在两次世界大战期间，各帝国主义强国也进行了削减军费及限制海上力量等军控努力，但仅发挥了十分有限的缓和军备竞赛和消除紧张关系的作用。第二次世界大战结束后，美苏两大对立军事集团的出现，引发了激烈的军备竞赛。而核武器的出现与发展使得它们之间的军备竞赛在性质和内容上发生了与以往历史上任何时期军备竞赛都不同的深刻变化。

1962年10月爆发的古巴导弹危机平息之后，美苏双方都开始认识到对紧张激烈的核军备竞赛进行适当控制和安排以维持相对军事平衡的重要性，从此，目前意义上的军备控制概念逐步为世人认可并熟悉起来。军备控制开始成为国家军事战略的一个组成部分。自20世纪60年代末以来，美苏开始举行"限制战略武器会谈"，逐步形成了双方就核武器裁减与限制的双边军控机制，先后签署了包括《限制反弹道导弹系统条约》（简称《反导条约》）、《苏联和美国消除两国中程和中短程导弹条约》（简称《中导条约》）在内的一系列限制、裁减战略武器的军控条约。

在冷战结束后的最初几年，由于东西方关系的解冻，全球出现前所未有的政治缓和气氛，国际军控进展显著。除了美俄继续就削减战略武器进行双边会谈外，全球多边性及区域性裁军与军控日渐广泛深入，在防止核武器扩散、生化武器扩散、常规武器转让控制及敦促所有核武器国家加入核裁军进程方面都有进展。军备控制成为许多国家进行安全对话的重要议题，在军控领域的态度也日渐成为一个国家对双边、地区和全球和平进程是否有诚意的一种标志。

然而，自20世纪90年代末期以来，军控领域面临越来越多的问题。特别是近年来军控和裁军遭遇挫折，军备竞赛趋势显现。一些国家发展核武器的动因增加，印度、巴基斯坦、朝鲜等国家先后进行了核武器试验。美国等国家拒绝批准《全面禁止核试验条约》，对国际军控进程产生了消极影响。

扩展阅读4.1
美俄退出《中导条约》与军备控制

4. 军事外交

军事外交是指国家在军事方面的对外交往活动，是为捍卫国家安全而在军事领域所进行的对外接触、交往、合作与斗争，如军事人员互访、军事谈判、缔结军事条约以及处理国际上的军事事务等。军事外交对于营造有利的战略环境，维护国家利益和安全，扩大国家和军队的国际影响发挥了重要作用。

（1）保障国家利益实现。发挥军事外交的独特作用，如参与国际维和行动、国际反恐合作等，不仅能够为本国在相应地区保持军事存在，而且能够通过展示实力对与本国存在利益矛盾或冲突国家的最终决策产生重要影响。

（2）谋局布势。通过军事外交，可协调国际军事关系，促使国际军事格局和国际军事战略态势朝着有利于本国的方向发展。积极有效的军事外交有助于缓和与消除国际矛盾与冲突。多种形式的战略磋商和防务对话能够化解国际矛盾与冲突。

（3）纾解"安全困境"。在敌对国家之间，军事交流与互动也能够起缓和气氛、减轻安全压力的效果。例如，在冷战高峰时期的 20 世纪 70 年代，美苏与其他欧洲国家启动了欧洲安全与合作会议，通过对话与交流达成了一系列建立信任措施的协议，在一定程度上缓和了双边紧张关系。

（4）促进国防和军队建设发展。军事外交对于一国跟上军事变革的步伐，确保本国在军事领域立于不败之地具有重要作用：通过参与各类对外非战争军事行动检验本国军事训练水平、作战能力和作战理论；直接引进国外先进的军事技术、武器装备、军事训练方式、军事管理理念和军事理论，促进本国国防和军队建设的发展。

三、必要时运用战争手段

当国家遭到外敌侵略时，抵御外敌入侵、维护国家主权和领土完整的战争行动成为一个国家采取的主要军事手段。从整个人类发展史来看，战争持续的时间要比和平持续的时间长得多。据统计，从公元前 3200 年至 20 世纪 80 年代的大约 5 000 年时间里，世界共发生过 14 513 次战争。

自 20 世纪 90 年代初冷战结束以来，世界呈现总体和平、局部动荡的特征。世界多极化、经济全球化、社会信息化、文化多样化深入发展，全球治理体系和国际秩序变革加速推进，新兴市场国家和发展中国家快速崛起，国际力量对比更趋均衡，世界各国人民的命运从未像今天这样紧紧相连。同时，世界也面临前所未有的挑战。霸权主义、强权政治依然存在，保护主义、单边主义不断抬头，战乱恐袭、饥荒疫情此起彼伏，传统安全和非传统安全问题复杂交织，战争和冲突仍然不可避免。现在，虽然维护国家安全的手段和选择增多了，可以灵活运用、纵横捭阖，但抵御外敌入侵、维护国家主权和领土完整的正义战争始终是保底的手段。

四、加强全民国防安全教育与斗争

1. 加强全民国防教育

纵观古今，一个国家如果没有忧患意识、没有国防安全概念，注定饱受欺凌，其人民也必受战乱之苦。党的二十大报告中明确指出：深化全民国防教育。现行《国防教育法》第二条明确规定：国防教育是建设和巩固国防的基础，是增强民族凝聚力、提高全民素质的重要途径。为此，要注重全民国防教育，通过各种媒体宣传国防思想、国防知识、国防形势、国防技能等，增强全民的国防观念、国防能力。

2. 加强隐蔽战线斗争

军事领域的侦察与情报工作是国家实现正确军事战略指导的先决条件和重要保障，直接关系国家安危、战争胜负，自古以来都受到高度重视。特别是当今高技术时代，军事侦察与情报工作遍及空、地、海、天。某些西方国家仍然不放弃冷战思维，把中国视为情报搜集的主要目标。他们不仅把军队人员作为情报获取的重要途径，还把"魔爪"伸向普通民众，通过拉拢、收买、腐蚀等手段，让普通民众为其提供军事信息。为此，不仅要抓好军队人员的隐蔽战线斗争，还要抓好全民的隐蔽战线斗争，注重宣传教育，完善相关法律制度，确保我军事信息安全以及国防安全。

本章思考题

1. 影响军事安全的主要因素有哪些？
2. 如何维护军事安全？

扩展阅读4.2
维护军事安全为国家长治久安提供坚强支撑

即测即练

参考文献

[1]　刘跃进 . 国家安全学 [M]. 北京：中国政法大学出版社，2004.

[2]　徐军 . 总体国家安全与军事安全的辩证法——学习领会习近平强军思想中蕴含的军事辩证法之三 [J]. 思想理论战线，2022（1）：55-57.

[3]　刘跃进 . 我国军事安全的概念、内容及面临的挑战 [J]. 江南社会学院学报，2016（3）：7-10.

[4]　秦天 . 中国崛起进程中的军事安全分析及对策思考 [C]. 中国国际战略评论 [2013（总第 6 期）]，2013：312-321.

第五章
经济安全

学习目标

◇ 理解国家经济安全的基本内涵、主要特征及主要领域。
◇ 理解新时期我国国家经济利益的主要范畴。
◇ 了解现阶段维护我国国家经济安全需要构建的体制机制，以及我们可以采取的典型管控方法。

国家经济安全是指在经济全球化背景下，作为一国最为根本和重要的经济利益处于不受伤害的状态和能力，特别是在国际经济生活中具有所期待的竞争力。国家经济安全具有国家性、基础性、战略性、复杂性四个特性。在总体国家安全中，经济安全是政治安全、国防安全、文化安全、信息安全、生态安全等领域安全的基础。要有效维护一国的国家经济安全，相应的体制机制建设是重要的基础和保障，因此必须完善体系化的体制机制构建。

第一节 国家经济安全的内涵、特征及其重要性

一、国家经济安全的基本内涵

自 20 世纪末以来，国际上先后爆发了两次大的金融危机。一次是 1997 年到 1998 年的东南亚金融危机，不仅对亚洲国家的经济造成巨大损失，还波及世界上不少其他国家。另一次是 2008 年始于美国"次贷危机"的金融危机，沉重打击了包括早期发达国家的全球经济。以金融危机为典型代表的重大经济事件，告诫世界各国都需要关注国家经济安全问题。

国家经济安全问题早已成为主权国家和国际社会普遍关注的问题。例如，在 1998 年亚洲金融危机期间中、韩、日等国政府首脑会谈中，一些政要即明确提出，不能将金融危机看成是"孤立的金融危机"，必须以"国家经济安全的大思路"去看待该事件。又如，遭受 2008 年严重金融危机打击之后的 2009 年，美国"国家安全年度威胁评估报告"就将经济危机列为国家安全威胁之首。

关于国家经济安全的基本内涵。国内至少有三种界定。①状态论。认为国家经济安全是指在经济全球化条件下，一国经济发展和经济利益不受外来势力威胁的状态。具体体现在国家经济主权独立、经济发展所依赖的资源有效供给、经济发展进程能经受国际动荡冲击等。②状态与能力并重论。认为经济安全是指在开放的经济条件下，一国经济免受国内

外各种不利因素干扰和破坏而持续提高的国际竞争力，从而实现可持续发展的状态和能力。③风险防范论。认为国家经济安全是指一国如何防范短期冲击引发的经济大幅度波动，如何防范国民财富突然大量流失的问题。

在国外，对国家经济安全的内涵至少有两种界定。①状态论。例如，俄罗斯自然科学院院士维•康•先恰克夫认为，经济安全指一国在全球经济一体化条件下保持国家经济发展的独立性，所有经济部门稳定运行，公民具有体面的生活水平，社会经济稳定，国家疆域完整，各民族维持自己文化的独特性。②状态与能力并重论。例如，美国著名国际关系学者罗伯特•吉尔平认为，国家经济安全指一国的经济竞争力及其带来的相应国际地位和能力。

总体来看，国内外学者对于国家经济安全概念内涵的表述有三个共识。一是强调经济全球化的背景；二是强调国家的经济利益处于不受侵害的状态和能力；三是强调在国际上具有一定的经济竞争力。相应地，国家经济安全是指在经济全球化背景下，一国最为根本和重要的经济利益处于不受伤害的状态和能力，特别是在国际经济生活中具有本国所期待的竞争力。一些同行将这种定义称为"状态论＋能力论＋对外竞争力"的国家经济安全。

二、国家经济安全问题的主要特征

（1）国家性。国家经济安全强调的是一国经济整体上的安全，而不是某一部分或某些领域的安全。国家经济安全至少可分为资源能源安全、重要产业安全、财政金融安全、国际经济关系安全等，在中国还有国有经济安全。一国经济可能在某些方面是安全的，但不一定有全局上的安全，这就要求国家必须将整体安全置于局部安全之上。在法理上，代表国家经济利益的中央政府是维护国家经济安全的终极主体。而地方利益、部门利益、领域利益与国家利益是有区别的，这就导致中央政府在维护国家经济利益时，往往不得不在国家利益与地方利益、部门及领域利益之间寻求平衡。

（2）基础性。在总体国家安全中，经济安全首先是政治安全、国防安全、文化安全、信息安全、生态安全等领域安全的基础。如果经济状况过于糟糕，很难设想政府能有效履行相应的职能，政府的相关活动也很难处于有序的状态，甚至很难代表国家参与国际事务。其次，经济安全也是国防安全的基础。在经济发展不平衡的国家，很难设想政府会有足够的资源投入建设强大的国防。苏联解体之初，新成立的俄罗斯等国当时就是这种情况。最后，经济安全还是文化安全的基础。在经济不景气的国家，人民衣不蔽体，生活很不体面，一些人的道德、理念、意识、行为就可能背弃这个国家传统的规范，此时这个国家的文化安全就可能遭到破坏。同样，无论是维护信息安全还是生态安全等都需要国家有持续投入的能力，而那些经济状况糟糕的国家，必然顾不上这些事情。

（3）战略性。国家经济安全强调一国经济较长时期内可持续发展，这本身是一种战略理念。同时，任何国家讲到经济安全时，多数带有本国主观上的某种战略追求。典型的是，美国每年发布的《国家安全战略报告》就将国家经济安全作为其重要组成部分。同时，多次强调美国要在军事、科技、经济等领域维持"全球第一""全球领导者"的地位。俄罗斯的国家安全战略强调要"保持国家经济发展的独立性，公民具有体面的生活水平，各民族维持自己文化的独特性"。一些国家甚至强调为了维护本国长久的经济安全，必要时可以牺牲短期经济利益，以期维护未来经济发展的稳定性和可持续性。由此可见，国家经济安全既是一种战略理念，也是一种战略诉求。这就使得国家经济安全问题具有强烈的战略属性。

（4）复杂性。国家经济安全是个复杂的问题，涉及较多领域，这些领域之间存在复杂的相互依存关系。同时，每个经济领域安全与否，皆是由众多因素决定的。以粮食安全为例，一国的粮食供给能否安全，既受制于经济系统内部的因素，又受制于经济系统外部的因素。其中，在经济系统内部因素中，有国内因素（如生产、需求、储备），又有国际因素（如国际粮食贸易、国际市场竞争、粮食出口大国的进出口管制）；在经济系统外部的因素中，有国内因素（如国内气候、水利灌溉、政府政策等），也有国际因素（如来自国外的政治性禁运、运输通道受阻等）。可见，影响一国粮食安全的因素是极为复杂的。其他安全领域也是如此。进而，一国若要维护本国的经济安全，就需要综合运用经济的、政治的、外交的甚至军事的手段，需要政府及民间的共同努力。

三、国家经济安全为何成为热点问题

"国家经济安全"一词并不是1998年亚洲金融危机时才提出来的。国际上对"国家经济安全"的研究已有几十年历史。诸多国家和机构关注国家经济安全问题主要是基于以下三点。

（1）国家经济不安全甚或危机的事例屡见不鲜。20世纪60年代初，我国有过因三年自然灾害导致的粮食危机。伴随1973年的"阿以战争"和1979年的"伊朗革命"，国际上有过两次全球性的石油危机，工业化国家不得不面对依赖石油的产业结构难题，日本甚至被迫关心自己的生存空间和经济安全。在拉丁美洲，有1982年开始的债务危机，其后是长期而痛苦的经济衰退。1995年，随着墨西哥金融危机的发生，进入最为痛苦的一年，GDP下降7%，工业生产下降15%，仅次于20世纪30年代美国发生的经济衰退。墨西哥金融危机余波未平，1997—1998年亚洲又发生了金融危机。21世纪初，阿根廷又陷入严重的债务危机。这皆使各国政府普遍认识到必须关心本国的经济安全问题。

（2）国际环境和竞争方式发生了深刻变化。20世纪90年代冷战结束以来，大国之间的军事竞争阶段性缓解，但经济竞争日益激烈，甚至以往依靠枪炮和核威胁都不能达到的经济、政治、军事目的，现在采取某些经济手段即可能达到。以打开其他国家市场为例，发达国家以资本跨国公司直接向外投资为手段，驱使某些东道国以"资源或（和）市场换取技术或（和）资金"。由于经济手段相对于军事手段更具隐蔽性，发达国家在国际竞争中就有了更多"合乎道德和法律"的办法，但这往往使发展中国家有些被动。总体上看，国际竞争方式的诸多变化，自然带动了各国政府对国家经济安全的关注。

（3）国内某些问题对于国家经济安全的危害也不可轻视。导致一国经济不安全甚或危机的国内因素主要来自四个方面。①本国经济制度和资源条件的基础性缺陷，如资源枯竭。②一国产业结构、市场秩序等方面的结构性缺陷，如产业系统性风险。③来自国内方方面面的非正常干扰，如资本的盲目扩张。④政府的经济管理失误。比如政府对于经济领域重大"警情"置若罔闻，则这类国家的经济就不可能不出现大的安全风险。

第二节　总体国家安全中的国家经济安全

一、经济安全是总体国家安全的基础

总体国家安全观是党的十八大后党中央提出的关于国家安全的新思想。党的二十大报告进一步指出，国家安全是民族复兴的根基，社会稳定是国家强盛的前提；建设更高水平的平安中国，要以新安全格局保障新发展格局。

在中央政治局第 26 次集体学习时，习近平总书记明确指出，贯彻总体国家安全观，要坚持政治安全、人民安全、国家利益至上有机统一，以人民安全为宗旨，以政治安全为根本，以经济安全为基础，捍卫国家主权和领土完整，防范化解重大安全风险，为实现中华民族伟大复兴提供坚强安全保障。

经济安全是总体国家安全的基础，为了维护国家政治安全、国防安全、人民安全、科技安全、文化安全、生态安全等，首先需要维护经济安全。有了足够的经济实力，主权国家才可能更为有效地维护自己各个领域的安全。为维护经济安全，必须坚持统筹处理经济安全领域的各类问题，科学研判、辩证分析，全面把握、协调推进，既注重总体谋划，又要以重点突破带动整体推进，调动各方面积极性，推动全社会形成维护国家经济安全的强大合力。

二、经济安全与其他安全领域的互动关系

在总体国家安全中，经济安全与政治安全、国防安全、人民安全、科技安全、文化安全、生态安全存在复杂的互动关系。不难设想，在一个经济危机此起彼伏的国家，人民就很难拥护当时的政府，国家的政治安全就可能受到威胁，人民就可能要求调整政府组成，甚至会要求改变本国的政体、国体，政府的相关活动就难以处于有序的状态，甚至很难参与国际事务。反过来，如果一个国家缺少政治安全，经济活动就缺少稳定的社会环境，资本就可能外流，经济运行就可能紊乱，甚至发生经济危机。

经济安全与国防安全也存在互动关系。不难设想，一个经济状况极端糟糕的国家，政府就很难投入足够的资源建设强大的国防。反过来，如果一国的国防安全受到威胁甚至破坏，就很难有安全的发展环境。经济安全与文化安全也存在互动关系。不难设想，一个经

济不景气的国家，人民食不果腹，生活艰难，此时一些人的道德、理念、意识、行为就可能背弃这个国家传统的行为规范。反过来，一个文化衰败的国家，人民必然缺少奋斗精神，经济及创新创业就难以活跃，从而经济安全难以保障。

经济安全与科技安全更是存在互动关系。现代经济竞争直接表现为产品及产业竞争，而产品创新及产业发展皆依赖于科技安全和发展。就此而言，科技的可靠供给成为经济安全的基础。反过来，一国经济活跃并安全稳定发展，国民收入特别是国家财政收入达到一定规模，全社会的研发投入才可能达到较高水平，才会有科技的快速安全发展。

三、国家经济安全的重要领域

国家经济安全是由诸多经济领域安全构成的。在我国，国家经济安全主要涉及资源能源安全、产业安全、国有经济安全、财政金融安全、国际经济关系安全等领域，这些领域安全在国家层面形成经济意义上的总体安全。其中需要特别关注的是，在我国，国有经济具有重要的独特作用。一是社会主义政治制度的经济基础；二是社会主义市场经济的产业基础；三是国家经济发展的战略保障力量；四是全民共同福利的来源保障。

国家经济安全是个整体概念。领域经济安全是国家整体经济安全在该领域的体现。整体经济安全与各领域安全是典型的总体与局部的关系。在某些情况下，一国可能在某些经济领域是安全的，但不一定是全局整体上的经济安全。从另一个角度看，总体经济安全必然是所有局部及领域安全态势的综合表现。

国家经济安全各领域之间存在复杂的相互影响、相互依存的关系。某个经济领域的安全态势往往会影响其他领域的安全态势。实体经济部门一旦处于危机状态，虚拟经济部门就很难独善其身，反之亦然。在某些情况下甚至是牵一发而动全身。在极端情况下，当某些局部经济非安全因素积累到一定程度时，就可能转化为总体经济非安全问题。

现阶段，有四类经济领域安全问题极易转化为全局性经济安全问题。①粮食安全问题。我国是发展中的人口大国，有14亿人口，吃饭和就业问题极易转化为全局性经济安全问题。②国有经济安全问题。国有经济是否安全、其功能发挥是否到位、经营风险管控如何，直接影响我国公有制为主体的基本经济制度的稳定性，影响全体人民对中国特色社会主义市场经济制度的信心，进而会影响社会的稳定性。③金融安全问题。金融是经济的血液系统，金融危机会殃及整个国民经济。1998年前后的亚洲金融危机、2008年的美国金融危机皆佐证了这一点。金融领域稍有大的"非安全"问题，就可能伤害整个国民经济的健康运行和安全发展。④国际经济关系安全问题。尽管我们有着全球最大的国家市场，但如果一些国际经济关系问题处理不当，就可能导致被狙击国家经济运行及安全发展的外部环境恶化。

第三节 国家经济安全的本质：国家经济利益

一、新时期中国的国家经济利益

国家经济安全是指一国在经济领域最为根本和重要的利益不受伤害。这就使得国家在制定经济安全政策时，必须首先搞清本国的国家经济利益究竟是什么、有哪些。换言之，厘清国家经济利益的内涵和主要范畴，即成为制定国家经济安全政策的逻辑起点及基础。

在我国现阶段，国家经济利益应是指在经济全球化与多极世界并存的国际背景下，在社会主义初级阶段的时代背景下，对内维护以公有制为主体、多种经济成分共同发展，按劳分配为主、其他分配形式为重要补充的基本经济制度不被伤害；对外确保国家的经济主权和发展利益不被伤害；确保经济发展的物质基础稳固，国内外环境和谐；确保经济发展必须实施的战略、规划、途径、手段得以实施；确保总体经济发展战略目标和宏观经济四大运行目标得以实现。

为维护国家经济安全，我们就需要围绕前述利益范畴，来制定相应的经济安全法律和政策。当然，任何国家都很难有一部法律或政府政策将维护国家经济安全的所有思路囊括其中，而只能将维护国家经济安全的系统安排分散融入诸多法律和政策之中。例如，我国关于产业安全的政策安排，即分布在产业投资政策、产业贸易政策，以及产业技术政策中。

二、新时期中国的国家经济利益的具体化

（1）对内维护公有制为主体的基本经济制度不被伤害。即坚持社会主义基本经济制度的规定性。在所有制结构上，以公有制包括全民所有制和集体所有制经济为主体，个体经济、私营经济、外资经济、股份经济等多种经济成分共同发展。在分配制度上，以按劳分配为主体，其他分配方式为补充，效率优先，兼顾公平。在宏观管理上，把当前利益与长远利益、局部利益与整体利益适当结合，充分发挥政府规划及政策引导与市场机制在资源配置中的基础性作用。在基本经济制度维护上，国家相关法律和政府政策能够有效实施。

（2）对外确保国家的经济主权和发展利益不被伤害。即在坚持走和平发展道路的同时，在国际交往中绝不放弃我国在经济领域的正当权益，绝不牺牲国家核心经济利益；不拿我国任何核心经济利益与任何国家做交易；确保我国在陆域、海域、空域、网域、太空的经济活动与发展权益；确保境外资产安全。

（3）确保经济运行与发展的基础稳固，国内外环境和谐。即确保经济运行和发展所需的国土开发及各种资源（矿产资源能源、金属产品、科技资源、人力资源等）的有效及可靠供给；技术及产业体系相对完善，结构合理；确保资源能源、技术供给和产品价值实现国内外市场稳定，国际通道不被阻塞并得到必要拓展；同时，确保与相关国家在国际规则下和平友好相处、共赢发展。

（4）确保经济运行和发展必须实施的战略、规划、途径、手段得以实施。战略及规划是国家实施经济发展布局、政府宏观引导的重要手段，相关途径、手段（往往体现为国家法律、政府政策、领域计划）是国家相关战略及规划得到有效实施的具体保障措施。为确保相关战略达到既定目标，既要依据相关程序制定必要的法律法规或政策，又要培育相应实施机制，还要排除各种干扰。

（5）确保总体经济发展战略目标和宏观经济四大目标的实现。国家总体经济发展战略目标反映出政府对于人民共同利益的长期考虑和承诺。目前基本体现为"十九大"和"二十大"报告规定的"从 2020 年到本世纪中叶分两个阶段来安排中国经济发展"，2035 年基本实现社会主义现代化，2050 年建成富强民主文明和谐美丽的社会主义现代化强国。为确保国家总体经济发展战略目标的实现，基础是步步为营、年年努力，确保年度宏观经济四大目标（即经济增长、充分就业、物价稳定、国际收支平衡）的实现。

三、新时期国家经济利益的分级分层

不同范畴的国家经济利益有着重要程度的差异。现阶段我国的国家经济利益可分为三个层级。

（1）**核心利益：制度主权与经济主权。**社会主义基本经济制度是我国一切经济活动的制度保障，也是社会主义政治制度的基础。央企资产是真正的全民资产，是维护基本经济制度和政治制度最为核心的资产保障，故必须确保央企资产的保值增长，保证央企资产不被流失或被任何个人或组织所侵占。经济主权既是我国一切经济活动的基础，也是我国作为独立主权国家与其他国家及国际组织平等交往的基础，还是维护总体国家利益的经济权利基础。因此，"制度主权"与"经济主权"是我国最为核心的经济利益。

（2）**重大利益：基础稳固与持续发展。**我国是社会主义新兴发展中大国，诸多问题的缓解及解决、民族复兴目标的实现，都有赖于经济的可持续发展，故凡涉及经济运行及发展基础和发展战略的，都是我国的重大经济利益。资源能源可靠并有效供给，技术及产业体系完整及结构合理；重要产业健康发展、科技及教育体系持续提升、财政金融稳定及外汇储备达到并保持合理规模；抑制外资在华恶意并购；重要产业布局不被干扰。特别是国家外汇储备既是国际支付的货币保障，也是应对国际金融危机的力量保障，还是国际上实施相关布局的资金保障，故必须确保国家外汇储备达到必要的合理规模。这些都是经济运行及发展所必需的基础。

（3）**重要利益：稳健运行与环境和谐。**生态环境既是人居生存环境，又是经济可持续发展的自然保障，故必须按照国际社会共识的原则、规范和我国经济发展的阶段性特点，确保生态环境安全。信息安全是经济发展决策和运行管理的信息基础，故必须保障信息安全。经济发展及相关战略实施，是以经济良性运行为基础的，故必须确保经济运行稳健，确保宏观经济年度四大目标实现。特别是，我国是人口大国，就业是居民生存与发展的基本保障，民生是国家稳定之本，故必须努力实现居民充分就业。我国经济已深层融入全球经济，国际市场需求稍有衰微，即可能负面影响国内经济的稳健增长；他国经济中的不利因素，也可能跨国传导并影响我国经济，故必须努力实现国际贸易及投资的稳定增长及国际收支平衡。

第四节　维护国家经济安全的体制机制建设及管控方法

党的二十大报告指出，中国坚持对外开放的基本国策，坚定奉行互利共赢的开放战略。但在"世界又一次站在历史的十字路口"的大背景下，必须加强维护我国国家经济安全的体制机制建设，并科学设计及适时采取相应的管控措施。

（一）科学完善维护国家经济安全的体制机制建设

要有效维护一国的国家经济安全，相应的体制机制建设是重要的基础和保障，必须形成体系化的体制机制构建。诸如建立科学的经济安全管理决策机制，就维护国家经济安全作出规划性安排，重要战略资源的国家储备制度，以及重要技术经济资源的出口管控制度，等等。

1. 建立科学的经济安全管理决策机制

政府要有效行使国家经济安全的管理职能，最为重要的是需要建立科学的国家经济安全管理决策机制。在信息管理上，要有科学有效的信息获取和传递机制。在生产要素配置上，要科学地将政策导向机制与市场机制合理有效组合。在决策过程上，要杜绝"道德风险"或"非理性"导致的决策失误。在决策的权责配置上，要建立权责对称机制。只有职能管理部门的责权对称时，才能保证管理决策的正确和有效率。只有建立决策实施的权责对称机制，才能保障经济安全管理职能的真正到位。

维护国家经济安全的重大决策最终是由高层领导者作出的，故领导者要善于听取各方面的意见和建议，特别是逆耳的建议、与领导者认识有些差异的建议，才可能在决策上少有失误。要建立集体决策体制，如建立金融政府领导人、经济部门负责人、经济管理专家、科学家、地方领导人、军事负责人等于一体的国家经济安全管理决策机构，集众人之智来对事关国家经济安全的重大问题进行集体研讨。针对具体问题的国家经济安全管理决策要以对相关问题的智库分析结论为参考，以部门联席会议研讨结果为依据。

值得借鉴的是，美国官学两界自20世纪60年代以来就十分重视经济安全问题研究，其目的就在于为总统等高层进行经济安全管理决策提供依据。日本自20世纪70年代以来也十分重视经济安全问题研究，不少涉及国家经济安全的管理决策同样是以大量全局性、问题性、对策性研究为依据的。

2. 就维护国家经济安全作出规划性安排

美国用"总统咨文"规定和阐述国家的大政方针，我国用"经济社会发展规划"规定和阐述国家的大政方针。在"十四五"规划（以下简称"规划"）中，就对我国如何维护国家经济安全作出了安排。

诸如，"规划"第十五篇"统筹发展和安全、建设更高水平的平安中国"中关于经济安全的论述，充分体现了政府关于维护国家经济安全的主体思路。其中提出，要加强经济安全风险预警、防控机制和能力建设；努力实现重要产业、基础设施、战略资源、重大科技等关键领域的安全可控；着力提升粮食、能源、金融等领域安全发展能力。要实施产业竞争力调查和评价工程，增强产业体系抗冲击能力；要确保粮食安全，保障能源和战略性矿产资源安全。要积极维护水利、电力、供水、油气、交通、通信、网络、金融等重要基础设施安全；提高水资源集约安全利用水平。要积极维护金融安全，守住不发生系统性风险的底线。要确保生态安全，加强核安全监管；积极构建海外利益保护和风险预警防范体系。

关于粮食供给安全，"规划"第五十三章第一节"实施粮食安全战略"中提出，要积极实施分品种保障策略，完善重要农产品供给保障体系和粮食"产购储加销体系"，确保口粮绝对安全、谷物基本自给、重要农副产品供应充足。要毫不放松地抓好粮食生产，深入实施"藏粮于地、藏粮于技"战略，开展种源"卡脖子"技术攻关，提高良种自主可控能力。要严守耕地红线和永久基本农田控制线，稳定并增加粮食播种面积和产量，合理布局区域性农产品应急保供基地。要深化农产品收储制度改革，加快培育多元市场购销主体，改革完善中央储备粮管理体制，提高粮食储备调控能力。要强化粮食安全省长责任制和"菜篮子"市长负责制。要积极开展重要农产品的国际合作，健全农产品进口管理机制，推动进口来源多元化，培育国际大粮商和农业企业集团。

关于能源资源安全，"规划"第五十三章第二节"实施能源资源安全战略"中提出，要坚持立足国内、补齐短板、多元保障、强化储备，完善产供储销体系，增强能源持续稳定供应和风险管控能力，实现煤炭供应安全兜底、油气核心需求依靠自保、电力供应稳定可靠。要夯实国内产量基础，保持原油和天然气稳产增产，做好煤制油气战略基地规划布局和管控。扩大油气储备规模，健全政府储备和企业社会责任储备有机结合、互为补充的油气储备体系。要完善能源风险应急管控体系，加强重点城市和用户电力供应保障，强化重要能源设施、能源网络安全防护。多元拓展油气进口来源，维护战略通道和关键节点安全。要加强煤炭储备能力建设，加强战略性矿产资源规划管控，提升储备安全保障能力，实施新一轮找矿突破战略行动。

关于金融安全，"规划"第五十三章第三节"实施金融安全战略"中提出，要健全金融风险预防、预警、处置、问责制度体系，落实监管责任和属地责任，对违法违规行为零容忍，守住不发生系统性风险的底线。要完善宏观审慎管理体系，保持宏观杠杆率以稳为主、稳中有降。要加强系统重要性金融机构和金融控股公司监管，强化不良资产认定和处置，防范化解影子银行风险，有序处置高风险金融机构，严厉打击非法金融活动，健全互联网金融监管长效机制。积极完善债务风险识别、评估预警和有效防控机制，健全债券市场违约处置机制，推动债券市场统一执法，稳妥化解地方政府隐性债务，严惩逃废债行为。要完善跨境资本流动管理，加强监管合作，提高风险防控和应对能力。要加强人民币跨境支付系统建设，推进金融业信息化核心技术安全可控，维护金融基础设施安全。

3. 完善重要战略资源国家储备体系

重要战略资源是一国经济运行与发展的保障，也最易受到"我缺他丰"出口国牵制，故国际上不少国家都建立了重要战略资源国家储备体系。国家储备体系本质上是一种国家保险制度，其收益主要表现为：国家因有储备而规避的本可能发生的损失。其中最为典型的是国家石油储备。

在国际上，国家石油储备体系始于 20 世纪 50 年代中后期。20 世纪 50 年代以来，世界上发生过十多次石油供应中断，其中 1973 年和 1979 年两次供给中断造成了石油危机，给石油消费国经济带来了极大冲击。这两次石油危机发生之后，主要工业化国家即建立了"国家石油储备体系"。

建立国家石油储备体系，即一国基于未来可能发生的石油供求矛盾，预留一定规模可开采储量（储量储备），储备一定量原油及其制品，并建立相应的组织和设施，配以必要的政府政策以保证在一定时期内一国的石油供给是较为稳定的。如果该国建立了有效的国家石油储备体系，就有可能降低当期及今后某个时期的石油供需矛盾。特别是对缺油国家来说，对付国际石油供给中断的最有效办法就是建立国家石油储备。

国家石油储备分为战略储备和商业储备。战略储备又称紧急石油储备，是为了应付政治、经济和自然界的突发事件而建立的储备。商业储备是为了保障采油企业和炼化企业日常生产而做的储备。根据储备物品类的不同，还可分为资源储备、原油储备、成品油储备，三者之间相互补充。

历史上，国家石油储备体系缓解了不少国家的石油供求矛盾。其中美国作为世界上最大的石油消费国和进口国，其储备总量占到经合组织国家战略储备总量 60% 以上。储备方式以地下岩洞为主，地上油罐储存为辅。储备机构通过契约由私人公司管理。只有总统授权才能动用战略石油储备。日本在 1973 年第一次石油危机后的 1975 年，即颁布了《国家石油储备法》，其中一部分依法由民间储备，另一部分由日本石油公司进行国家储备。法国也建立了由 70 多家公司作为股东的石油储备股份公司，且国家不对该公司征收公司税。

关于建立国家战略资源储备，需要重点关注两个问题。

（1）应根据需求变化及时调整国家储备的品类和规模。例如，2018 年以来的美国对华贸易挑衅，使我们意识到集成电路等可靠供给是个大问题，甚至有了"供应链安全"的提法，于是集成电路就成为一些部门的储备品。因此鉴于我国经济正在由高速增长转向高质量发展，正在由较高的对外依存度转向更加强调经济的"内循环"，同时面对美国力图重构全球化规则而改变我国经济发展的外部环境，我们必须根据各个领域、地区经济运行及发展的现状及趋势，适当调整我国当下和未来国家储备的品类和规模。仅就目前来看，至少应急医疗卫生用品、粮食、棉花、食盐、石油、黄金、各种稀有金属、化工原料、高端基础电子元器件等皆应是我国必须储备的应急物品。

（2）完善国家储备的设施、组织和管理体系。中华人民共和国成立之初，我们就建立了国家战略资源储备体制，对稳定经济社会、保障民生和局部战争供给、应对危机事件中的紧急供给等作出了重要贡献。但值得关注的是，现阶段我国国家储备设施还有待提升，需要在储备设施中引入更多新技术，确保所储备物资不发生自然耗损，确保所储备物资可适时紧急动用。同时，需要进一步完善国家储备的组织体系，将国家专业储备机构储备与中央企业商业储备结合起来，某些物资市场供给紧缺时首先动用企业储备；把中央储备与地方储备结合起来，应对区域性紧急需求时优先动用地方储备。同时，需要进一步提升国家储备的信息化水平，确保发生某种紧急需求时，应急部门和受灾单位能够及时寻找到所需物资。

4. 完善重要技术经济资源出口管制制度

"出口管制"是第二次世界大战后西方国家的一贯做法，始于20世纪40年代末、50年代初东西方两大集团对峙之初，在冷战时期逐步强化；90年代时随着苏联解体，国家间的出口管制有所弱化。但近年来随着美国谋求重构全球投资与贸易规则，国家间的出口管制再次呈现将被强化的态势。

比如在第二次世界大战结束后不久的20世纪40年代末、50年代初，美国等西方国家拉起了"巴黎统筹组织"。该组织以组织内国家间自由转让技术为诱饵，迫使组织内所有国家共同限制向以苏联为首的欧亚社会主义国家出口技术，形成了对当时社会主义国家集体的技术封锁。

随着1991年苏联解体，由美苏两个超级大国主导的全球结构发生了质变，美国开始"一极独大"。随之，1994年前后，由美国主导的"巴黎统筹组织"宣布解体。但不久，美国又组织了"瓦森纳协议"，继续对独联体国家和我国等实施军事技术禁运和战略物项出口管制。出口管制进一步成为西方各国保护自身利益的利器。

2018年以来，美国特朗普政府发起对华贸易挑衅，拜登政府继承并强化了对我国的限制政策。一个重要举措就是多轮次发布"实体清单"，涉及我国上千家企业和科研机构及大学。其中，一是严控美方企业向"清单"中我国企业销售产品；二是严控美方科研机构及大学与我国相应机构进行科技及学术交流。这实际上是美国新一轮技术出口管制。

相对于美国等西方国家持续调整技术出口管制制度，我国也应"对等地"加快完善我国的出口管制制度。其中重点主要在以下三个方面。

（1）应将技术出口管制拓展为"技术经济资源出口管制"。除了管控重要技术成果出口，还应管控重要矿产资源出口，包括有国防用途、特殊用途的矿产资源，我国原本短缺的矿产资源，以及类如稀土这种我国原本有储量优势、可作为"谈判筹码"的矿产资源。

（2）应根据我国需求，与时俱进地调整技术出口管制清单。无论特定技术成果的研制主体、持有主体是什么身份，只要该技术成果对于我国国防建设、国家安全等有特殊用途、对于我国产业发展等有广泛用途，就应限制其相应技术出口。特别是应限制这样的技术出口给与我国企业有竞争关系的国外企业。

（3）应进一步完善技术经济资源出口管制办法。在国家层面，对特定技术出口，应由科技管理部门和商务管理部门依次核准。对于企业、科研机构"在用或持而不用"的具有国防和国家安全价值的技术成果，有关部门应登记在册，主动向持有者采集这些技术成果的转让信息。在大学、院所与国外的科研合作中，国内合作主体应主动防范以往国家资助的科研项目成果非正常流向外国机构。同时，还应积极防范科技领域的他国谍报活动。

（二）有效使用维护国家经济安全的典型管控方法

在完善体制机制建设、实施相关战略的基础上，维护国家经济安全还需要一些可操作性的、有效的管控方法，如"宏观指标管控""国家安全审查"或"环境影响评估"。

1. 总体维护方法：宏观指标管控

我国是社会主义市场经济国家，中央政府对维护国家经济安全负有终极责任，故有必要建立国家经济安全重要指标的管控机制。20世纪90年代苏联解体后，俄罗斯继承了苏联的诸多遗产。曾任俄罗斯自然科学院副院长、经济与金融研究中心主任的 B. K. 先恰科夫院士，曾主导研究构建了维护俄罗斯经济安全的管控性指标体系。先恰科夫院士认为，实现俄罗斯国家经济安全的重要措施是对国家经济状况的定性定量判断，确定参数指标体系并指出其中的内在关系，这样才能系统地把握现状、控制未来。

先恰科夫院士认为，建立国家经济安全管控指标临界值的依据有三个：①国家安全和民族利益的需要；②必须注意到转轨国家过渡时期的特点；③对经济领域国家利益要具体分析和界定。继而以统计数据为基础，对可能的经济风险及威胁进行分析，以确定国家应予管控的事项及程度，以及政府调节与市场调节的分界线。

先恰科夫院士主持的研究团队把俄罗斯经济安全的管控指标划分为八个方面：一是经济发展的最低限度指标；二是保证俄罗斯军事和国家力量指标；三是经济独立发展指标；四是居民生活水平指标；五是金融体系安全指标；六是外贸和对外经济联系指标；七是地区间发展不平衡指标；八是经济安全的管理实施指标，即谁对经济安全负责和如何操作的问题。他们在1996年完成的"国家经济安全战略构想"中建立了这些指标的临界值，并得到政府部门的实际应用。

2. 个案维护方法：国家安全审查

国家安全审查（National Security Review）是各国应对外商投资（特别是并购）或销售商品，可能对东道国经济利益造成伤害的方法，通常是就具体个案事务实施安全审查。这方面美国的做法最为系统和典型。1988年美国制定了"埃克森—弗罗里奥条款（Exon-Florio Provision）"，明确了外资并购安全审查的机构与职责。该法案授权美国外国投资委员会对特定外国人对美国企业的并购行为进行安全审查，由总统最后裁决是否中止交易。该条款作为《综合贸易竞争法案》第5021节获得通过，并被列入1950年《国防生产法》中，构成该法的第721节。1991年，美国财政部又出台《外国人合并、收购和接管条例》，作为"埃克森—弗罗里奥条款"的实施条例，对外资并购的国家安全审查制度作出了实体和程序方面的规定。

1993年，《国防授权法》第837节对"721条款"进行修订，规定凡有外国政府控制（或代表外国政府）的并购活动……涉及国家安全的，都应进行调查。该法案被称为"伯德修正案"。2007年美国出台《外国投资与国家安全法》，这是美国对外资并购国家安全审查的重大修订，其中扩大了外资委成员单位（增加了能源部、劳工部、情报局）；审查程序更复杂、范围进一步扩大，包括"并购方是否有外国政府控制，并购方所在国在不扩散、反恐、技术转移等方面的记录"。

其中，关系国家安全的基础设施、核心技术是其主要审查内容。另外，是否影响就业也被并入审查范围。例如，美国财政部颁布的《外国人合并、收购、接管条例》规定，外国资本持股美国企业低于10%时无须经美国外国投资委员会审查，但任何超过股权比例10%的并购交易则不能通过审查。此外，美国的"美中经济与安全评估委员会"专门审查中国企业对美国的投资与贸易活动。

3. 个案维护方法：环境影响评估

环境影响评估（Environmental Impact Assessment，EIA）是指对规划和建设项目实施后可能造成的环境影响进行分析、预测和评估，提出预防或者减轻不良环境影响的对策和措施，进行跟踪监测的方法与制度。环境影响评估是国际上通行的做法。特别是自1992年联合国环发大会提出"可持续发展议程"（又称"21世纪议程"）后，环境影响评估得到了越来越多国家的重视。20世纪90年代开始，我国政府即多次要求重大决策之前需要开展社会、经济、环境等方面可行性论证与评估。2019年国务院颁布的《重大行政决策程序暂行条例》规定："决策承办单位根据需要对决策事项涉及的人财物投入、资源消耗、环境影响等和经济、社会、环境效益进行分析预测。"皆体现了我国对于重大决策前环境影响评估的重视。

但近年来环境影响评估制度在国际上出现了被扭曲使用的现象。随着我国企业更多地走出去融入国际市场，当我国企业在一些国家投资或销售产品时，有时却遇到东道国以环境影响评估为借口的打压。典型的是，我国某企业欲在某国投资建设水厂，但最终该国以"环评不合格"为由否定了这个项目。而在其背后，则是某个大国的施压并给予其他利益。该国不愿得罪这个大国，便以"环境影响评估不能通过"为由否定了我国企业的项目。由此可见，环境影响评估在作为一种维护人类生存与发展环境的制度性手段的同时，也演变为一些国家维护自身多重利益的"借口性"手段。

在国际上，随着"跨界环境损害责任"研究的发展，"适当谨慎义务"作为折中的理论，被认为是能够解决可预见的跨境环境损害或环境损害发生时跨国责任承担的理论。该理论与国际环境法中的预防原则紧密相连，承担着保护全球环境及国际社会共同利益的责任，逐渐被各国接受。但现在一些国家对"适当谨慎义务"的认知，有了过度灵活的迹象。本来按照"适当谨慎义务"标准来实施国家管理，对于保护环境已经足够了。但若某个国家将其他因素放入环境影响评估之中，就可能使环境评估失去本来的意义。

本章思考题

1. 在我国，为什么需要特别关注国有经济安全？

2. 为什么四类领域安全问题（粮食安全问题、国有经济安全问题、金融安全问题、国际经济关系安全问题）极易转化为全局性经济安全问题？

3. 基于我国现实国情，我们应该就哪些资源建立国家战略储备？

扩展阅读 5.1
案例分析

即测即练

参考文献

[1] 洪兵 . 国家利益论 [M]. 北京：军事科学出版社，1999.

[2] 陈亮辉，等 . 基于国民利益的国家经济安全及其评价 [J]. 中国软科学，2012（12）.

[3] 雷家骕 . 关于国家经济安全研究的基本问题 [J]. 管理评论，2006（7）.

[4] 刘薇 . 中国共产党的国家利益观及其实践研究 [D]. 吉林大学，2014.

[5] 倪同木 . 法学视野中的国家利益研究 [D]. 南京大学，2014.

[6] 王宏强 . 论国家利益及其实现途径 [J]. 国际关系学院学报，2003（5）.

[7] 王逸舟 . 国家利益再思考 [J]. 中国社会科学，2002（2）.

[8] 阎学通 . 中国国家利益分析 [M]. 天津：天津人民出版社，1997.

[9] 杨玲玲 . 国家利益的基本内涵和本质特征 [J]. 国际关系学院学报，1997（4）.

[10] 张文木 . 全球化进程中的中国国家利益 [J]. 战略与管理，2002（1）.

[11] 雷家骕，等 . 国家经济安全理论与分析方法 [M]. 北京：清华大学出版社，2012.

第六章
文化安全

学习目标

◇ 了解文化与文化安全的含义。
◇ 理解维护文化安全的重要意义。
◇ 掌握维护文化安全的途径与方法。

党的十八大以来，习近平总书记创造性地提出了总体国家安全观，将政治安全、军事安全、文化安全、网络安全等传统安全和非传统安全统筹纳入其中，使其成了新时代维护国家安全的理论指导和实践指南。国家文化安全是总体国家安全的子系统，指的是国家文化生存与发展免于威胁或危险的状态，以及保障持续安全状态的能力。

文化安全包括文化主权、文化价值观、文化资源安全等方面，是确保一个民族、一个国家独立和尊严的重要精神支撑。面临外部意识形态渗透、消极文化侵蚀、文化自信和向心力缺失等威胁。维护文化安全必须强化中华优秀传统文化、革命文化、社会主义先进文化教育。

第一节　文化与文化安全

一、文化

文化的概念由来已久，可以追溯至人类社会发展的萌芽时期。古汉语中"文"的本义是"纹理"，"化"的本义是"生成""造化"，一般都是作为单字来使用的。战国末年，《周易》中"观乎天文，以察时变；观乎人文，以化成天下"，将"文"与"化"二字并用，形成了最初的"文化"范畴。其中，"天文"指的是自然规律，"人文"指的是社会规律，两者具有相似的、纵横交织的纹理状复杂关系，体现出古人观察和总结人类社会的发展规律和秩序规范，并使其成为教化天下的基本准则的社会治理思想。

现如今，文化的概念已经远远超出古人的理解范围，成了世界上最难以被界定的词语。尽管不同学者对于如何划分文化世界有着各不相同的见解和做法，但是几乎都认同将其最粗略地划分为物质、精神和制度三个层次。第一，物质文化是最基本的文化构成形态，是物质的符号体现，体现着"人化自然"的重要特征。物质文化与人类的基本生存需要息息相关，如衣食住行、饮食男女、婚丧嫁娶等，由此便形成了饮食文化、服饰文化、建筑文化、交通文化、环境文化等丰富多彩的物质文化。从茹毛饮血到美味佳肴，从兽皮树叶到丝绸锦缎，从树杈窑洞到高楼别墅，从徒步旅行到飞机轮船……可以说，物质文化就是人类社会变迁的缩影。第二，精神文化是最能体现文化的超越性和创造性本质的构成形态，是精神的价值体系。"思想形成人的伟大"，人之所以能够超越自然界的其他存在物，最重要的原因之一就在于人可以创造出有别于物质世界的精神世界。概括地说，精神文化是人类所有精神活动及其成果的总和，即包括人类社会活动中所产生的思维定式、价值尺度、情感方式等社会文化心理，这一切精神文化成果在某种程度上要比物质文化成果更加丰富多彩，也更加深刻持久。第三，制度文化是满足人的深层次需求的文化形态，是行为的制度体系。动物之间的关系是自然的、本能的关系，是不存在关系的关系；而人与人之间的关系是人为的关系、真正意义上的"关系"。为了满足人们正常的交往需求，更好地处理个体关系和个群关系，制度文化便应运而生。总体来看，制度文化具有十分丰富的内涵，包括经济制度、政治制度、文化制度、法律制度、教育制度、管理制度等一切与社会活动密切相关的制度安排。

二、文化安全

文化安全是国家安全的子系统，是与政治安全、军事安全、经济安全、网络安全等子系统相互并列、相互促进的重要安全领域。

提及文化安全，离不开一个重要的核心概念——文化主权。所谓"主权"指的是一个国家所拥有的独立自主处理其内外事务的最高权力，维护国家主权神圣不可侵犯是应有之义。文化主权是国家主权的重要组成部分，捍卫国家的文化立法权、文化管理权、文化选择权、文化交流权等文化权力的独立性和自主性是维护国家文化安全的重要内容。

具体来说，文化安全包含多方面内容，主要有意识形态与价值观念安全、社会舆论安全、文化资源安全和文化生态安全等。

1. 意识形态与价值观念安全

一般来讲，意识形态主要是指"反映社会的经济关系、阶级关系的社会意识，主要包括政治法律思想、道德、艺术、宗教、哲学等"，是在一定的经济基础上形成的对于世界和社会的系统的看法与见解。以对全世界国家社会发展的影响力而言，资本主义意识形态与社会主义意识形态是最主要的两种意识形态理论学说。

意识形态本身并不存在安全问题，只是一旦与国家政权相结合，成为国家政权"合法性"的文化根基，就会产生意识形态危机和安全问题。一方面，国家主流意识形态一定要依靠国家政权来维护与发展；另一方面，国家政权也一定要依靠国家主流意识形态获得合理合法的文化基础，两者相互依存共同发展，维护国家意识形态安全就是维护国家政权安全。因此，只要某一个国家政权总想着"控制""推翻""颠覆"另一个国家政权，某一种意识形态就会产生"对抗""击败""征服"其他意识形态的念头，那么为了维护本国政权的稳定和本国意识形态的主流地位不动摇，就一定会形成以意识形态安全为核心的文化渗透、文化侵略、文化颠覆等相关的文化安全问题。

价值观与意识形态之间的关系十分紧密，是意识形态本质的集中体现。它与人们的世界观、人生观是相一致的。对一个民族、一个国家来说，最持久、最深层的力量是全社会共同认可的核心价值观，它是决定国家文化根本性质和发展方向的"中轴"，也是整个国家社会得以运转、得以维持的精神依托。

2. 社会舆论安全

舆论是在特定的时间、空间里，公众对于特定的社会公共事务公开表达的基本一致的意见和态度。舆论安全，则是公众意见和态度的正确表达，有利于国家利益的维护和社会的安全稳定。在讨论舆论时，常常与文化、意识形态联系在一起。

文化与舆论的联系体现在舆论的文化功能上。舆论在文化的丰富、整合、交流与传承过程中发挥着特殊作用，特别是，一个国家的文化与舆论传播能力同属于国家软实力的构成要素，因此，文化与舆论的关系也十分紧密。文化与舆论的这种紧密联系，使得在讨论文化安全问题时，舆论安全往往也会被视为文化安全的一个方面纳入其中。主要有以下几个方面的原因：①舆论安全在增强民族凝聚力和文化认同感方面，有着与文化安全一致的价值追求；②文化安全所面临的外来文化入侵的威胁，也是影响国家舆论引导能力、威胁舆论安全的重要因素；③提升文化产业水平和文化传播能力，既是文化安全所要研究的内容，也是舆论安全战略必不可少的组成部分。

意识形态安全与舆论安全的关系更为紧密。国家舆论以意识形态为理论指导和思想武器，意识形态以国家舆论为传播载体和思想源泉，二者呈现出相互交织的关系。另外，舆论斗争是意识形态斗争的重要载体和主要形式。例如，西方国家"西化""分化"我国的图谋，历来都是以舆论为前沿阵地和主攻武器的。

3. 文化资源安全

依据不同的划分方式，文化资源的概念及内容有所不同。我们这里说的文化资源主要包括语言文字和文化遗产。

语言文字是国家和民族特定的历史标记与文化结晶，是建构国家、维系社会、凝聚人心最重要和最稳定的文化核心要素，不仅承担着信息传播、交流思想、沟通情感的工具功能，还展现出超越性的文化功能。因此，语言文字是文化资源，也是文化软实力，这是其成为推进国家文化安全建设重要内容的根本原因。

语言文字安全对于国家和民族的成败兴亡具有十分重大的现实意义。①语言文字安全事关国家和民族的建构。历史上任何国家民族的建构过程都离不开语言文字的统一过程。同时，了解学习和熟练掌握语言文字也是国民身份的象征。②语言文字安全事关国家和社会的维系与治理能力。相同的语言文字能够聚沙成塔，将无数个体凝聚成统一群体，形成真正意义上的人类社会。同时，语言文字也是国家和社会实现平稳运行、有效治理的重要工具，无论是国家层面的政策制定，还是社会层面的沟通交流，都必须借助语言文字充当中间媒介。③语言文字安全事关国家和民族文化血脉的传承延续。语言文字是国家民族所创造的最稳定的文化元素，承载着国家民族的共同意志、共同情感、共同精神，是文化血脉得以延续传承的重要载体。

文化遗产包括物质文化遗产和非物质文化遗产。物质文化遗产包括以自然形态或者历史形态而存在的，具有独一无二重大价值的珍贵文化成果，一般很难甚至根本不能对其进行再生式生产，而非物质文化遗产，一般后人可以通过不断对前人的文化成果进行继承性、实践性、创造性的精神生产活动而令其重获新生。文化遗产是一个国家和民族的历史档案，是一个国家、民族身份建构合法性的物证，同时也是人、社会与国家共同认同的基础与纽带。

文化遗产安全是极具全球性、普遍性问题，也是各个不同国家的特殊性问题。文化遗产被分成物质文化遗产和非物质文化遗产两种类型，由此而构成的对两种不同类型的文化遗产安全分析也是不一样的。在众多对物质文化遗产构成安全威胁的来源中，战争与自然灾害、城市化和旅游业迅速发展造成的遗产消失的危险、文物走私与盗掘、公共和私人工程的威胁、土地的使用变动或易主造成的破坏，被公认为五大主要来源。随着现代化进程的加速发展和经济一体化的影响以及人们的生存环境和生活方式的改变，尤其对于我国这样文化遗存丰厚但迅速走向现代化、城镇化的国家来说，非物质文化遗产正遭受越来越严重的破坏，有的正濒临消失。

4. 文化生态安全

文化生态指社会的意识形态以及与之相适应的制度和组织机构。随着不同民族的产生和发展，文化生态也具有民族性，主要包括民族文化、风俗习惯、生活方式等内容。

民族文化是"民族国家完整性的文化基础"，凝聚着民族对世界的历史认知与现实感受，积淀着民族深沉的精神向往与行动指南，是民族国家赖以生存、发展、进步最为重要的文化基石。从古至今，中国历来特别重视"大一统"的政治观与文化观。数千年来，无论国家政权如何更替变换，中国的世界从未丧失其"大一统"的意义和文化的完整性，这样的人类社会发展奇迹在很大程度上都应该归功于中华民族自始至终都坚持和维护"大一统"的民族文化。必须强调的是，我们认同的民族文化并不是中国某个民族的文化，而是中华民族的文化。中华民族文化是凝聚着中国 56 个民族文化精华的文化统一体，我们要维护的就是这个文化统一体的安全。

生活方式是民族文化和国家文化最集中的体现，也是不同民族、不同国家之间文化差异的现实表现形式。国家民族生活方式的形成不是一蹴而就的，而是在漫长的历史文化发展进程与高度的核心价值观认同过程中逐步形成的。国家社会中每个成员的生活方式都是国家文化价值的缩影，如对待工作学习、金钱消费、娱乐消遣的态度和模式都深深地打上了国家民族文化的烙印。为了维护本国人民固有的生活方式安全，世界各国都普遍认可将其上升至国家文化安全，甚至上升至国家安全的战略高度。

风俗习惯，就是根据本国本民族的经济、政治、文化、历史、地理等客观条件而形成的稳定持久的道德风尚、节庆礼仪、民俗信仰等独特生活方式。这种独一无二的风俗习惯，会为本国人民的生产方式、生活方式注入深厚的文化底蕴，也会深刻改变着国家和民族的精神风貌，从而增强民族亲和力与国家凝聚力。中国拥有着五千多年的悠久历史和灿烂文化，形成了无数内涵丰富且形式各异的风俗习惯。这些风俗习惯在古代社会中具备规范和制约社会成员行为方式的重要作用。即使进入现代社会中，传统风俗习惯也仍然深深扎根于人们的内心深处，对人们的衣食住行、婚丧嫁娶、节日禁忌、宗教信仰等日常生活活动产生着深远的影响。当然，保护本国本民族的风俗习惯安全，不是一味地、不加辨别地全部继承和盲目保护，而是要运用科学的方法来继承和发展风俗习惯，批判和淘汰消极的、迷信的、落后的低级封建陋习，同时也要反对和抵制任何外国外族势力对本国本民族风俗习惯的破坏行为，从而维护好国家和民族的风俗习惯安全。

第二节　维护文化安全的重要意义

一、文化是国家和民族的灵魂

文化是一个国家、一个民族的灵魂，是维系国家统一强盛、民族团结复兴的思想基础和精神纽带。推动中华文化的繁荣兴盛，对于实现国家完全统一、长治久安、走向复兴，具有十分重大的现实意义。

（1）中华文化安全是坚持"一国两制"和推进祖国统一的重要保障。中华文化所孕育的中国精神、中国价值、中国力量，是全体中国人民的共同思想和共同意志，是任何外部力量都难以改变的。目前，"台独"势力、"港独"势力依然热衷于各种形式的分裂活动，其中大搞"文化台独""文化港独"就是他们的惯用伎俩之一。必须高度重视国家文化安全建设对于延续中国文化血脉、凝聚中国文化力量，全力粉碎"文化台独""文化港独"的阴谋诡计，进而维护中国完全统一的重大意义。

（2）中华文化安全是促进综合国力和实现国家强盛的重要力量。"文化兴，国运兴"，这是颠扑不破的真理。纵观世界，欧洲工业革命的兴起和资本主义强国的崛起，是文艺复兴运动为其提供思想文化力量的必然结果。回顾中国，当李大钊、陈独秀、毛泽东、周恩来、蔡和森等优秀知识分子率先举起马克思主义伟大旗帜来反对封建主义、批判资本主义之时，就已经为中国工人阶级力量登上历史舞台创造了必要条件，也为中国未来进行新民主主义革命和社会主义革命作出了文化抉择。这足以证明科学的、先进的思想文化可以为国家文化软实力和综合实力的迅速提升释放出磅礴之力。

（3）中华文化安全是维系中华民族大团结大繁荣的精神纽带。中华文化之所以能够促进中华民族的团结奋进，就是因为全国各族人民对中华文化怀有强烈的认同感和归属感。一方面，文化认同是民族认同的精神基础；另一方面，文化认同是民族团结的精神纽带。中华民族是由 56 个民族构成的复合民族，各民族之间始终团结一致、共同进步的奥秘就在于中华文化的独特魅力。

（4）中华文化安全是实现中华民族伟大复兴的题中应有之义。"文化之盛衰，民族之兴亡系之"，文化兴盛则民族兴旺，文化衰落则民族衰亡。文化可以孕育人才，可以创造科技，可以建立制度，可以改造社会，并由此产生巨大能量来激发整个民族的发展活力。

中华民族自诞生之日起，就与中华文化成了不可分割、俱荣俱损的命运共同体。中华文化不仅是中华民族生命力的精神支柱，支柱不倒则生命不亡；也是中华民族凝聚力的精神纽带，纽带不断则凝聚不散；更是中华民族创造力的精神源泉，源泉不涸则创造不息，而民族生命力、凝聚力、创造力又是关乎中华民族伟大复兴之成败的关键力量。

二、文化安全是国家安全的重要内容

国家文化安全是国家安全的子系统和重要环节，是与政治安全、军事安全、经济安全、网络安全等子系统相互并列、相互促进、环环相扣、密不可分的重要安全领域。

第一，国家文化安全是国家军事安全的必然延伸。传统军事安全实际上是一个集政治、经济、文化等安全要素为一身的综合性安全体系，只不过这些安全要素均是以军事斗争为中心来间接发挥自身的功能作用。直到现代，文化安全的真正威力才得以逐步显现，成为与军事安全相互并列的非传统安全类型。军事安全是文化安全的基础，军事安全一旦被破坏，随之而来的便是国土沦丧、国民伤亡，直接伤害文化安全的现实基础；文化安全是军事安全的助力，"不战而屈人之兵"，这足以说明"文化战""心理战"对于军事安全的重要辅助作用。

第二，国家文化安全是国家政治安全的精神屏障。"从来都没有脱离政治的文化存在"，这说明政治安全与文化安全之间存在着"亲密战友"的高度相关性。政治安全是文化安全的根本，其核心应当是争取政治独立和维系政治稳定。政治不独立必然导致文化不独立，政治不稳定必然导致文化不稳定，而不独立、不稳定的文化一定是不安全的文化。文化安全是政治安全的保障，如意识形态安全关乎政权的合法性与合理性，民族文化安全关乎国家统一与民族团结，一旦文化安全出现认同危机，则极有可能导致国家分裂、民族自立、政权消亡。

第三，国家文化安全是国家经济安全的重要羁绊。经济安全与文化安全的关系较为复杂。一方面，二者相互促进，经济发展势头强劲必然会证明文化抉择的合理性和正确性，思想文化坚定不移必然会一心一意谋发展，聚精会神搞建设，让国家经济更安全更强大。另一方面，二者相互牵制，为了维护经济安全，国家会选择适当接受西方经济规则，这自然意味着意识形态和思想文化方面的让步；为了维护文化安全，国家也会选择明确限制西方资本投入，这自然影响经济发展的规模与速度。

此外，国家文化安全与国家社会安全、网络安全、外部安全等安全领域也存在着相互依存、相互促进的紧密联系，共同构成维护总体国家安全的重要力量。

三、文化安全是经济建设的基础保证

知识经济时代的来临，大大加深了文化与经济相互交融、相互渗透的程度，使得包括价值观、道德观、知识资源、科技资源等在内的文化因素日益渗透于经济发展的各个环节和各个方面。随着"文化经济化""经济文化化""文化经济一体化"的深入发展,让文化不仅成了提高经济效益、提升经济质量的有效手段,而且成了促进经济发展、推动社会进步的内在驱动力。文化安全对于经济发展的促进功能大致可以分为两大方面,即直接促进功能和间接促进功能。

(1) 文化安全对于经济建设具有直接促进功能。主要体现在文化生产安全、文化消费安全两个方面:①文化生产是社会生产的重要组成部分。众所周知,文化产业是当代西方发达国家的支柱产业、朝阳产业,为经济社会发展作出了巨大经济贡献。同时,文化产业还可以凭借其强大的带动能力和广阔的辐射面积,激活其他相关产业如旅游、餐饮等的发展潜力,为社会发展提供更多更新的经济增长点。②文化消费是社会消费的重要组成部分。随着广大消费者的收入水平、文化水平的不断提高,人们已经不再仅仅希望获得物质的满足感,而更希望获得精神的愉悦感。因此,阅读消费、音乐消费、电影消费逐渐成了人们日常生活中不可或缺的重要环节,这也大大促进了文化消费市场的发展和壮大。另外,消费者偏好的改变也会导致社会消费格局的改变,即由经济实用型消费主导向文化审美型消费主导转变。由于消费者越来越注重蕴含在消费品之中的使用价值、收藏价值、审美价值等"叠加"而成的综合价值,因此,许多产品生产者也越来越注重在产品的设计过程、制作过程、包装过程中大量注入文化因素,这使得文化价值变成了物质生产的必要条件,也必然会对经济发展起到一定的促进作用。

(2) 文化安全对于经济建设也具有间接促进功能。主要体现在两大方面:①文化安全可以为经济建设提供价值导向和精神动力。从宏观层面来看,文化对国家经济社会发展具有重要的导向作用。一方面,就经济发展自身而言,其发展速度、规模、结构都必须要遵循一定的经济规律,任何违背规律的做法都可能导致经济失衡或经济崩溃,这种规律性认知就是一种理论知识文化;另一方面,就社会整体发展而言,经济发展出现问题很可能会引发一系列连锁反应,如环境污染问题、资源透支问题等,这也同样需要科学的文化理念来加以引导。从微观层面来看,文化对企业经济发展、个人经济发展具有重要的激励作用。企业文化是企业员工共同的价值理念和精神意志,是企业发展的重要推动力。良好的企业文化可以激发出企业员工的工作潜力、工作热情,进而大幅提升企业的生产效率、经济效益。同时,"知识就是力量",文化知识也同样可以激发出个人的主动性、积极性、创造性,进而提升个人的综合能力和经济收益。②文化安全可以为经济建设提供知识资源和人才资源。在传统经济时代,促进经济发展的主要资源是土地、资本、劳动力等,其中资本是最主要、最紧缺的经济资源。在知识经济时代,知识资源已经代替资本资源而成了促进经济发展的第一紧缺资源,经济建设的关键在于拥有和培养大量的高级知识人才,这意味着必须要依靠文化安全来培养和造就知识型人才,才能让经济发展获得源源不断的动力资源。

四、文化安全是国际博弈的重要领域

"冷战"对峙格局的结束，使国际战略的影响因素发生了重要改变，经济实力、军事控制力仍然继续发挥作用，但影响力相对下降，而文化的重要程度日益凸显。以文化为代表的软实力某种程度上比硬实力的渗透力更强，影响力更持久。全球化程度的逐渐加深、文化产业国际分工的深入更强化了这一趋势。一些国家企图利用自身文化的优越性和更具吸引力的价值观，通过引诱和劝导或者直接输出的方式来谋求更长远的经济和政治利益。以美国为首的文化霸权在世界范围内有逐渐强化的趋势，而这一行为所导致的文化冲突与博弈日益激烈。谁的文化软实力更强大，谁在激烈的国际竞争中掌握主动权的本领也就越高强。

习近平总书记指出："今天的世界是一个开放的世界，不同国家、民族的文化在人类普遍交往中碰撞、交融、互鉴，在此背景下，如何保护本土文化、维护人类文化多样性成为人类社会面临的重要挑战。对于一个国家和民族而言，缺乏安全屏障的文化开放，有可能丧失文化发展自主性，甚至沦为异质文化的附庸。"因此，增强文化软实力、维护本国文化安全也成为国际博弈的重要领域。

文化安全是参与国际文化博弈的各方都十分重视的基本利益诉求，只有在保障文化安全的基础上才能追求文化的对外影响力，赢得文化博弈的优势地位。文化强国往往将文化安全放在国家安全战略的核心，积极推行文化输出战略，同时对外来文化具有兼收并蓄为我所用的能力，因此可以确保自身文化的安全状态。但是在文化博弈中处于相对弱势地位的一方往往因为自身文化实力的薄弱、文化竞争力不足或者外部文化霸权的扩张和侵蚀面临文化安全的威胁。国际文化博弈是国家间文化相互竞争、相互影响的动态过程，维护自身的文化安全是参与博弈的前提和基础，这就要求国家不断提高自身的文化实力，不断强化民族的文化认同，保护自身文化核心因素不被外来文化强制改造，文化市场不被外来文化产品所强占。

第三节　文化安全面临的威胁和挑战

随着我国改革开放不断深入，各种社会思潮、先进的信息技术、多样的沟通手段、不同的生活方式通过互联网一并涌入，出现文化"井喷"，对我国文化安全防御能力提出了新的挑战。这种挑战不仅表现在文化霸权主义的持续影响和意识形态的相互对立上，同时也表现在国内传统文化的发展态势中。

一、外部意识形态渗透

纵观历史与现实，意识形态领域各种社会思潮变幻交织、相互争斗早已不是什么新鲜事。随着信息时代的来临，互联网因其自身所具备的匿名性、交互性、开放性等主要特征而逐渐变成了意识形态斗争的主战场、最前沿。现如今，信息化、网络化的快速发展使网络意识形态安全工作变得更加复杂难控。概括而言，当前网络空间下比较活跃的逆向社会思潮主要为新自由主义、历史虚无主义、文化保守主义、普世价值主义，这些思潮总是妄图利用各种方式、手段、途径来挑战马克思主义指导地位和社会主义意识形态主流地位，为国家意识形态安全和思想文化安全带来了一定程度的干扰和冲击。

二、恶意解构文化传统

以美国为首的西方国家从来没有停止过对中国思想文化建设的攻击，企图用多种方式破坏中国思想文化发展的良好势头，毒害中国文化安全发展的外部环境。比如历史虚无主义者不顾史实地提出了"告别革命""告别五四运动""共产党游而不击""新中国不该成立""社会主义错误道路"等荒谬言论，将无数革命烈士抛头颅、洒热血、救中国的革命史以及中国共产党带领中国人民站起来、富起来、强起来的复兴史全部颠倒，强行将历史人物的光辉形象过分娱乐化、庸俗化、离奇化。此外，在全世界范围内大肆宣扬和广泛传播"中国威胁论"，认为凡是涉及其切身利益的领域统统都有威胁，包括经济威胁、政治威胁、文化威胁、军事威胁等。这种卑劣行径使得世界各国对中国的文化安全建设和文化发展道路产生了不必要的疑惑、误解、担忧、恐惧。

三、文化自信和文化向心力缺失

改革开放以后，西方资本主义国家的综合实力与我国形成了鲜明的对比，民族自卑成为当时中国社会成员主要的心理状态。学习和借鉴西方科学技术、文化思想、生活方式成为当时我国的社会"潮流"。无论是电影节目、电器设备、管理方式或是国家制度、社会思潮都成为人们追捧的对象，甚至连喝咖啡、吃快餐等生活方式都被人们拿来模仿和炫耀。

与此同时，"西方文化中心论"以其特有的文化偏见，将非西方文化视为野蛮的、落后的、愚昧的文化糟粕，故而经常用带有文化傲慢与文化偏执的有色眼镜来审视中国优秀传统文化的生存与发展，否定抹黑优秀传统文化。

四、消极文化侵蚀

西方文化凭借其经济和科技优势，在文化交流中显现出极度不平衡的状态，形成不利于我国的单向文化传播态势。随着拜金主义、功利主义、享乐主义、个人主义、利己主义等思想观念涌入国内，在社会生产生活领域、学术领域、政治制度舆论中产生了较大影响，对中国推崇的爱国主义、集体主义、团结精神、奋斗精神等社会主义价值观和思想精神构成一定的安全隐患。虽然国家对此进行了宣传矫正，但舆论造势所产生的影响依然存在。

第四节　维护文化安全的途径与方法

一、加强文化认同教育

文化认同是指人们对某种文化的认识和接受，包括使用相同的文化符号、遵循共同的文化理念、秉承共同的思维模式和行为规范等。其核心就是对一个民族基本价值的认同，是维系民族共同体生命的精神基础。在当今经济全球化的时代，作为民族认同和国家认同的重要基础，文化认同不仅没有失去意义，而且还成为加强民族凝聚力、提高文化自信心和提升国家竞争力过程中不可或缺的核心"软实力"。增强文化认同必然要以中华民族优秀传统文化为基础，从打造中华优秀传统文化氛围入手，努力让优秀传统文化内化成每一个中华儿女内在的精神和血脉，让全体社会成员的文化认同感转化为民族集体意识，使文化认同成为维护我国文化安全的强大精神后盾。

首先，在教育上要扩大历史文化教育在学校教育中的全程覆盖度。教育部门应在学校教育教学任务中扩大历史课程教学的学龄覆盖面，加大对传统文化知识的教学，坚决以提升学龄儿童身份认同和文化认同为教育目标，避免传统文化教育和史实教学出现"模糊化"与"空窗期"。

其次，增强中华民族文化认同感，需要通过积极的影视、综艺、纪录片等宣传手段，突出民族文化特色，塑造丰富、多彩的中华文化形象。在影视媒体等文化产品宣传上，要注重将中华优秀传统文化与当代影视媒体相结合，加强中华文化形象塑造和宣传，制作更多的像《舌尖上的中国》《山海经》《故宫》等具有中国传统文化特色和民族性格的优秀文化作品，时刻警惕文化市场中按照西方标准构建自己文化的观念和行为。

最后，要增强中华民族文化认同感，需避免陷入重建文化认同的三大误区，即避免陷入以文化复古重建文化认同、避免将文化认同与现代性相对立、避免将文化认同与全球化相对立。文化与人们特定的生活方式密切相关，不同的生活方式造就了不同的文化内容和文化形式。传统文化产生于古代中国社会，而现代化、全球化又是当代中国所处的时代背景，若将传统文化强行应用于当代中国，势必不符合文化发展规律与人类社会的发展趋势。因此，单纯主张以文化复古来重建文化认同、将文化认同与现代性相对立以及将文化认同与全球化对立的观点都是无法让人信服的。真正的文化认同不是一劳永逸地赞同某种思想观念或文化形式，它是实践性的，是在活生生的文化生活中形成的。

二、培育社会主义核心价值观

核心价值观是文化最深层的精神内核，任何一种文化的确立、发展、强大，都必须取决于凝结其中的核心价值观的生命力和引领力。在当代中国，社会主义核心价值观正在以其独特的民族性、时代性、先进性、包容性，逐渐成为国家社会文化建设中最强劲的主流引领价值。坚持发挥社会主义核心价值观的文化引领作用,有利于积极抵御资本主义价值观的渗透威胁,从而维护国家意识形态安全和思想文化安全。

培育社会主义核心价值观,要充分认识三种文化(中华优秀传统文化、革命文化、社会主义先进文化)的重要价值,坚定人们对中国文化的自觉、自信、自强,从根源上树立文化自信,进而筑牢推进国家文化安全的深厚根基。

"中华优秀传统文化是中华民族的'根'和'魂'",传承和发扬其内在价值精髓是坚定文化自信的必然要求。一方面,要自觉运用马克思主义理论武装头脑、厘清关系、以清晰的理论自觉提升人民群众对中华优秀传统文化的自信心。中华优秀传统文化绝不等同于传统文化,而是在马克思主义理论指导下去伪存真、批判吸收、传承保护、不断创新的宝贵精神产物,本质上是一种积极的、主动的文化自觉。另一方面,要坚定不移地走"双创"前进道路,深入考察、精准挖掘、持续激发其内在活力,让"活起来"的中华优秀传统文化成为文化自信的不竭源泉。其一,要让中华优秀传统文化思想"活起来"。可以通过主流媒体不断推广《百家讲坛》《经典咏流传》《中国诗词大会》等高质量文化类节目,激活其丰富独特的时代价值与世界价值,让人民群众在激烈的思想文化竞争中不断形成对中华优秀传统文化的强大自信。其二,让中华优秀传统文化遗产活起来。建立科学完善的文化遗产保障体系,保护好老祖宗传下来的宝贵文化财富,加强各大高校、科研机构、文物馆藏等不同单位之间的深入合作和良性互动,稳步提升科研水平,从而增强对中华优秀传统文化的通透理解和理性自觉。

革命文化是最为独特的精神标识,将其代代相传是中国共产党人和广大人民群众义不容辞的重要使命。要着手构建革命文化的社会记忆机制。其一,充分挖掘和妥善利用红色资源,搭建传承平台。红色文化资源是革命先辈留给我们的珍贵遗产,必须倍加珍惜。要充分利用好全国范围内的革命纪念馆、博物馆、教育基地、大讲堂等平台资源,着力打造新时代的红色文化旅游区,让革命历史绽放光彩。其二,大力宣传和广泛传播红色故事,传承革命基因。为了保证革命基因的永续传承,可以将流传至今的红色经典故事编印成册,也可以将革命先烈的奋斗人生制作成真实的纪录片,将听说形式与讲读形式相结合,共同重温革命年代的文化记忆。其三,科学构建和持续完善红色机制,形成常态保障。既要完善经费支持、政策执行、过程监督等顶层设计,又要加强政府和人民的互动、配合、共振,还要尊重文化传承的客观规律,持之以恒、久久为功,避免"临时突击""一阵风",从而形成革命文化的常态化保障机制。

社会主义先进文化是激励全党全国各族人民奋勇前进的强大精神力量,是当代中国精神、中国价值、中国力量的集中体现,必须将其不断发扬光大,使之成为全党全国各族人民的文化骄傲。社会主义核心价值观是社会主义先进文化的精髓,要增强人民群众对核心价值观的认同度。其一,融入社会治理。要提升思想认同,让社会成员正确理解和精准把握其蕴含的思想精神,不断调整自身的世界观、人生观、价值观,自觉维护社会主义文化的繁荣发展。要提升利益认同,尽快缩小贫富差距、促进收配合理、协调利益矛盾,让不同地区、不同阶层、不同群体的人们都能真切感受到获得感,从而增强人民群众对社会主义先进文化的认同感。其二，深入民众生。核心价值观"生活化"是让人民群众消除误解、拉近距离、提升自信的有效手段。要推动构建核心价值观与日常生产生活相融合的实践体系，既可以将其融入重要节日庆典和大型纪念活动中，也可以让真实的、具体的先锋模范人物来阐释其真谛，从而让核心价值观走入生活、走进人心。其三，改进传播方式。要不断搭建"微平台"来占据主流阵地，引导"微舆论"来唱响主流旋律，从而提升核心价值观的传播力、影响力。

三、加强文化遗产保护与利用

文化遗产保护是文化资源保护中最为重要的内容，也是世界各国普遍关注的重点领域。文化资源主要分为两种类型，即有形的（主要是物质文化遗产）和无形的（主要是非物质文化遗产），无论哪种类型的文化资源都是新时代推进国家文化安全建设的重要保护对象，必须要对其给予高度重视。

对于物质文化遗产保护，可以从以下三个方面进行思考：①积极借鉴和学习发达国家关于物质文化遗产数字化的先进技术，用高超科技强化文物保护能力。②根据文物保护工作经验，不断创新和完善中国物质文化遗产的法治保障。充分结合新时代全面推进依法治国的伟大实践，加快补充和完善中国文化遗产保护法律体系，将分散的法律法规集中整合为统一的综合法，为相关工作提供更系统、更全面的法治保障。③从观念出发，全面强化国家、社会、人民的文物保护意识。全面强化全社会支持文化遗产保护工作的意识，从而推动文物保护工程顺利实施。

对于非物质文化遗产保护，可以从以下两个方面进行思考：①运用互联网、云计算、大数据等科学技术助推"非遗"保护。充分运用好数字化、智能化的科学技术，让传承人将具体操作技巧和完整制作过程刻录成影像资料，依靠新兴媒体的传播优势进行珍稀技艺的传承、展示、推广，从而有效降低"非遗"技艺的传承成本，不断弥补传统方式的不足之处。②探索"非遗"保护与文化旅游业发展的共生路径，形成保护与发展双管齐下的新方式。可以依托当地山区、田园、农庄、温泉等特色景区资源，吸引大量游客并向其展示当地建筑、服饰、礼仪，将"非遗"的文化内涵以及特殊形态更好地推广出去。

另外，维护国家文化资源安全，不能单纯依靠固守和保护，还必须努力增强国家社会开发创新文化资源的能力和本领。①应当在全国范围内对现存文化资源状况进行系统性、全面性的调查、整理、分析工作。要想充分利用国家现存的文化资源进行文化创造，就必须对其进行科学的、全面的、细致的整合分析工作，从而达到对各类文化资源的了解熟知和灵活运用。对于经济价值含量高、市场化和产业化开发潜力大的文化资源，要认真分析市场容量和发展空间；对于文化价值含量高、不适合投入产业化发展的文化资源，则要更加注重保护而不是强行开发。②应当尽快制定和完善文化资源开发利用的基本原则和法律法规。要从维护国家利益、民族利益的战略角度出发，认真审视和谨慎制定中国文化资源开发利用的基本原则。同时，要尽快出台相关的法律法规，合理规范和有效约束文化资源的开发和利用，不断推动文化资源安全法治化发展。③应当因地制宜地合理规划整合文化资源。要根据不同文化资源合理规划文化产业布局，从而形成规模化、集约化的利用优势，推动文化资源区域化共享发展。要充分利用地缘文化资源优势，不同的区域文化又可以相互借鉴、相互扶持，从而更好地利用国家文化资源的使用价值和巨大潜力。

四、加强文化创新建设

1. 继续推进文化体制改革

我国的文化事业顺应改革开放的大势而产生了积极的裂变，已由过去单纯的福利型文化事业变为文化事业与文化产业并存，长期被忽视的文化产业作为精神文明和经济建设的新高地，也终于能够与文化事业一起，以主角的身份迈进文化建设的新时代。但是文化体制仍然相对滞后于经济体制变革，文化建设相对滞后于经济建设。要促进中国文化的发展，首先是要突破政策性、体制性、机制性障碍，进一步明确文化事业与文化产业的不同内涵和理念，相应制定不同的管理体制和运行机制。

文化体制改革要建立健全两个体系：一个是文化市场体系，另一个是文化法律法规体系。要坚持一手抓繁荣，一手抓管理的方针，依法规范文化市场秩序，完善文化市场管理机制，形成以公有制为主体、多种所有制共同发展的文化产业格局和以民族文化为主体、吸收外来有益文化为补充的文化市场格局。要加强文化法制建设，不断推进国家文化生活的法制化、规范化，推进文化市场综合行政执法，加大文化阵地和文化市场管理力度，严格纪律、严格把关，绝不给错误的东西提供传播渠道。

2. 坚持繁荣文化事业

建设公共文化服务体系，繁荣文化事业，是保障人民文化权益的主要途径，也是新时代维护国家公共文化安全、推动社会主义文化繁荣兴盛的重要举措。近几年来，中国文化事业建设取得了显著成效，公共文化产品和服务的供给质量、供给水平不断迈上了新的台阶，有力保障了广大人民群众的基本文化需要。鉴于此，应进一步持续深化现代公共文化服务体系建设，提升公益性文化事业的综合实力。一方面，从内部治理的角度出发，深入推进文化事业法人治理结构改革，由内而外改变文化事业体制机制。要明确和转变政府和文化事业的角色定位，理顺新旧管理体制关系。政府应当从领导转向掌控，由直接参与转为间接影响。要制定和出台专业配套的外部保障机制，运用政策和法律进行双重保护，用法律来明确和界定各方的权责范围和功能作用。另一方面，要从外部保障的角度出发，继续增加公益性文化事业的财政投入。要优化资金管理，健全评价制度。通过引入市场机制来进一步优化文化事业资金分配。要积极发挥财税政策的引导作用，鼓励和吸引社会力量、民间资本共同参与投入。

3. 大力发展文化产业

国家文化产业的发展程度，直接体现出国家文化软实力的强弱程度，也直接关系国家文化生存发展的安全程度。经济全球化、文化全球化的发展趋势，让当今世界文化产业、文化市场的竞争变得越来越激烈，因此，要将强大的国家文化产业视为新时代促进文化发展和维护文化安全的重要经济基石。

第一，加强"主体"支撑，着力重点发展骨干文化产业，进一步优化文化产业结构布局。第二，加强"财力"支撑，着手改革文化产业投资、融资机制，进一步扩大文化产业资金渠道。一方面，应该继续加大文化经济政策的创新和执行力度，不断加强国家财政政策、税收政策、贸易政策、用地政策对国家文化产业的支持、引导、激励、保障作用。另一方面，应广泛吸收社会力量与民间资本，不断推动文化产业投资主体多元化发展。第三，加强"人力""智力"支撑，全面提升文化产业发展的强劲动力。一方面，要加强文化产业专业化人才的培养和管理，进一步筑牢文化产业人力资源基础。文化产业是知识密集型和技术专业型的高层次产业，人才的重要地位不言而喻。新时代国家文化产业要想做大、做强、做优，势必需要大量的政治可靠、业务精通、学术务实的专业人才凝聚和加盟才能实现。要充分利用高等学府和文化领域的高层次人力资源优势，培养和造就一大批有文化、懂经营的文化产业高端人才。另一方面，要加强文化产业吸收创新中华文化的能力，进一步弘扬中国精神与中国旋律。要坚持"产品至上""内容为王"的文化生产原则，不断提升自身吸收文化养分、创新文化传统的能力和本领，打造一大批强劲有力的中华老字号文化产品和文化品牌，用高质量的文化品牌唱响新时代的中国旋律。

本章思考题

1. 什么是文化安全？
2. 维护文化安全有哪些主要任务？
3. 如何理解维护文化安全的重要意义？

扩展阅读 6.1
案例分析

即测即练

参考文献

[1] 胡惠林. 国家文化安全学 [M]. 北京：清华大学出版社，2016.
[2] 胡惠林. 国家文化安全研究导论 [M]. 上海：上海人民出版社，2013.

[3] 潘一禾. 文化安全 [M]. 杭州：浙江大学出版社，2007：41.

[4] 张序，劳承玉. 如何维护国家文化安全 [N]. 人民日报，2011-11-15（7）.

[5] 韩源. 中国文化安全评论（第 1 卷）[M]. 北京：社会科学文献出版社，2015.

[6] 赵波，高德良. 西方文化渗透对我国文化安全的影响 [M]. 北京：中国传媒大学出版社，2012.

[7] 吴满意. 中国文化安全面临的挑战及其战略选择 [J]. 当代世界与社会主义，2004（3）.

[8] 孟宪平. 文化安全、文化自觉与文化认同——我国的文化安全问题及其应对 [J]. 理论探索，2008（6）.

[9] 吴腾飞. 新时代国家文化安全建设研究 [D]. 吉林大学，2020.

[10] 刘建强. 舆论安全助推社会安全 [J]. 新闻研究导刊，2017，8（6）：154-155.

[11] 曲文波. 中国文化安全研究 [D]. 中共中央党校，2008.

[12] 付津. 习近平舆论安全思想及其实践 [J]. 观察与思考，2018（1）：54-59.

[13] 胡惠林. 文化遗产安全：一个人类文化安全议程 [J]. 探索与争鸣，2017（6）：83-92.

第七章 社会安全

学习目标

◇ 掌握社会安全的主要内容。
◇ 理解维护社会安全的重要意义。
◇ 了解我国社会安全面临的威胁和挑战。
◇ 熟悉维护社会安全的主要途径与方法。

社会安全与人民生活息息相关，是国家安全的重要方面。维护社会安全是贯彻落实总体国家安全观的必然要求，是顺应社会主要矛盾变化的必然选择，是建设平安中国的题中之意。当前，我国社会安全仍面临诸多威胁和挑战。不断探索维护社会安全的途径和方法，切实筑牢社会安全网，进而提升人民获得感、幸福感和安全感，实现中华民族伟大复兴大局，是新时代中国特色社会主义社会建设和社会治理的重要内容。维护社会安全是全体社会成员的共同责任，是每一位公民的义务。

第一节　社会安全的主要内容

简单而言，社会安全就是指社会稳定。只有社会稳定，人民才能安居乐业。从系统思维看，社会安全是指整个社会能够免于各种内外部不利因素的威胁而持续平稳运行和发展。2014 年 4 月 15 日，习近平总书记在中央国家安全委员会第一次全体会议上首次提出总体国家安全观重大战略思想，社会安全上升至国家安全战略层面。从总体国家安全观的视野看，社会安全是相对于政治、经济、文化等其他国家安全领域而言的，具有保障国家安全的重要作用，主要内容包括社会治安、公共安全、社会舆情等方面。

一、社会治安

"治安"一词早在春秋战国时期便已出现。《管子》一书中有言：生养万物，地之则也；治安百姓，主之则也。《韩非子》一书中亦有"治安"的用法。可见，我国古代治安思想与法家思想有密切关系。到西汉时期，贾谊著作长篇政论文《治安策》，而司马迁在《史记》中有云：古者殷周有国，治安皆千馀岁。可见，治安是我国古代社会的一种美好追求，其含义较为宏大，含有"治国安民、天下太平"之意。

近代以来，我国社会发生天翻地覆的变化。"治安"一词也发生了重大变化，这一变化伴随着现代警察制度的建立。警察是现代社会的一种普遍建制，以维护治安为职业，具有专业性与特殊性。我国建立的现代人民警察制度是我国社会治安的根本保障。在这一制度背景下，治安便有了特定的含义。如今，治安成为民生之盾，成为一种基本的民生需求，而不再是一种总体性的理想社会状态，尽管内在联系一脉相承。"治安"一词含义的变化反映出了现代人类社会的一种普遍共同价值，即人民享有一些不受侵害的基本权利。因此，社会治安是指社会中人民各项法权利不受侵扰和损害的安全稳定状态。当然，社会治安的实际状况与整个社会的各种结构性条件有关，社会治安出现问题往往与整个社会的结构性矛盾有关。社会治安问题主要包括犯罪、一般违法行为、一般不安情形和次生性事件等方面。

违法是指违反国家现行法律，对社会造成某种危害的行为。根据对社会的危害程度，违法行为可分为一般违法行为和严重违法行为。严重违法行为就是犯罪，是指违反刑法规定的行为。一般违法行为是指违反其他法律规定的行为，又可分为行政违法行为和民事违法行为。行政违法行为是指不违反法律法规，但会直接或间接地破坏社会安定，可能会进一步带来更大的社会问题。民事违法行为主要有酗酒、自杀等个人非正常行为、群体非正常行为，以及违背公序良俗的行为。次生性事件是指因由其他事件或事故引发的治安问题。次生性事件的引发原因有很多，除上述三种社会治安问题可能会引发次生性事件之外，意外事故、自然灾害也都有可能引发次生性的治安问题。

二、公共安全

"公共"一词含有"公众的""公用的""共同的"等多种意义。简单来说，公共安全是指人民群众的生命、健康以及财产等不受外界不利因素威胁的状态。公共安全是国家安全和社会稳定的基石，是经济和社会发展的重要条件，是人民安居乐业的基本保证。人类社会已经进入了风险社会，公共安全问题成为人类现代社会的一个重大突出问题。

从公共安全的管理角度看，公共安全是指通过检测、监测、预警、预防以及应急处理等手段，预防和减少各种突发事件、事故和灾害，保护人民生命健康安全，避免国家、企业和个人财产损失，减少社会危害。公共安全包括三个基本构成要素：突发事件、承灾载体、应急管理。突发事件是指可能对人民群众以及生产生活设施和环境带来危害和破坏的事件，如洪涝灾害、爆炸事故。承灾载体是指突发事件的威胁对象和应急管理的保护对象，一般包括人民群众、物质设施或整个社会经济系统。应急管理是指可以预防或减少突发事件及其后果的各种人为干预手段，包括预防准备、监测监控、预测预警、救援处置、恢复重建等关键环节。突发事件、承灾载体和应急管理之间相互作用形成公共安全系统。从具体领域来说，公共安全包括自然灾害防减、生产安全、交通安全、食品安全、公共卫生安全等传统安全领域，也包括信息安全、防恐反恐等现代安全相关领域。本章的公共安全范围主要包括自然灾害、事故灾难、公共卫生事件和社会安全事件四大方面。

自然灾害是指为人类生存带来危害或损害人类生活环境的自然现象，其发生的诱因可能来自自然环境本身的变异，也可能来自人类活动的影响。自然灾害都具有消极的或破坏的作用，主要包括水旱灾害、气象灾害、地震灾害、地质灾害、海洋灾害、生物灾害和森林草原火灾等。事故灾难是指在人们生产和生活过程中发生的、直接由人的生产和生活活动引发的，迫使人们生活和生产活动暂时或永久停止，并且造成大量的人员伤亡、经济损失或环境污染的意外事件，主要包括工矿商贸等企业的各类安全事故、交通运输事故、公共设施和设备事故、环境污染和生态破坏事件等。公共卫生事件是指在卫生健康领域突然发生的威胁公众健康的事件，主要包括传染病疫情、群体性不明原因疾病、食品安全和职业危害、动物疫情，以及其他严重影响公众健康和生命安全的事件。社会安全事件是指各种人为因素导致的，对社会安全可能构成威胁或者已经带来严重危害的，需要由政府及相关部门采取紧急措施予以处置的事件，主要包括大型活动安全事件、群体性事件、恐怖袭击事件、民族宗教事件、经济安全事件、涉外突发事件等。

三、社会舆情

"舆情"一词并不简单地指称"舆论情况"，而是指"舆论"与"情绪"之间交互形成的复杂社会意识状态。社会舆情是指社会民众就某一或某些公共事件或事务在一定的社会空间内讨论、交流和表达个人情绪、意愿、态度和意见的动态过程和结果。社会舆情是社会意识的一部分，是对社会存在的部分反映。社会舆情都基于一定的社会心理基础，特别是社会情绪。相比社会舆论而言，社会舆情更为综合和动态，社会舆情的诱发、发酵和激化、回应和干预、消退都有自身的运行规律。简而言之，民众构成了社会舆情的主体，公共事件或事务是社会舆情的客体，情绪、意愿、意见、态度是社会舆情的表现形式，一定的社会空间是社会舆情的发生环境。

人类现代社会是一个大众社会，而大众社会可以说是一个情绪社会或意见社会。在现代社会中，社会舆情具有独特且重要的作用，它往往成为社会问题的"传感器"和"预警器"，甚至会引发重大社会变革。我国社会正处于社会加速转型的过程中，转型的不平衡性、复杂性和艰巨性都深刻影响了社会舆情的态势和趋势。而社会舆情的态势和趋势反过来也会影响社会转型的进程，甚至可能会影响整个社会的安全与稳定。只有积极引导和调适，社会舆情才会发挥其建设性作用，最大限度地减少破坏作用。社会舆情问题是社会舆论和社会情绪的复合问题。

社会舆论是社会公众对公共事务或事件的态度或意见，具有公开性、公共性、急迫性、广泛性、评价性等特点。从功能角度来说，社会舆论是调节社会秩序的重要力量，也是社会控制的有利形式。社会舆论可以反映社会现实状况和社会问题发展动向，可以对国家和政府行为进行监督，可以对公众行为进行激励或约束。社会情绪是指在一定社会环境下某些群体或整个社会多数人所共享的情绪体验。社会情绪不是个体情绪的简单加总，而是个体与个体之间、个体与群体之间、群体与群体之间互动的结果，而且从长远来看，社会情绪会逐渐形成较为内在的、可持续的社会情感。社会情绪具有多种功能，如团结功能、调节功能、沟通功能等。

第二节 维护社会安全的重要意义

社会安全涉及人民生活的方方面面，维护社会安全是贯彻以人民安全为宗旨的总体国家安全观的必然要求，是顺应我国社会主要矛盾变化的必然选择，是建设"平安中国"的题中之意。

一、贯彻总体国家安全观的必然要求

在总体国家安全观的视野下，社会安全是维护国家安全的重要保障。社会治安状况、公共安全状况以及社会舆情状况都与整个国家的安全状况有关。如果违法犯罪活动猖獗、安全生产事故高发、自然灾害应对不力、群体性事件此起彼伏、社会舆情一片恐慌，那么何来社会稳定，又何来国家安全呢？国家安全不是一个遥远的事情，它就体现在人们的日常社会生活中。值得注意的是，国家安全是一个多方面、多层次联动和互动的体系，即使一些社会问题单独看起来微不足道，但在特定条件下会汇聚发酵成影响国家安全的重大社会安全隐患。此外，经济、政治等其他领域的问题也会放大或激化一些在社会领域中本来微不足道的问题，甚至最后可能会为国家造成系统性的风险压力。因此，必须深刻认识到维护社会安全对国家安全的保障作用，必须切实做好维护社会安全工作。

二、顺应社会主要矛盾变化的必然选择

我国社会主要矛盾已经转化为人民日益增长的美好生活需要和不平衡不充分的发展之间的矛盾。社会安全既是实现人民美好生活的重要条件，也是实现更平衡更充分的发展的重要条件。社会稳定是改革和发展的前提条件。改革、发展、稳定始终关系现代化建设全局。习近平总书记强调，改革是经济社会发展的强大动力，发展是解决一切经济社会问题的关键，而稳定则是改革和发展的前提。可见，社会稳定具有独特的重要性。社会安全还是人民群众幸福感、满意度和安全感的重要来源。社会安全与人民群众生命财产安全等切身利益关系最为密切。只有自觉把人民群众对社会安全的需求作为努力方向，始终把重点放在化解社会矛盾纠纷、打击违法犯罪，维护人民群众的人身安全、财产安全、食品安全、环境安全，预防和减少社会安全事故的发生，努力让群众过上更平安的生活，才能不断提升群众的安全感和满意度。

扩展阅读7.1
建设更高水平的平安中国

三、建设"平安中国"的题中之意

习近平总书记指出，平安是老百姓解决温饱后的第一需求，是极重要的民生，也是最基本的发展环境。为此，习近平总书记亲自

部署平安中国建设，强调要把平安中国建设置于中国特色社会主义事业发展全局中来谋划。建设更高水平的平安中国既是政法战线的自我要求，又是广大人民的热切期许。

更高水平的平安中国体现在政治更安全、社会更安定、人民更安宁。可见，维护社会安全是建设平安中国的题中之意。建设更高水平的平安中国需要抓好"四项工程"：维护国家政治安全这个首要性工程、防范化解社会矛盾这个控制性工程、社会治安防控体系这个基础性工程、公共安全这个底板性工程。在"四项工程"中，有三项就是维护社会安全的内容，即社会矛盾化解、社会治安防控以及公共安全维护。此外，建设更高水平的平安中国还需要充分发挥市域、基层、网络三个前沿阵地的特殊作用。这"三个前沿阵地"也是新形势下维护社会安全的重要领域。可见，"平安中国"的建设是一项系统性的长远工程，而维护社会安全正是这项宏大工程的关键环节。

第三节　社会安全面临的威胁与挑战

我国社会保持长期稳定已经成为人们津津乐道的"中国之治"。但是，我国社会安全仍面临诸多威胁和挑战，这些威胁和挑战主要表现为各类社会矛盾纠纷频发、社会治安仍有突出问题、公共安全事件易发多发、社会舆情复杂多变等。

一、各类社会矛盾纠纷频发

社会矛盾纠纷频发的主要原因是贫富差距不断拉大、利益诉求不畅、社会心态失衡、社会信任危机、教育资源分配不均、社会保障不到位等。我国社会矛盾纠纷呈现出以下特点：数量多、规模大、冲突程度加剧、冲突范围加大、突发性事件增多、化解难度增大。我国社会矛盾纠纷主要发生在婚姻家庭、社区邻里、住房与物业管理、劳资关系等诸多领域。

家庭是社会构成和运行的基本单元。目前，我国婚姻家庭矛盾增多，引发原因包括道德伦理观念改变、经济压力增大、教育理念不和、养老观念冲突等，其结果包括离婚、家庭暴力、命案等。社区是人们共同生活的基本社会空间。目前，社会转型引发的各类矛盾问题在社区中表现得非常直接、具体和敏感。随着我国商品房市场发展，物业管理也随之进入城市居民日常生活。然而物业和居民之间的矛盾、物业和业主委员会之间的矛盾、物业和社区居委会之间的矛盾常常难以化解。伴随着我国经济快速发展，劳资矛盾问题也日益显著，甚至影响我国社会的和谐与稳定。我国劳资矛盾表现出以下几个特征：因劳资矛盾引发的劳动争议案件不断增多、劳资矛盾的类型多样化、群体性劳资矛盾比例不断增多、劳资矛盾社会影响越发显著。此外，社会矛盾纠纷还体现在医患矛盾纠纷、消费纠纷、环境污染纠纷等其他方面。

二、社会治安仍有突出问题

近年来，全国社会治安形势持续好转，暴力犯罪案件数量不断下降，人民群众安全感稳步提升。但同时，社会治安仍有不少突出问题。一方面，违法犯罪活动日趋暴力化、组织化、职业化；另一方面，违法犯罪手段日趋信息化、动态化、智能化。社会治安的突出问题主要有下列几类。

（1）报复社会的个人极端暴力案件时有发生。例如，2020年贵州某地发生公交车坠湖事故，经公安部门调查，事故原因是公交车司机张某钢常感家庭不幸福，生活不如意，且对拆迁不满，有厌世情绪，酒后蓄意冲进湖中。这类案件往往成因复杂、难以预测、社会危害严重。

（2）严重暴力犯罪屡打不绝。严重暴力犯罪往往与社会上的黑恶势力有关。黑恶势力是人民群众深恶痛绝的社会毒瘤，是社会不稳定、不安全的重要因素。由于黑恶势力往往有权力庇护，有恃无恐，非常猖狂，在一定范围内造成不同程度的社会恐慌。2018年1月，中共中央、国务院决定在全国开展扫黑除恶专项斗争。至2021年3月，在为期三年的扫黑除恶专项斗争中，全国共打掉涉黑组织3 644个，抓获犯罪嫌疑人23.7万人，其中重大案件有湖南操场埋尸案、云南孙小果案等。

（3）黄赌毒现象难以根除。黄赌毒问题在中国一度被根除，而随着市场经济发展，黄赌毒问题重现浮现了出来。黄赌毒问题会对整个社会造成毒化，而且随着网络社会的发展，黄赌毒问题更加突出和难以整治。

（4）电信网络诈骗等案件相当猖獗。由于该类犯罪事件具有蔓延性大、诈骗手段翻新速度快、犯罪团伙反侦查能力强等特点，加之法律支持力度不够、存在漏洞和缺陷，导致近年来受害人数日益增长，社会影响十分恶劣。目前，相关部门正在加快探索防范电信网络诈骗犯罪的有效对策，加强整治力度，彻底根除诈骗犯罪团伙，尽一切可能降低人民群众的经济损失，保护人民群众的财产安全，维护我国社会和谐稳定。

三、公共安全事件易发多发

随着我国经济社会转型进程的加快，加之一些全球性问题的蔓延，我国公共安全形势日趋复杂严重，一些地区接连发生公共安全事件，对人民群众健康和生命财产安全带来严重影响，维护公共安全难度不断增大任务不断加重，主要体现在以下几个方面。

（1）自然灾害频发。我国是世界上自然灾害最为严重的国家之一，而且近年来全球生态环境破坏严重，气候变化导致极端天气事件频发，更加重了自然灾害及次生灾害的危害性和不可控性。例如，2021年7月17日至23日，河南省遭遇历史罕见特大暴雨，发生严重洪涝灾害，特别是7月20日郑州市遭受重大人员伤亡和财产损失。

（2）安全生产态势不容乐观。当前，我国正处在工业化快速发展阶段，影响我国安全生产和环境安全的诸多深层次矛盾尚未得到根本解决，各行各业依然存在较多消耗高、成本高、安全性低的现象，各类生产安全事故发生率高、损失重，重大、特大安全事故时有发生。这些事故灾难往往会造成严重的人员伤亡和巨大的经济损失，直接影响社会稳定。此外，近年来一些高校发生的实验室安全事故也多次引发社会关注。

（3）新型流行疾病防控形势严峻。当今新型流行疾病的传播和蔓延严重威胁社会和谐和稳定，已经由一般的社会安全问题上升为社会安全中的重大安全问题。而且在全球化背景下，某些新型流行疾病的传播和蔓延会造成严重的社会恐慌以及巨大的经济损失和人员伤亡，对国家安全和社会安全构成严重的现实威胁和极大危害。例如，2019 年 12 月，新冠肺炎疫情暴发，其传播速度之快、感染范围之广、病毒变异之快、防控难度之大是上千年来人类与病毒抗争史上十分少见的。世界卫生组织 2022 年 3 月 4 日公布的最新数据显示，全球累计新冠确诊病例达 4 亿 4 080 万多例，死亡病例 597 万多例。病毒没有国界之分，是人类面临的共同敌人，需要通力合作才能应对。

（4）暴力恐怖活动严重影响社会安全。近年来，西方敌对势力进一步加强了对我国采取"分化"策略，特别是我国新疆、西藏等边境民族地区的少数分裂分子和极端主义者通过分裂活动、宗教渗透和恐怖主义威胁我国的社会和政治安全。例如，2014 年发生的"3·1 昆明火车站暴力恐怖案"，此案共造成 31 人死亡、141 人受伤。暴力恐怖活动漠视基本人权、践踏人道正义，挑战的是人类文明共同的底线，既不是民族问题，也不是宗教问题，而是各族人民的共同敌人。我们要坚定不移地相信和依靠各族人民，共同维护民族团结和社会稳定。

四、社会舆情复杂多变

目前，我国社会舆论和社会情绪总体上是积极健康的，但日益呈现多元多样多变的发展态势，特别是随着我国社会进入网络社会，社会舆情问题也变得更加复杂，舆情事件层出不穷，而一些舆情事件已经影响社会安全稳定。在舆情诱发方面，物质利益分配不均、价值观念冲突以及大众媒体议题操纵等因素都可能会诱发舆情，并且往往多种因素互相作用，形成舆情爆发的连锁反应。2021 年，福建某地发生一起重大刑事案件，这起案件随即引发舆情，案件直接起因于危房改造的邻里纠纷，但深层原因在于我国部分地区长期存在的村霸问题和基层政府不作为问题。在舆情回应和干预方面，回应不及时、干预手段不当等问题反而会激化舆情。随着互联网技术的发展以及各种网络平台的出现，网民数量急剧增加，网络越来越成为舆情发生发酵的重要媒介，网络舆情在整个社会舆情中的地位和影响也日益凸显，也为政府的舆情工作带来了新的挑战。

第四节　维护社会安全的途径与方法

维护社会安全是全体社会成员的共同责任，是每一个公民的义务。完善社会参与的体制机制，推进社会治理共同体建设是维护社会安全的根本途径。维护社会安全需要加强预防和化解社会矛盾纠纷机制建设、加强社会治安防控体系建设、加快健全公共安全体系、加快构建社会舆情引导新格局等。

一、推进社会治理共同体建设

党的二十大报告中明确指出：发展壮大群防群治力量，营造见义勇为社会氛围，建设人人有责、人人尽责、人人享有的社会治理共同体。推进社会治理共同体建设是维护社会安全的根本途径，具体抓手主要有以下几个方面。①加强预防和化解社会矛盾机制建设，正确处理人民内部矛盾。②加快社会治安防控体系建设，依法打击和惩治黄赌毒、黑拐骗等违法犯罪活动，保护人民各项基本权利。③健全公共安全体系，提升防灾减灾救灾能力，完善安全生产责任制，加强重大疫情防控体系。④加强社会舆情引导体系建设，提升社会心理服务水平，培育自尊自信、理性平和、积极向上的社会心态。此外，推进社会治理共同体建设还需要重视其他方面，如城乡社区治理体系建设。

二、加强预防和化解社会矛盾机制建设

党的十九大报告明确提出：加强预防和化解社会矛盾机制建设，正确处理人民内部矛盾。习近平总书记指出：维护国家安全，必须做好维护社会和谐稳定工作，做好预防化解社会矛盾工作，从制度、机制、政策、工作上积极推动社会矛盾预防化解工作。解决社会矛盾要坚持预防为主、化解为重的基本方针，将加强预防和化解社会矛盾机制建设作为推进社会建设、维护社会安定的一项战略举措。从根本上预防社会矛盾需要增强发展的全面性、协调性、可持续性，加强保障和改善民生工作；需要促进社会公平正义，推动发展成果更多更公平惠及全体人民；需要推进法治国家建设，完善和落实维护群众合法权益的法律法规。

加强预防和化解社会矛盾机制建设要以建立社会矛盾纠纷多元化预防和化解机制为抓手，也即创新和完善和解、调解、仲裁、行政解决、司法诉讼以及信访等多元化预防和化解制度。将和解制度全面引入社会矛盾纠纷化解的各个环节之中，不仅能有效化解各类社会矛盾纠纷，而且有利于节约社会资源。调解制度作为一项重要的社会矛盾纠纷解决机制已经逐步发展成一个较为完备的体系。概括地讲，我国当代的调解制度分为诉讼内调解和诉讼外调解两种，前者包括法院调解，后者包括人民调解、仲裁调解、行政调解。在社会矛盾纠纷多元化预防和化解机制中，调解，特别是人民调解具有基础性的地位。人民调解符合我国国情、社情和民情，具有悠久的历史传统、深厚的文化基础和广泛的社会基础。当社会矛盾纠纷不能在私下和解或不能通过有关调解方式得到解决时，那么司法诉讼就是矛盾纠纷解决的最后保障。此外，继续完善信访制度也可以充分发挥信访解决社会矛盾纠纷的积极作用。最后，预防和化解社会矛盾需要重视农村社会矛盾，确保农村社会稳定有序。学习和推广"枫桥经验"，做到"小事不出村，大事不出镇，矛盾不上交"。

社会矛盾预防化解工作是一项复杂而艰巨的社会系统工程，需要调动各方面的社会资源和力量，只有形成各方协调、保障有力的工作运行机制，如矛盾预警机制、心理调节机制、应急处理机制、监督检查机制、组织保障机制等具体的工作运行机制，才能有效地预防和化解各类社会矛盾，进而维护社会安全稳定。

三、加强社会治安防控体系建设

党的二十大报告中明确指出：强化社会治安整体防控，推进扫黑除恶常态化，依法严惩群众反映强烈的各类违法犯罪活动。这是应对社会治安新形势的战略举措。社会治安防控体系建设要以提升人民群众安全感和满意度为目标，以突出治安问题为导向，以体制机制创新为动力，以信息化为引领，以基础建设为支撑，坚持系统治理、依法治理、综合治理、源头治理，健全点线面结合、网上网下结合、人防物防技防结合、打防管控结合的立体化社会治安防控体系。

社会治安防控体系是指针对社会治安问题进行预防和控制的系统。作为一个系统，社会治安防控体系由主体、客体、措施等基本要素构成。其主体要素包括党和政府、公安司法机关以及其他社会力量。党和政府是社会治安防控体系的领导中心，党组织设置的政法委员会和政府设置的社会治安综合治理委员会代表党和政府统一部署、领导和监督辖区内的社会治安工作。公安司法机关是社会治安防控体系的执行者，其中公安部门具体负责社会治安的日常工作，承担主要的防控责任。各种社会力量包括企事业单位、社会团体以及公众个人，这些社会力量都可以参与到社会治安防控工作中来，发挥群防群治、专群结合的优势力量。客体要素包括扰乱社会及个人行为秩序，危害公共及个人安全的情形，这些情形包括犯罪、一般违法行为、一般不安情形和次生性事件。措施要素便是预防与控制的各种措施，预防措施是从根源上减少社会治安问题的措施，而控制措施主要包括行政处罚和刑事处罚，通过对危害社会治安行为人的惩治以减少治安问题，同时起预防的效果。

加快社会治安防控体系建设需要善于运用法治思维和法治方式，充分发挥法治的引导、规范和保障作用，做到依法预防打击犯罪、依法规范社会秩序、依法维护社会稳定。加快社会治安防控体系建设还需要不断提高科技应用水平，通过科学技术在防控工作中的广泛应用，提升防控工作科技含量，从而提升防控的预警能力、快速反应和处置的能力。加快社会治安防控体系建设还需要坚持系统化思维，创新和完善各项工作机制，如社会治安形势分析研判机制、部门联动机制和区域协作机制等。

四、健全公共安全体系

党的二十大报告中明确指出：坚持安全第一、预防为主，建立大安全大应急框架，完善公共安全体系，推动公共安全治理模式向事前预防转型。习近平总书记强调：公共安全连着千家万户，确保公共安全事关人民群众生命财产安全，事关改革发展稳定大局。维护公共安全，要坚持问题导向，从人民群众反映最强烈的问题入手，高度重视并切实解决公共安全面临的一些突出矛盾和问题，不断提高公共安全水平；要坚持群众导向，从拓展群众参与途径入手，把公共安全教育纳入国民教育和精神文明建设体系，加强公共安全公益宣传，积极引导社会舆论和公众情绪，动员全社会的力量来维护公共安全；要坚持系统导向，从建立健全长效机制入手，推进思路理念、方法手段、体制机制创新，加快健全公共安全体系。

加快健全公共安全体系实质上是自觉把维护公共安全放在维护最广大人民根本利益中来认识，努力为人民安居乐业、社会安定有序、国家长治久安编织全方位、立体化的公共安全网。公共安全体系这张大网主要由防灾减灾救灾体系、安全生产体系、食品药品安全治理体系、重大疫情防控体系、应急管理体系等组成。防灾减灾救灾事关人民生命财产安全和社会和谐稳定，是衡量执政党领导力、检验政府执行力、评判国家动员力、体现民族凝聚力的一个重要方面。建立防灾减灾救灾体系要以推进重大防灾减灾工程建设为抓手，加强灾害监测预警和风险防范能力建设，提高城市建筑和基础设施抗灾能力，提高农村住房设防水平和抗灾能力，加大灾害管理培训力度，建立防灾减灾救灾宣传教育长效机制，引导社会力量有序参与。安全生产事关人民福祉和经济社会发展大局。健全安全生产体制机制要牢固树立安全发展理念，坚持人民生命至上；要坚决落实安全生产责任制，切实加大安全监管执法力度；要进一步健全预警应急机制，有效防范和化解各类安全生产风险。食品药品安全关系每个人身体健康和生命安全。加快建立科学完善的食品药品安全治理体系，努力实现食品药品质量安全稳定可控、保障水平明显提升，严把从农田到餐桌、从实验室到医院的每一道防线，着力解决违规使用高剧毒农药、滥用抗生素和激素类药物、非法使用添加物等突出问题，重点解决农村、城乡结合部、学校周边销售违禁超限、假冒伪劣食品药品等问题。在新型冠状病毒感染疫情发生后，防控疫情成为一场保卫人民群众生命安全和身体健康的严峻斗争。经过艰苦努力，我们取得抗击新冠疫情斗争重大胜利成果。进一步完善重大疫情防控体制机制，健全国家公共卫生应急管理体系，成为我国当下和以后的一项重要工作。

五、加快构建社会舆情引导新格局

随着社会信息化的迅猛发展，社会舆情更加复杂多变，统一思想、凝聚共识的任务更为艰巨。因此，加快构建社会舆情引导新格局成为应对社会舆情问题的必然选择。构建社会舆情引导新格局需要同步推进社会情绪调适体系和社会舆论引导体系建设，充分发挥两大体系的合力作用，激发全社会团结奋进的强大力量。

党的十九大报告提出：加强社会心理服务体系建设，培育自尊自信、理性和平、积极向上的社会心态。构建社会情绪调适体系要坚持价值感召和认同为先，让社会主义核心价值观涵养积极向上的社会情绪；要坚持长效机制建设为主，通过建立长效机制来引导社会大众理性表达社会情绪，引导各界精英发挥积极正向作用，引导专业机构发挥独特作用。

构建社会舆论引导体系是一项系统化的工程，需要从多个方面进行体制机制建设。①要加强舆论表达机制建设，培育理性成熟的舆论表达主体，完善民众表达舆论的制度平台。②要深化舆论汇集分析机制建设，建立科学有效的舆论调查和监测体系。③要推进舆论回应机制建设，提升政府回应能力，健全政府和民众之间的良性互动和沟通机制，完善舆情事件应急处置机制。④要强化舆论监督机制建设，发挥新闻媒体的舆论监督作用。⑤要创新舆论引导机制建设，加强和改进党对舆论引导工作的领导，健全舆论反馈与总结机制。

当前，媒体传播技术正在发生深刻变化，特别是互联网正在媒体领域催发一场前所未有的变革。做好新形势下的社会舆情引导工作必须重视互联网技术发展带来的新影响和新挑战。如果引导不善，负面的网络舆情将对社会公共安全造成较大威胁。加强对网络舆情的及时监测、有效引导，以及对网络舆情危机的积极化解，对维护社会安全，进而维护国家安全具有重要的现实意义。

本章思考题

1. 社会安全的主要内容是什么？
2. 维护社会安全的意义是什么？
3. 如何推进社会治理共同体建设？

扩展阅读7.2
加快推进社会治理共同体建设

即测即练

参考文献

[1] 习近平. 决胜全面建成小康社会　夺取新时代中国特色社会主义伟大胜利——在中国共产党第十九次全国代表大会上的报告 [M]. 北京：人民出版社，2017.

[2] 中国共产党十九届中央委员会. 中共中央关于制定国民经济和社会发展第十四个五年规划和二○三五年远景目标的建议 [M]. 北京：人民出版社，2020.

[3] 中国共产党十九届中央委员会. 中共中央关于坚持和完善中国特色社会主义制度推进国家治理体系和治理能力现代化若干重大问题的决定 [M]. 北京：人民出版社，2019.

[4] 中共中央文献研究室. 习近平关于总体国家安全观论述摘编 [M]. 北京：中央文献出版社，2018.

[5]　中共中央文献研究室 . 习近平关于社会主义社会建设论述摘编 [M]. 北京：中央文献出版社，2017.

[6]　李大光 . 国家安全教育通识课 [M]. 北京：北京时代华文书局，2021.

[7]　魏礼群 . 中国社会治理通论 [M]. 北京：北京师范大学出版社，2019.

[8]　于沛霖，等 . 转型时期社会纠纷调解机制研究 [M]. 北京：法律出版社，2015.

[9]　伊强 . 社会矛盾化解机制研究 [M]. 北京：知识产权出版社，2014.

[10]　宫志刚 . 新时期社会治安防控体系建设研究 [M]. 北京：经济科学出版社，2017.

[11]　李晓明，张跃进 . 社会治安防控体系建设研究 [M]. 北京：法律出版社，2012.

[12]　王占军 . 社会公共安全管理要论 [M]. 北京：知识出版社，2017.

第八章
科技安全

学习目标

◇ 了解科技安全的主要内容。
◇ 理解维护科技安全的重要意义。
◇ 理解科技安全面临的威胁与挑战。
◇ 掌握维护科技安全的途径与方法。

　　随着科学技术的不断进步和全球化发展，科技对经济发展、社会进步、军事变革的推动作用越来越明显，科技安全不仅对当代国家安全整体上起重要作用，而且对国家安全其他领域和内容也起重要作用，是国家其他领域安全的物质技术基础。特别在知识经济时代，科学技术作为现代知识的核心，已经成为国际战略竞争和博弈的焦点，科技安全在国家总体安全中的支撑作用日益显著。

第一节　科技安全的主要内容

　　科学技术是现代政治经济发展最为核心和关键的因素。进入 21 世纪以来，经济全球化不断发展，新科技革命呼之欲出，科学技术在国家经济社会发展中的作用日益增强，国家安全的范围从传统的政治、军事领域逐渐扩展至经济、科技等领域，而科技安全逐渐凸显为国家战略的重要命题。科技安全是指科技体系完整有效、国家重点领域核心技术安全可控、国家核心利益与安全不受外部科技优势危害，以及保障持续安全状态的能力。科技安全是国家安全体系的重要组成部分，是支撑国家安全的重要力量，它反映了现代科技发展进程中国家利益与国家安全内涵的动态变化。科技安全主要包含以下几方面内容。

> 扩展阅读8.1
> 传统安全与非传统安全

一、科技成果安全

　　重大科学技术成果为国家发展提供了重要动能，往往直接关系国家利益和国家安全。这些科技成果一旦遭遇泄密、窃取或破坏，都将对国家科技安全产生深刻影响。当前，科学技术情报越来越成为国家间竞争的角力场，科技情报的窃取和反窃取斗争变得越来越复杂。科技成果的管理主体不仅仅是国家，还有数量众多的研究机构、组织、企业乃至个人，而鉴于先进科技的重要意义，各类行为主体都有着通过包括间谍窃密在内的各种手段来窃取科技成果的强烈动机，加之信息化网络化带来的挑战，这使得科技成果保密的难度不断加大。同时，为了削弱科技成果对于竞争对手安全利益的价值，一些国家或组织也可能通过各种手段来破坏对方的科技成果或阻滞其研发进程。例如，美国和以色列为破坏伊朗的核技术发展，使用了一种被称为"震网"的计算机病毒并设法将其植入伊朗核设施中，导致数千台离心机无法正常运转，从而在一定程度上阻碍了伊朗核计划的顺利实施。

扩展阅读8.2
"震网"病毒与
"无接触战争"

二、科技要素安全

科技成果是由科研人员的科研活动取得的，因此科技安全离不开科技人才队伍的健康稳定。科技进步与创新归根结底是人的智慧的产物。科技人才是重要的智力资源，也是国家科技安全最重要的保障。科技人才队伍的流失将使科技系统变成无源之水、无本之木，延缓重要领域科技进展，进而削弱国家整体自主创新能力和科技实力。反之，科技人才的培养、引进和集聚往往能直接转化为国家战略竞争能力的提升。美国的"曼哈顿计划"集中了当时西方国家最优秀的核科学家，而正是借助一批顶尖科技人才，才使得美国率先掌握了核武器技术，赢得了第二次世界大战乃至战后国际秩序的战略主动。

另外，科技安全也意味着核心技术的自主可控。随着科学技术快速发展，从基础研究、应用研究到产业化应用的步伐明显加快，各环节互动、渗透的特征更加显著，新技术新成果不断涌现并加速应用，关键核心技术的强弱作用最终表现为国家整体实力的高低。习近平总书记曾讲过："实践反复告诉我们，关键核心技术是要不来、买不来、讨不来的。只有把关键核心技术掌握在自己手中，才能从根本上保障国家经济安全、国防安全和其他安全。"通过研发和掌握关键技术，参与制定国际标准，以占领科技革命制高点，这已成为维护科技安全的重要内容。

三、科技应用安全

科学技术在为人类造福的同时也会产生一定的，甚至是严重的负面影响，这是科学技术在应用过程中的安全问题。

一方面，科技安全意味着国家利益不受外部科技优势危害。通常而言，当别国科技发展取得重要进展，特别是直接竞争对手在一些关键技术领域获得比较优势时，本国所面临的国际科技优势的威胁可能增大，科技安全的外部态势则出现恶化。当美国在第二次世界大战后期成功研制出原子弹并在日本向全世界展示出这种武器的极端威力后，作为直接竞争对手的苏联立刻感受到前所未有的安全压力，双方随后在原子弹、氢弹、人造卫星、洲际导弹等各个项目上展开了长期较量，目的是取得和维持在战略武器上的技术优势，从而使对手屈服于战略威慑之下。正如历史学家约翰·刘易斯·加迪斯在评述美国发展氢弹的心理动机时所言："如果西方不拥有这个武器而苏联却掌握这个武器的话，整个西方世界就会惊恐不安。如果西方拥有了这个武器，西方世界就有了安全感，就可以对苏联产生阻吓效果。"当前，科技创新发展日新月异，世界主要国家都在寻找科技创新的突破口，抢占未来科技发展先机，网络、太空、深海、极地等新兴领域成为大国拓展战略空间和国家利益的必争之地。

另一方面，科技安全要求国家安全不受科技进步的负面效应影响，这些影响可能关系军事安全、生态安全、经济安全等国家安全各领域。例如，生物技术虽然使人类利用自然、增进健康的能力大大提高，但对病原体认识、控制的不断增强却衍生出病毒武器的巨大威胁，而基因编辑技术则带来人为改变基因的潜在风险。人工智能技术蕴含着改变甚至颠覆人类生产生活各个领域、极大解放和推动生产力的潜能，但同时也对伦理、社会、军事等多个方面带来新的安全难题。随着技术变革速度不断加快，准确预判其产生的社会影响也更加困难，这种由科技进步导致的安全问题正成为国家安全必须高度重视的新领域。

第二节　维护科技安全的重要意义

在全球化和信息化时代，科学技术不仅是国际体系调整变革的强劲动力，也是国家利益格局变化的深刻动因和国家安全的基本保障。无论是应对传统安全威胁，还是解决全球化背景下衍生的包括网络冲突、环境污染、金融危机等非传统安全问题，都离不开科学技术的发展、创新及应用，科技安全在国家安全战略中的地位作用愈发显著。

一、科技安全是国家安全体系的重要组成部分

当前，科技安全已成为直接影响国家安全的重要因素，与其他领域的安全共同构成国家安全的有机体系。科技和科技安全广泛渗透于国家安全的各个领域之中。国家安全体系及其组成部分都有科技安全问题存在。更加重要的是，科学技术发展的动态变化，往往引起国家安全战略环境的整体变革，使国家间互动模式发生根本性改变。例如，核武器的发展使冷战时期美苏两个超级大国的战略博弈达到一种"恐怖的平衡"，在催生出战略威慑、核军控等新安全议题的同时，也降低了大国间爆发战争的可能。同样，信息网络时代的国家安全也与以往科学技术条件下的国家安全态势具有显著不同，网络威慑、网络恐怖主义、网络犯罪等新现象、新问题深刻影响着国家安全的整体环境。

在新科技革命方兴未艾的背景下，围绕科学技术展开的国际战略博弈愈发激烈，科学技术及其相关要素已成为国家间较量、控制、干预的重要对象，科技安全在国家安全战略体系中的角色地位正不断上升。即使作为全球科技大国的美国，其知名智库在一份研究报告中也提出警告：美国"正面临趋近的危机——缺乏智力资源来理解或预判正在进行的科

技革命的战略安全意涵"。

二、科技安全是支撑国家安全的重要物质技术基础

科技是第一生产力，科技实力在世界政治经济力量对比中越来越起决定性作用。历史上科技领域的每次革命性突破，都会引发生产力、生产关系和国际格局的重大调整。能抓住并引领科技革命大势的国家，就会成功迈向更高水平的发展阶段并成为国际秩序的主导力量。美国在全球体系中的迅速崛起便离不开工业革命释放的巨大能量。自 19 世纪初开始，美国的发明、发现与创新在全世界所占比重不断提升，至 20 世纪 20 年代，美国在世界技术创新领域所占份额已达 50% 以上，遥遥领先于英、法、德等其他主要资本主义国家。与美国科技水平飞速发展相伴随的则是其综合国力的极大跃升：1929 年，美国工业产值占全世界工业总产值的 48.5%，超过英、法、德三国总和。据统计，1929—1941 年，科技进步对美国经济增长的贡献率达 33.8%，这充分说明，科学技术发展对于美国从落后的新生国家一跃成为资本主义头号经济强国具有至关重要的作用。韩国、新加坡等亚洲国家自 20 世纪 60 年代起经济迅速发展和飞跃，重要原因也在于通过引进先进技术并大力增强自主创新能力，实现了推动出口贸易发展和产业结构转型。

而当国家安全遭遇挑战时，科学技术往往是维护国家安全的重要砝码。19 世纪铁路技术的发展使普鲁士在与奥地利和法国的战争中展现了机动性优势，最终为德意志政治统一和成为欧洲大国奠定了基础。在第二次世界大战中，交战各国充分认识到科学技术对军事技术和战争手段的重要价值，竭力将科学技术运用于武器装备研发和制造，从火炮、火箭、航空技术，到原子弹的研制、试爆和实战，科学技术进步以及相对技术优势在维护国家安全中的地位愈加凸显。在信息网络时代，以数字化、网络化、智能化为主要特征的技术发展，对经济和科技发展方式的转变产生了更加直接的影响，科技优势与国家实力之间的转化率更为显著，拥有科技优势的强国比以往更多地利用技术封锁、技术讹诈、知识产权争议等手段来限制别国科技进步，威胁别国科技安全。一些重大颠覆性技术持续涌现，促进产业化进程不断加速，改变了产业组织形态、商业模式，也重塑了社会生活和冲突样式，使世界竞争格局和国家力量对比发生深刻变化。

三、科技安全是维护其他相关领域安全的关键要素

科学技术对社会各领域的发展方向、速度、水平均具有突出影响，因而科技安全不仅是国家安全的重要组成部分，还对维护国家利益各个要素均起关键性作用。解决各种传统安全和非传统安全问题都离不开科技这个核心力量。例如，在军事安全领域，军事科技正加速向信息化和智能化复合发展，呈现出全方位、深层次发展的态势和多点突破、深度融合、广泛渗透的特征，科技创新和技术优势对军事安全的维护作用不断提升。网络、电子、太空、无人等领域的关键技术突破，可能成为一体化联合作战、全球快速打击、混合战争

等新型作战样式中的制胜砝码。又如，对能源安全而言，科技进步能够提高能源利用效率，清洁能源和可再生能源技术则能够降低化石能源依赖度，提高能源多样化供给水平，从而从结构上改善能源安全状况。自第一次石油危机爆发以来，美国政府高度关注油气安全问题，通过扶持和控制主要产油国、维护海上石油运输通道安全、维持美元在国际石油结算中的地位，以及建立充足的战略石油储备等方式维护其能源安全。而页岩油气技术的变革则深刻改变了美国能源安全的基本态势。2009 年，美国以 6 240 亿立方米的产量首次超过俄罗斯成为世界第一大天然气生产国，美国对外能源依存度大大降低。当前，随着人工智能、云计算等技术迅速发展，大数据已成为新的核心资源，广泛渗透在国家安全的各个宏观领域和微观细节之中。2017 年底公布的美国《国家安全战略》中就明确指出：驾驭数据力量的能力，对于美国经济的持续增长、战胜敌对意识形态、建设和部署世界最有效率的军事力量，都具有根本性作用。2020 年欧盟委员会发布《欧洲数据战略》同样强调：在数字技术带来的变革中，数据发挥着核心作用，并将带来更多的改变。

四、科技安全是实施创新驱动发展战略的基本保障

创新驱动战略已成为许多国家谋求竞争优势的核心战略，世界主要经济体都在加紧谋划部署科技创新发展，抢占科技发展先机。美国提出了先进制造伙伴计划、先进制造业国家战略计划，德国发布了"工业 4.0"战略，而欧盟则开始实施"欧洲 2020 战略"。科技创新不仅能增加产业转型的技术供给，提高经济增长的质量与效益，还能推动生产要素的优化重组，突破资源和环境瓶颈约束，拓展有利于经济结构优化的新的生产方式。科技创新能力强、结构优，并与经济发展相耦合，经济结构就更合理，就具有更强的危机抵御能力和竞争力。特别是科技创新能够有力撬动产业结构优化升级。例如，通过自主创新发展领先的战略性新兴产业，以此带动整个产业结构的转型升级，这对于发展中国家经济结构调整尤为重要。新一轮科技革命带来的是更加激烈的科技竞争，一国科技创新搞不上去，在全球经济竞争中就会处于下风。在此背景下，各主要国家的科技创新投入持续增加，前瞻谋划和布局面向未来的全球科技竞争已成为大国战略博弈的关键。例如，面对人工智能革命的风起云涌，美国、中国、俄罗斯、英国、日本等主要国家纷纷开启对人工智能技术的战略部署、顶层设计和系统协调，旨在使相关技术发展成为新一轮产业变革的核心驱动力。2016 年 8 月，国务院发布《"十三五"国家科技创新规划》，明确人工智能作为发展新一代信息技术的主要方向，而 2017 年 7 月颁布的《新一代人工智能发展规划》则更进一步勾勒出人工智能技术研发、工业化、人才发展、标准制定和法规等各方面发展战略。2018 年 10 月 31 日，中共中央政治局就人工智能发展现状和趋势举行第九次集体学习，习近平总书记强调："人工智能是新一轮科技革命和产业变革的重要驱动力量，加快发展新一代人工智能是事关我国能否抓住新一轮科技革命和产业变革机遇的战略问题。"要深刻认识加快发展新一代人工智能的重大意义，加强领导，做好规划，明确任务，夯实基础，促进其同经济社会发展深度融合，推动我国新一代人工智能健康发展。

总之科技安全不仅对当代国家安全具有整体性影响，而且对国家安全各领域和内容都起决定性作用。科技安全在国家安全和发展战略中扮演着日趋重要的角色。

第三节 科技安全面临的威胁与挑战

国家科技发展所处的内外部环境对科技安全的态势有着重要影响。从内部环境上看，科技发展水平是一国科技安全的直接体现，而科技情报、人才、制度等要素深刻影响着科技安全状况。从外部环境上看，国家间技术遏制与封锁是影响科技安全的重要因素。

一、科技发展水平差距产生结构性风险

科技发展水平的高低是判断一国科技安全的首要因素。只有不断增强自身科技实力并保持在一个相对领先的地位，才能为包括政治安全、军事安全、经济安全、生态安全在内的国家总体安全提供支撑和保障，从而不断提高国家在全球化进程中的生存和发展能力。反之，科技发展水平落后，则可能为国家科技安全带来结构性风险。

国家科技发展水平差异直接影响着科技安全态势。当今世界，科技实力在国家综合实力中已处于关键地位，科技安全对于维护国家核心利益与安全的作用日益显著，因而一国与别国在科技发展水平上的差距就成为国家安全的重要结构性风险。对不同发展水平的国家而言，科技发展差距的安全意义有所不同。发达国家具有较强的科技优势，对这些国家来说，安全利益在于如何有效维护技术优势，并利用这种优势维护和拓展其国家利益。而对于广大发展中国家来说，与发达国家之间的科技鸿沟使自身在国际分工体系中处于不利位置，遭遇技术威慑、讹诈或强制的可能性升高，利用科技手段维护国家利益与安全的能力不足。因此，科技鸿沟始终是发展中国家科技安全面临的首要挑战。

衡量国家科技发展水平的指标很多，但通常来说，大多数指标体系都将科技研发经费投入、知识产权申请、教育支出、高等教育水平等因素作为重要参考。例如，世界知识产权组织和美国康奈尔大学等机构每年联合发布"全球创新指数报告"，对全球一百多个经济体的科技创新能力进行量化评估。衡量"创新指数"的指标分为创新投入和产出两部分，具体指标则包括国家教育开支、高等教育中的理工科毕业生比例、研发开支占全球比重、信息技术普及程度、知识密集型产业就业率等约80项内容。根据其2021年的报告数据，排名前10位的均为发达国家，其中瑞士、瑞典、美国、英国、韩国名列排名榜前五位，中国则排名第12位，是发展中国家里唯一排在前20位的国家。作为参照，中国科学技术发展战略研究院自2011年起每年发布《国家创新指数报告》，指标体系包括创新资源、知识创造、企业创新、创新绩效和创新环境五个维度，下设的二级指标则包括研究与发展经费投入强度、信息化发展水平、万名科学研究人员的科技论文数、知识服务业增加值占国内生产总值的比重、综合技术自主率、有效专利数量、知识产权保护力度等30项。

2021 年公布的报告显示，中国国家创新指数排名世界第 14 位，是唯一进入前 15 位的发展中国家。位居前 10 位的国家分别是美国、日本、韩国、瑞士、瑞典、丹麦、德国、以色列、荷兰、英国。可见，两项报告虽然在具体指标选择上略有差异，但主要指标均较为接近，且对主要国家创新能力的测量结果大致吻合，这为国家科技发展水平提供了较为客观的衡量基础。

受限于整体经济发展水平和先发优势等因素，高新技术的迅猛发展使世界各国的科技差距不断拉大。发展中国家在科技研发总体投入上落后于发达国家，而在经济增长模式、产业结构、人力资源、创新活动等一系列要素上也存在整体差距。有研究比较了世界各国在科技研发投入占国内生产总值比重、科技研发总体规模、每百万人中的科学家和工程师数量三项指标。结论发现，发达国家与发展中国家在科技发展态势上仍存在明显的鸿沟，发达国家科技研发投入比重较大、科研人员占比较高；而发展中国家在科研投入和科研人员比重上均处于劣势。科技研发投入和人才数量直接影响科技成果产出。据统计，从 1901 年至 2020 年，全球获得诺贝尔物理学奖、诺贝尔化学奖、诺贝尔生理学或医学奖等科学奖项的人数共 624 人，其中美国有 265 人获奖，占比高达 42.5%，英国 94 人，其后则为德国、法国、日本等国。当前，美国大学汇集了全球 70% 以上的诺贝尔奖获得者、50% 以上的菲尔兹奖获得者，计算机科学领域的图灵奖更是几乎被美国人垄断。根据 2017 年福布斯公布的数据，全球 25 家顶尖科技公司中美国占有 15 家，而前 10 强中美国更是独占 8 席。

从军事技术上看，为夺取和保持在新一轮大国军事竞争中的绝对优势地位，美国近年来提出"第三次抵消战略"，旨在通过大力发展颠覆性技术优势实现对竞争对手的压制。在具体的实施内容上，具有自主学习能力的机器、人机协作、人类作战行动辅助系统、先进有人 / 无人作战编组、针对网络（攻击）和电子战环境进行加固的网络赋能自主武器等先进军事技术被视为取得技术优势的重点。这些新科技在军事领域的运用可能形成新的制权优势，从而将其他国家置于美国的技术霸权阴影之下。总之，无论在经济、军事还是科技体系本身上，国家间存在的科技鸿沟都已对发展中国家的科技安全构成了直接挑战。

二、科技资源遭受破坏制约科技实力提升

科技情报、人才、信息等科技资源代表了国家科技发展的潜力和未来，如果科技资源遭受严重破坏，如科技人才大量外流、科技信息大量泄密，将直接影响科技实力，影响国民经济和社会发展，科技安全自然无从谈起。

扩展阅读8.3
不扩散核武器条约

科技发展是从基础研发到市场应用一整套系统过程，涉及信息、技术、人才、资本、设施、管理等一系列要素的有机协调和统筹推进，尤其是科技情报、人员等核心资源，对于国家科学技术体系的健康稳定发展具有至关重要的意义。因而科技资源的多寡、优劣及其要素流动便直接关系国家科技安全状况。在全球化背景下，信息传播速度大

幅加快，重要科技情报泄露的渠道更加复杂化，国际科技合作中的技术转移和技术依赖风险上升，科技人才全球化竞争越发激烈。科技资源的全球性流动在促进科技发展的同时，也对国家科技安全产生了显著的负面影响。这在以下几个方面的风险挑战尤为突出。

（1）科技政策制度不完善，导致国家维护科技安全缺乏有效依托。例如，知识产权制度是国家维护科技安全的重要制度保障。美国、日本等发达国家不仅在技术上占优，并且对关键技术的知识产权进行了战略布局，形成了较为完善的制度体系。长期以来，知识产权问题一直是中美经贸的主要问题之一，20世纪90年代中美就知识产权问题展开多次交锋，美国贸易代表分别于1991年、1994年和1996年对中国发起三次"特别301"调查。近年来，美国政府再次就中国知识产权、强制技术转移等问题祭出"301调查"以及关税制裁工具，不仅包括不公平技术转让、歧视性技术许可，以及中国政府指导或便利企业收购美国企业以获取尖端技术等站不住脚的理由，更将正常的科技竞争等同于经济侵略，宣称中国发展高新技术将威胁美国国家安全，需采取措施限制中国的产业政策，维护美国国家安全和利益。在国际层面上，关键性技术从技术拥有国向非拥有国的横向扩散，以及从国家行为体向非国家行为体的纵向扩散，可能威胁国际社会的整体安全稳定。例如，在《不扩散核武器条约》签署并生效后，核武器技术向非核武器国家的转移便成为国际安全的共有威胁；生化技术、网络技术、无人机技术等新兴科技被恐怖组织或犯罪团伙所掌握和利用，导致来自非国家行为体的安全威胁样式不断变化，新的非传统安全问题层出不穷。以无人机技术为例，随着消费级无人机的日益普及，获得这类技术与装备的门槛越来越低，恐怖主义或者宗教极端主义使用无人机发动攻击的可能性逐渐凸显，而防范恐怖袭击的传统措施难以有效对付基于无人机的新型恐怖威胁。2021年11月，伊拉克总理卡迪米的住所遭无人机袭击，伊政府将这一行动定义为"恐怖主义"行径。同样地，在2018年8月，委内瑞拉也发生了针对其总统马杜罗的无人机袭击事件，造成数名警卫人员受伤。在商用无人机性能不断提升、获取越来越便捷的情况下，一旦无人机被恐怖主义组织或极端分子大规模使用，后果将更加难以估量。诸如此类的技术扩散现象在宏观意义上也属于核心科技资源的流失，使国际社会中的各个国家面临共同威胁。

（2）重要科技情报保护不当，极大削弱国家科技创新的安全屏障。对于国家来说，具有重要应用价值的科技成果、科技项目和科技活动信息及相关事项，都可能归属于国家科技秘密，关系国家安全和利益。随着全球化、信息化步伐加快，国家之间围绕科技情报的窃取与反窃取斗争越来越复杂尖锐，科技情报泄露的危害越来越严重。20世纪80年代，苏联克格勃情报人员维特洛夫叛变，并向西方情报机构提供了其偷拍的4000页克格勃从西方获取的科技机密资料，这些情报使西方国家驱逐了将近150名苏联技术间谍，苏联的科技情报活动陷入停滞，而美国里根政府则开始对苏联实施反间计，通过制造和传递虚假科技情报，误导苏联科技研究方向并消耗其已然捉襟见肘的资源。在冷战结束后，美国更加高度重视科技情报的获取和利用。有数据显示，自1993年以来美国中央情报局约半数以上的活动经费被用于搜集经济技术情报，这些活动为其他国家的科技情报安全带来了威胁。随着计算机应用的普及化，科技情报的窃取方式也更加多样化，科技情报斗争越来越带有高科技抗衡的特点，使得科技安全防护难度不断加大。特别是科技成果管理体制不完善、科技定密不准、互联网科技信息泄密严重、对外科技交流保密管理滞后等问题，均制约着国家科技进步和生产力发展，对国家安全和利益构成潜在威胁。

（3）科技人才流失，严重损害国家科技竞争力。科技人才是科技进步和发展的关键性要素，但由于全球人才流动加速、国家间人才环境差距、跨国公司推行人才"本土化"战略以吸纳发展中国家科技人才等因素，发展中国家往往面临人才外流的安全威胁，在许多关键技术领域容易形成人才断层和危机，直接影响这些国家的科技发展和科技竞争力。以俄罗斯为例，由于经历了苏联解体前后的政治经济形势动荡，俄罗斯科技人才流失严重，国家科技安全状况极度恶化。据统计，1990 年至 1998 年，俄罗斯科技人才流失数量多达100 万人，占其科技人员总量约 54%，特别是大量青年科技骨干流失，使俄罗斯科技人才队伍出现明显老龄化。2006 年至 2014 年，俄罗斯科研人员数量同样处于下滑态势，这导致无论从科技成果产出还是高科技产品出口等方面看，当前俄罗斯科技发展水平都落后于西方发达国家甚至世界平均水平。俄罗斯从冷战时期世界一流科技强国的退化，显示出以人才为代表的科技资源在维护科技安全乃至国家安全中的重要作用。与人才流失相伴相随的是核心科技人才的短缺。据麦肯锡全球研究所的研究显示，到 2020 年，全球高科技企业面临约 4 000 万的技术人才缺口，而中国的人才短缺约 2 200 万人。在一些高新技术领域，人才短缺现象更加明显。例如，2017 年领英发布的报告显示，全球人工智能领域技术人才数量超过 190 万，其中美国相关人才总数超过 85 万，而中国虽然位居全球第七，但相关人才总数只有 5 万多，中国人工智能人才缺口据估计超过 500 万，这已成为人工智能技术发展中的最大短板。

三、技术封锁和遏制阻碍科技发展

国家科技发展所处的外部环境对科技安全态势有着重要影响。由于高新技术已经成为国家间战略竞争的重要砝码，技术先进国家为了确保其科技优势地位，维持竞争优势，往往采取技术遏制手段，限制别国通过技术进步提高国家综合实力和国际竞争力。较为常用的手段包括设立技术管制机制限制技术转移、通过技术专利垄断市场、推行技术标准加强技术壁垒等，这些手段常以制度化、规则化的形式加以包装，配合西方国家话语权优势使之具有"合法性"，但实际上却为其他国家的科技发展与安全带来了实质性损害。特别是一些发达国家出于意识形态分歧，将社会主义国家和许多发展中国家视为假想敌，实施技术封锁和遏制，造成了对科技安全的直接威胁。

第二次世界大战结束后，为限制社会主义国家科技发展，美、英、法等西方国家成立了一个不公开的"输出管制统筹委员会"（通常称为"巴黎统筹委员会"），该委员会限制成员国向社会主义国家出口战略物资和高技术，并设立了包括武器装备、尖端技术产品和稀有物资等上万种产品在内的禁运清单。从而导致包括中国在内的社会主义国家无法从西方国家获得先进的科技产品，制约了其运用科技发展促进国家实力提升的能力。在"冷战"结束和巴黎统筹委员会解体后,《瓦森纳协定》承袭了巴黎统筹委员会的基本功能,继续实施对常规武器和两用物品及相关技术转让的监督和控制。《瓦森纳协定》严重影响着包括中国在内的许多发展中国家与其成员国开展的高技术国际合作。例如,2004年捷克政府曾批准捷克武器出口公司向中国出售10部雷达系统,但最终在美国压力下按照《瓦森纳协定》取消了合作。而在半导体领域,该协定使得中国从芯片设计到生产等多个领域都无法获取国外最新科技,严重依赖国外进口,极易受制于人。数据显示,中国对芯片的需求占据全球市场供应量的1/3,但国产芯片自给率不足三成,集成电路产值不足全球的7%,市场份额不到10%,中国信息产业和制造业的芯片进口依赖度达90%以上。2018年4月,美国宣布禁止向中国中兴通讯出售电子技术或通信元件。中兴通讯的主营业务包括基站、光通信及手机,而这些领域使用的芯片均存在一定程度的自给率不足。以用于光通信领域的光模块为例,其主要功能是实现光电及电光转换。光模块中包括光芯片,即激光器和光探测器,还有电芯片,即激光器驱动器、放大器等。目前,低速的光芯片和电芯片已实现国产,但高速的光芯片和电芯片却全部依赖进口。上述事件充分说明,一个国家如果高科技的核心领域长期被别人控制,如果对手采取封锁和遏制措施,就会导致本国科技发展很容易被卡脖子,从而造成国家科技安全乃至整体国家安全的严重威胁。近年来,美国将中国定义为主要的战略竞争对手,单方面采取了一系列措施来限制中美之间的科技交流与合作,如发布中国威胁美国技术与知识产权的负面报告、出台限制包括中国在内的外国企业在美投资规则的法案、阻挠中国留学生和学者赴美学术交流,甚至对在美国的华人学者展开调查,这些做法的实质就是要打击中国高科技创新能力,从根本上遏制中国发展。

显性或隐性的技术封锁在发达国家之间的战略竞争中同样存在。20世纪80年代,日本在机器人、集成电路、光纤通信、激光、陶瓷材料等技术领域逐渐处于世界领先水平,美国的技术优势受到了直接挑战。1983年美国商务部指出:对美国科技的挑战主要来自日本,目前虽仅限少数的高技术领域,但预计将来这种挑战将涉及更大的范围。在这种背景下,美国对日本的科技发展采取了防范和制约措施,并从政治、经济及外交等多方面施压。最典型的是1986年美日两国签署的《日美半导体保证协定》(以下简称《协定》),《协定》的主要内容包括日本半导体厂商需按美国政府确定的价格销售,同时日本要增加对美国半导体进口,使美国和其他国家半导体产品在日本市场上的占有率提高至20%以上。该协定的限制使日本在半导体技术领域的优势逐渐丧失。进入21世纪尤其是自全球金融危机以来,各国经济均经历着结构性重组或调整,科技创新在国家经济增长和战略竞争中的意义更加突出,科技封锁与反封锁、遏制与反遏制在国家间科技博弈中将更为普遍。

第四节　维护科技安全的途径与方法

党的十八大以来,我国高度重视科技创新工作,坚持把创新作为引领发展的第一动力。通过全社会共同努力,我国科技事业取得历史性成就、发生历史性变革。重大创新成果竞相涌现，一些前沿领域开始进入并跑、领跑阶段，科技实力正在从量的积累迈向质的飞跃，从点的突破迈向系统能力提升。科学技术是动态变化的复杂系统，维护国家科技安全必须从科技发展这个源头入手，聚焦科技安全的重大需求，加强顶层设计和总体谋划，夺取战略主动权。

一、实现高水平科技自立自强

党的二十大报告中明确指出：坚持面向世界科技前沿、面向经济主战场、面向国家重大需求、面向人民生命健康，加快实现高水平科技自立自强。习近平总书记在参观国家"十三五"科技创新成就展时进一步指出：加快实现高水平科技自立自强，为建设世界科技强国、实现中华民族伟大复兴作出新的更大贡献。在全面建设社会主义现代化国家新征程中，加快实现科技自立自强，形成强大的科技实力，既是关键之举，也是决胜之要。

（1）自主创新是全面提高国家科技实力和水平的根本保障。现代科学技术的本质属性在于创新，要从根本上维护国家科技安全，就必须通过科技创新保持在国际上的科技领先地位。当前，大数据、云计算、人工智能、清洁能源、生物信息等科技产业发展日新月异，全球产业格局正在发生新变化，世界科技革命与产业变革为各国实施创新发展提供了新机遇。抓住新机遇，推动科技创新发展，首先要加强基础性研究。习近平总书记强调："在激烈的国际竞争面前，在单边主义、保护主义上升的大背景下，我们必须走出适合国情的创新路子，特别是要把原始创新能力提升摆在更加突出的位置，努力实现更多'从0到1'的突破。"要面向未来世界科技发展前沿，重视原始性专业基础理论突破，加强科学基础设施建设，保证基础性、系统性、前沿性技术研究和技术研发持续推进，强化自主创新成果的源头供给。例如，美国国防部2013年至2017年科技发展的"五年计划"就聚焦在六大颠覆性基础研究领域，包括超材料与表面等离激元学、量子信息与控制技术、认知神经学、纳米科学与纳米工艺、合成生物学以及对人类行为的计算机建模，期望通过这些研究领域的关键突破获得持续性技术优势。推动科技创新发展也离不开体制机制创新。应当通过完善相关立法，加强执法监督，保护财产权和知识产权，形成创新探索自由包容、创新人才和资源自由流动的创新环境，形成统一开放、竞争有序、公平透明的市场环境，建立以企业为主体、市场为导向、产学研深度融合的技术创新体系。

（2）关键领域技术研发是维护国家科技安全的核心。只有核心技术自主可控，才能在国际科技和战略竞争中牢牢掌握主动，才能真正有效维护国家科技安全，进而从根本上保障国家军事安全、经济安全和其他领域安全。关键领域核心技术创新，要从基础研究和应用基础研究发力，通过激励原始创新和核心技术研发，营造良好的科技创新环境，努力实现关键技术重大突破。这就要求必须准确把握技术创新的特点规律。技术创新本质上是一种有组织的探索与冒险，创新的过程往往是一个不断从失败中汲取教训，通过不断试错达到真理性认识的过程。要营造鼓励探索的制度和文化氛围，避免以成功为导向的管理误区，应在保险、投融资渠道、税收减免抵扣等方面为从事高新技术创新的企业、机构提供激励条件，要重视新兴产业及其市场的培育建设，为发展初期的高技术创新项目提供市场保障。美国在航空技术领域的迅速发展提供了例证。20 世纪 20 年代，美国航空技术尚不及欧洲老牌强国，甚至落后于日本，但美国通过政府采购航空邮政服务等方式，为航空工业的早期发展提供了关键支持，使第二次世界大战后美国航空技术获得了爆发式进展。

（3）加强关键技术的前瞻部署也是推动国家科技发展的重要力量。高新技术领域的突破性进展往往带来科技安全态势的突然改变，而重大科技成果尤其是军事技术成果在实际应用之前不容易为外界知晓，客观上增大了维护国家科技安全的难度。因此必须努力掌握科技发展的动态脉络，通过强化对科技创新前沿的预判和分析，避免别国技术突袭，确保自身技术优势。具有战略前瞻性和创新推动力的管理体制往往能深刻影响科技创新格局。例如，"二战"至今美军已先后提出三次"抵消战略"，旨在通过谋求技术优势来抵消主要对手的战略优势，掌握军事革命主动权。而在每一次抵消战略中，美国都建立了具有重要指导意义的新机构，为美军在战略竞争中维持优势提供了重要支撑。20 世纪 50 年代提出的第一轮抵消战略中，美国国防部建立了"国防高级研究计划局"，其宗旨是"保持美国的技术领先地位，防止潜在对手意想不到的超越"。该机构自组建以来在许多学科技术领域都处于最前沿，不仅为美军研发了大量高端武器装备，还逐步把发展成熟的军事技术应用于民用领域，奠定了美国在全球的科技优势。第二轮抵消战略则伴随着"净评估办公室"的设立，该机构目的是通过充分发掘和利用对手战争体系的关键短板弱项，对其实施虚实结合的战略诱导或战略欺骗，扰乱其军力发展的方向和节奏。在第三轮抵消战略中，"战略能力办公室"应运而生，其宗旨并不是像国防高级研究计划局那样关注未来长期技术发展，而是着眼当下技术前沿，通过不断加大军民融合力度，推进 3D 打印、云计算、大数据、无人系统等民用尖端技术的军事转化进程。这些机构通过创造需求、监督评估和强化基础研究，大大增强了美国科技发展、尤其是军事技术创新发展的推动作用。总之，要从国家层面超前谋划，前瞻布局重大专项，统筹整合力量，形成有针对性的科技创新系统布局。

二、夯实科技安全资源基础

1. 优化科技人才队伍建设

有效的科技人才战略是国家腾飞的关键。人是科技发展与创新最关键的因素，谁拥有了一流创新人才、拥有了一流科学家，谁就能在科技创新中占据优势。要维护国家科技安全，必须在创新实践中发现人才，在创新活动中培育人才，在创新事业中凝聚人才，把人才资源开发放在科技创新最优先的位置，改革人才培养、引进、使用等制度，努力造就一批世界水平的科学家、科技领军人才、工程师和高水平创新团队，注重培养一线创新人才和青年科技人才。要创新人才评价机制，建立健全以创新能力、质量、贡献为导向的科技人才评价体系，形成并实施有利于科技人才潜心研究和创新的评价制度。要把握和尊重人才培养规律，构建完备的人才梯次，激发人才创新动力，根据不同类型科研活动的特点，对从事不同类型活动的人才予以分类支持，创造良好的创新平台和发展空间。

2. 促进科技成果转化

科技成果转化是指科技创新取得的成果应用于实际生产生活的过程，创新成果只有转化为现实生产力，其创新功能和经济效益才能得以实现，科技创新对国家安全的综合推动作用才能得到体现。为此，应当加快高校和科研院所科技成果转移转化，培育一批机制灵活、面向市场的国家技术转移机构，探索科技成果转化的有效机制与模式。

三、提高科技安全治理水平

1. 要建立健全科技安全制度机制

在科技领域，重发展轻安全的思想普遍存在，特别是我国的科技安全理论还不完善，科技安全战略还不明确，没有像对经济安全等那样进行专门的研究和制定专门的战略。科技人员在对外科技交往中的风险意识、保密意识不够强烈，容易造成科技成果泄密和资源流失。为此，应当增强科技安全意识，建立和完善防止科技滥用审查制度，完善科技保密法律法规，实现科技秘密源头定密、过程监控和动态管理。要完善科技安全预警监测指标，加强国际科技发展趋势、新兴领域、重大项目、前沿技术和颠覆性技术的动态监测，及时总结评估我国科技安全状况，建立相关部门分工合作的预警工作机制。要加强重点领域、重大项目和核心技术管理，加强科技保密宣传和教育培训，提高全社会科技保密意识，加强知识产权的创造、保护和管理、运用，确保我国核心利益和正当权益不受侵害。

2. 要加强国际科技交流合作

科技的发展是一个动态的过程，具有很大的不确定性。在全球化日益发展的当下，科技发展必须在开放中不断提升能力，才能获得更大的安全。邓小平同志早已指出："科学技术是人类共同创造的财富，任何一个民族、一个国家，都需要学习别的民族、别的国家的长处，学习人家的先进科学技术。我们不仅因为今天科学技术落后，需要努力向外国学习，即使我们的科学技术赶上了世界先进水平，也还要学习人家的长处。"当前，中国科技发展水平与世界先进国家相比，处于跟跑、并跑、领跑并存，以跟踪为主的状态，更需要主动布局和积极利用国际创新资源，深化国际科技合作。为此，应当提高科技创新的开放合作能力，更加主动融入全球创新网络，不断拓展国际科技合作的深度和广度，把我国科技实力转化为全球创新治理的影响力，提升在全球创新规则制定中的话语权。加快实施"一带一路"科技创新行动计划，构建平等互利、合作共赢的科技创新共同体。构建全球领先的新技术、新产业标准体系，推动更多的中国产业技术标准成为全球通用标准。加快牵头组织国际大科学计划和大科学工程，为解决全球性问题贡献中国智慧。以载人航天工程为例，中国在 2022 年建成并投入使用自主的载人空间站，2016 年，中国载人航天工程办公室就与联合国外层空间事务办公室签订了《利用中国空间站开展国际合作谅解备忘录》，商定利用中国空间站为各国提供科学实验机会，并在未来为他国航天员或载荷专家提供在轨飞行机会。类似的国际科技合作大项目涉及众多科学家和众多科学领域，对一个国家的科技整体实力提升，特别是科研人员的培养起着重要作用。

本章思考题

1. 简述当前科技安全面临的威胁与挑战。

2. 如何定位科技在创新驱动发展战略中的地位？

3. 如何深入实施科教兴国战略、人才强国战略、创新驱动发展战略，加快建设科技强国？

参考文献

[1] 约翰·刘易斯·加迪斯. 冷战 [M]. 北京：社会科学文献出版社，2013.

[2] 李大光. 国家安全 [M]. 北京：中国言实出版社，2016.

[3] 刘建飞. 中国特色国家安全战略研究 [M]. 北京：中共中央党校出版社，2015.

[4] 姜振军. 俄罗斯科技安全面临的威胁及其防范措施分析 [J]. 俄罗斯东欧中亚研究，2010（1）.

[5] 崔铮. 俄罗斯科技发展制约因素与优先政策选择 [J]. 俄罗斯东欧中亚研究，2017（3）.

[6] 张田勘. 核心技术受制于人是最大隐患 [N]. 光明日报，2018-04-20.

[7] 张茉楠. 从日美半导体之战看中美贸易摩擦 [N]. 学习时报，2018-05-18.

[8] 付征南. 关键机构助推美军"抵消战略" [N]. 解放军报，2016-04-01.

[9] 李晓慧，贺德方，彭洁. 日本高校科技成果转化模式及启示 [J]. 科技导报，2018（2）.

[10] 刘跃进. 国家安全学 [M]. 北京：中国政法大学出版社，2004.

[11] Raymond F DuBois.Science, Technology, and U.S. National Security Strategy[EB/OL]. CSIS Report, 2015.

[12] The White House, *National Security Strategy of the United States of America*, November 2017.

[13] Sergei Kostin and Eric Raynaud.Farewell: The Greatest Spy Story of the Twentieth Century[M]. AmazonCrossing，2011.

[14] European Commission, *A European strategy for data*, February 2020.

第九章
网络安全

学习目标

◇ 了解《网络安全法》，熟悉网络安全的基本内容。
◇ 理解维护网络安全的重大意义。
◇ 了解网络空间存在的安全威胁。
◇ 了解网络攻击的常用手段并掌握维护网络安全的基本对策。

在信息时代，网络安全与政治安全、经济安全、文化安全、社会安全、军事安全等领域相互交融，相互影响，已成为事关国家安全和国家发展、事关广大人民群众工作生活的重大战略问题。本章主要通过对网络安全内容的介绍，进一步阐述维护网络安全的意义，突出网络安全是国家安全中不容忽视的重要领域，并分析指出当前网络安全形势，针对其面临的安全威胁提出合理有效保障网络空间安全的相关措施。

第一节　网络安全的主要内容

党的十八大以来，以习近平同志为核心的党中央坚持从发展中国特色社会主义、实现中华民族伟大复兴中国梦的战略高度，系统部署和全面推进网络安全和信息化工作。网络安全包括网络基础设施、网络运行、网络服务和信息安全等方面，是保障和促进信息社会健康发展的基础。

一、关键信息基础设施安全

关键信息基础设施是指在公共通信和信息服务、能源、交通、水利、金融、公共服务、电子政务等重要行业和领域，一旦遭到破坏、丧失功能或者数据泄露，可能严重危害国家安全、国计民生、公共利益的信息系统或工业控制系统，且这些系统一旦发生网络安全事故，会影响重要行业正常运行，对国家政治、经济、社会、文化、国防、环境以及人民生命财产造成严重损失。关键信息基础设施可以划分为以下五大类。

（1）基础信息网络，主要包括广电网、电信网、互联网。

（2）重要行业和公共服务领域的重要信息系统，如核岛控制系统、银联交易系统、智能交通系统、供水管网信息管理系统、社保信息系统等。

（3）电子政务，如电子政务系统、政府门户网站等。

（4）国家安全网络，如军事通信网、军队指挥自动化系统等。

（5）用户数量众多的网络服务商系统，如阿里、腾讯、百度等IT巨头运营的特定网络和系统等。

《中华人民共和国网络安全法》（以下简称《网络安全法》）于2017年6月1日在我国正式实施，作为中国首部网络安全根本法，首次提出"关键信息基础设施"的概念并对其范围进行了明确。2021年8月17日，国务院公布了《关键信息基础设施安全保护条例》（以下简称《条例》），其颁布实施既是落实《网络安全法》要求、构建国家关键信息基础设施安全保护体系的顶层设计和重要举措，也是保障国家安全、社会稳定和经济发展的现实需要。《条例》上承《网络安全法》要求，进一步明确关键信息基础设施安全保护范围、联动责任体系、供应链安全可控、安全内控和意识培养等方面重点内容，厘清了重点保护的范围和原则，确立了分层协同联动责任体系，发挥优势聚力聚焦自主可控，强化了安全内控和从业人员安全意识和技能的培养。

扩展阅读9.1
《中华人民共和国网络安全法》节选

二、网络运行安全

网络运行安全是网络安全的重心，与国家安全和社会公共利益息息相关。网络运行安全的一般规定遵循我国网络安全等级保护制度，按照制度要求，网络运营者应当履行相关的安全保护义务来保障网络免受干扰和破坏，防止网络数据泄露或被窃取、篡改；网络产品、服务应当符合国家标准的强制性要求。网络产品、服务的提供者应做到不得设置恶意程序、发现其网络产品或服务存在安全缺陷等风险时立即采取补救措施、为其产品或服务持续提供安全维护、收集用户信息时应当向用户明示并取得同意等相关义务；网络运营者应做到与用户签订协议或确认提供服务时要求用户提供真实身份信息，不提供真实身份信息的，不得为其提供相关服务；制定网络安全事件应急预案，在发生危害网络安全事件时，立即启动应急预案以及采取相应的补救措施，并按规定向有关主管部门报告等相关义务；任何个人和组织都不得从事危害网络安全的活动，以及不得提供专门危害网络安全活动的技术支持等帮助。

三、网络服务安全

随着信息技术的发展，网络为世界提供了各种创新型服务，为整个社会带来了颠覆性的变革。人们的生活方式、企业的商业模式以及政府的管理形式等在网络服务的蓬勃发展下出现了全新的变化，互联网提供了更便捷、高效的形式。除了网络基础设施提供的基本服务，新兴的网络服务环境更高效地为社会发展提供服务支撑。

目前主流的网络服务可分为云计算、物联网和区块链三大主体。在2006年8月9日的搜索引擎大会上，谷歌首席执行官埃里克·施密特首次提出了"云计算"的概念。在云计算中，所有的资源都可以由云服务提供商提供，云服务提供商对资源进行抽象化，并将其聚集在一个资源池中，用户可以按需求自动配置并管理资源，且不需要直接的物理实体访问。云计算服务类型包括三类，即基础设施级服务、软件级服务和平台级服务。"物联网"来自 2005 年国际电信联盟在信息社会世界峰会上发布的《ITU 互联网报告 2005：物联网》。物联网是通过信息传感设备，按照约定的协议将可联网的物体或设备实现互联互通的网络。物联网中的物体之间通过信息交换和通信，可以实现智能化识别、定位、跟踪、监管等。物联网能够收集分散的信息，将物体与物体间的数据信息整合分析，在物流运输、健康医疗、智能家居等领域具有广阔的市场和应用前景。"区块链"起源于 2008 年中本聪发表的论文《比特币：一种点对点的电子现金系统》，是分布式数据存储、点对点传输、共识机制、加密算法等计算机技术的新型应用模式，具备去中心化、开放性、自治性、信息不可篡改、匿名性以及可靠性等特征。目前，区块链服务被广泛应用在物联网、供应链管理、智能制造、数字资产交易等多个领域。

随着信息化的普及，网络服务的种类越来越多，规模也越来越大，面临的安全风险也越来越大。同时网络服务本身应用的新兴技术也会存在一些安全问题或缺陷，人们面临的网络服务安全形势日趋严峻。在党的十九届四中全会通过的《中共中央关于坚持和完善中国特色社会主义制度、推进国家治理体系和治理能力现代化若干重大问题的决定》中指出，我国将完善国家安全体系，建立健全国家安全风险研判、防控协同、防范化解机制，以提高防范抵御国家安全风险能力。在我国，网络安全和信息化是事关国家安全和国家发展、事关广大人民群众工作生活的重大战略问题，全面构建安全网络服务至关重要，这就要求我们必须加大互联网科技投入力度，破解信息领域核心技术，有针对性地开发具有自主知识产权的网络安全产品，同时整合国内信息技术产品市场，培育具备自主创新能力和市场竞争能力的高科技龙头企业，以提供一个安全的网络服务环境。

四、信息安全

国际标准化组织将信息安全定义为对数据处理系统建立和采用技术和管理上的安全保护，从而避免计算机硬件、软件以及数据遭恶意破坏、更改和泄露。随着大数据时代的到来，信息泄露、黑客袭击、病毒传播等互联网信息安全问题层出不穷，信息安全是国家必须十分重视的问题，这已经上升为一个不容忽视的国家安全战略。本节主要介绍信息安全的相关概况和保证国家信息安全的相关措施。

信息作为一种资源，由于其普遍性、共享性、增值性、可处理性和多效用性，为人类带来了重要的意义。信息安全是指信息系统（包括硬件、软件、数据、人、物理环境及其基础设施）受保护，不因偶然的或者恶意的原因而遭到破坏、更改、泄露，系统保持连续可靠正常地运行，信息服务不中断。从本质上来看，信息安全就是保证信息的安全性。通常，信息安全性的主要内容包括信息的完整性、可用性、保密性和可靠性。

从国家层面出发，信息资源是重要的战略资源。在信息化深入发展的时代，信息资源的争夺已经成为各国资源争夺的焦点。随着信息化的不断发展，信息安全在国家安全中的地位越来越高，信息安全问题也成为关系国家安全的突出问题。深入研究国家信息安全的基本理论和保障方法，分析国家信息安全存在的问题，正确把握国家信息安全的发展战略和趋势，在维护国家安全和社会稳定、构建社会主义和谐社会等方面具有重要意义。

习近平总书记明确指出，网络安全和信息化是事关国家安全、政权安全和国家发展，事关广大人民群众工作生活的重大战略安全。没有网络安全就没有国家安全，新国家安全法要求国家建设网络与信息安全保障体系，提升网络与信息安全保障和保护能力，加强网络和信息技术的开发应用，这是网络与信息化发展的新形势对我们提出的新要求。在大力推进"互联网+"、促进网络与社会全面融合的大背景下，网络安全牵一发而动全身，我们要在总体国家安全观的统领下，站在保障国家安全和改革开放的大局，在维护网络安全空间的前提下，做好安全工作，调动和激发社会各方面的资源，政府、企业、网民共同协作，从技术开发、人才培养，共享网络安全意识方面做好工作，确保国家、企业、个人的信息安全。网络信息的安全保障体系已经成为一个国家综合国力的重要组成部分，必须建立在自主、可信、可控和产业化的基础上。信息安全保障从发展具体技术手段转而强调系统级整体安全，由设备级防护转变为系统级防护，进而转变为安全体系结构，以应对大规模网络协同攻击。我国《2006—2020年国家信息化发展战略》指出，要"全面加强国家信息安全保障体系建设。坚持积极防御、综合防范，探索和把握信息化与信息安全的内在规律，主动应对信息安全挑战，实现信息化与信息安全协调发展"。

第二节　维护网络安全的重要意义

网络为推动创新发展、转变经济发展方式、调整经济结构发挥积极作用，网络安全和信息化是相辅相成的。安全是发展的前提，发展是安全的保障，安全和发展要同步推进。只有共筑网络安全防线，才能保证国家经济社会快速健康发展。

一、网络安全是国家安全的基石

"没有网络安全就没有国家安全。"网络安全是国家安全的重要一环，是国家安全的基础，也是我们党领导全国人民实现"两个一百年"奋斗目标、实现中华民族伟大复兴中国梦的关键部分。

1. 维护网络安全符合国家网络空间安全战略

2016年是我国网络安全立法与网络空间安全顶层战略规划的元年。2016年12月27日，国家互联网信息办公室发布的我国首部《国家网络空间安全战略》（以下简称《战略》）是我国网络空间安全的纲领性文件。

维护网络安全符合《战略》总结的"七种机遇与六大挑战"。"七种机遇与六大挑战"将人类网络空间面临的机遇与挑战视为一个统一体,系统地阐述了网络为人类带来机遇的同时也带来了严峻的挑战,是从国家顶层进行全局性计划和策略的基础和前提,充分证实了习近平总书记提出的新型网络安全战略思想:网络安全和信息化是一体之两翼、驱动之双轮。

维护网络安全符合《战略》提出的在总体国家安全观的指导下,在统筹国内国际两个大局和统筹发展安全两件大事的基础上,实现网络空间"和平、安全、开放、合作、有序"的"五大战略目标"。和平与安全是构建开放、合作、有序网络空间的前提。在互联网时代,一个和平、安全、开放、合作、有序的网络空间,对一国乃至世界和平与发展越来越具有重大战略意义。

维护网络安全符合《战略》基于和平利用与共同治理网络空间提出的"九大任务"。在"九大任务"中,"坚定捍卫网络空间主权"和"坚决维护国家安全"是主权国家必须坚守的底线;"保护关键信息基础设施"和"夯实网络安全基础"是主权国家社会稳定与国家安全的保障;"加强网络文化建设"有利于扩大正能量在网络空间的辐射力和感染力;"打击网络恐怖和违法犯罪、完善网络治理体系"是切实维护广大人民群众网络合法权益,确保国家网络利益不受侵犯的根本保证;"提升网络空间防护能力"是中国应对复杂网络空间挑战的基本需要;"强化网络空间国际合作"是构建网络空间命运共同体的必由之路。

2. 维护网络安全是网络强国建设的必由之路

以互联网为代表的新一代信息技术迅猛发展的同时,也带来了一些新问题、新挑战,尤其是网络安全威胁和风险日益突出,并加快向政治、经济、文化、社会、生态、国防等领域渗透。网络安全问题再也不是网络领域自身的事情,已经上升为影响国家安全、制约诸多领域发展的重大战略问题,成为国家安全的重要内容,强化网络安全是建设网络强国的必由之路。

维护网络安全,走向网络强国需要强化科技防御队伍建设。加大科技投入,为科技人才创造发挥作用的条件。全社会需要在各个方面抓好网络安全信息知识的技能培训,挖掘网络安全的专业人才。我们的国家需要这样的一股力量来维护网络信息安全。

维护网络安全,走向网络强国需要强化科技设施建设。加大网络安全防御性建设的投入,对服务器、终端电子设备等要购买相应的电磁辐射干扰器,防止使用过程中的电磁泄漏。对于网络安全用途的计算机产品,要有针对性地进行购买。专门的机器要安排负责此类工作的专人使用,并不断更换管理员密码。

维护网络安全,走向网络强国需要强化法律法规保障。法律是信息网络安全的制度保障。离开了法律这一强制性规范体系,信息网络安全技术和管理人员的行为都失去了约束。即使有再完善的技术和管理的手段,都是不可靠的。赋予信息网络安全管理机构一定的权利和义务,规定违反义务时应当承担的责任,将行之有效的信息网络安全技术和安全管理的原则规范化。

二、经济社会运转离不开网络安全

以互联网为代表的信息通信网络已经渗透至经济、社会、生活等各个领域，与此同时，网络安全风险和威胁也随之蔓延、扩散和叠加，且已经成为影响经济社会发展、国家长治久安和人民群众利益福祉的重大战略问题。只有保障网络安全，才能夯实经济社会良好发展的基础。

1. 网络安全为经济社会运转保驾护航

在 2019 年中国网络安全产业高峰论坛上，工业和信息化部副部长陈肇雄指出，当前新一轮科技革命和产业变革加速演进，5G、大数据、云计算、工业互联网、人工智能、区块链等新兴技术加快向经济社会各领域渗透融合，网络连接从人人互联向万物互联迈进、技术应用从消费环节向生产环节拓展，深刻改变了人们的生产生活方式，在为经济社会发展注入强劲动力的同时，也带来了诸多风险挑战。深刻把握信息化发展大势，积极应对网络安全挑战刻不容缓。在互联网时代，互联网是没有国界的，互联网信息和安全却是有国界的，维护网络安全、建设网络强国是经济社会稳定运行的前提和保障。

为进一步加快网络强国的建设，工业和信息化部 2021 年发布《"十四五"信息通信行业发展规划》（以下简称《规划》）。《规划》明确提出，到 2025 年，信息通信行业整体规模进一步壮大，发展质量显著提升，基本建成高速泛在、集成互联、智能绿色、安全可靠的新型数字基础设施，创新能力大幅增强，新兴业态蓬勃发展，赋能经济社会数字化转型升级的能力全面提升，成为建设制造强国、网络强国、数字中国的坚强柱石。

其中，围绕国家网络安全工作"四个坚持"基本原则和防范化解重大网络安全风险的工作主线，《规划》提出着力完备网络基础设施保护和网络数据安全体系、持续提升新型数字基础设施安全管理水平、打造繁荣发展的网络安全产业和可信的网络生态环境、全面提升行业网络安全应急处置、构建国家网络安全新格局等重点任务，以支持国家网络安全新格局形成。《规划》将行业关键信息基础设施及新型数字基础设施安全保障提升至新的战略高度，通过深化网络安全防护和风险管理、防范遏制重大网络安全事件，提升行业关键信息基础设施及新型数字基础设施保障水平。《规划》首次将创新发展网络安全产业作为重要任务之一，通过开展创新示范应用、繁荣网络安全产业生态培育工程等措施，进一步提升网络安全产业核心技术掌控水平，为网络安全保障提供扎实支撑，为经济社会健康发展保驾护航。

2. 网络安全是数字经济时代的基本保障

2020 年，新冠疫情席卷全球，在复杂严峻的国际经济环境下，我国数字经济依然保持强劲增长，整体实现稳步发展。据《中国数字经济发展白皮书》显示，我国 2020 年数字经济保持蓬勃发展态势，规模达 39.2 万亿元，占 GDP 比重为 38.6%，同比提升 2.4 个百分点，数字经济在逆势中加速腾飞，有效支撑疫情防控和经济社会的发展。

随着数字经济时代的发展和社会经济各领域数字化建设的推进，数据成为我国的核心资产。然而，数字经济发展中的数据泄露问题也愈发突出，给国家的经济社会发展造成了严重的损失。因此，统筹协调发展与安全的关系，维护网络安全是我国数字经济健康发展的基本保障。维护网络安全以促进我国经济社会形成数字产业化规模持续增长，产业数字化进程加速升级，电子商务交易额逐年递增，信息消费蓬勃发展的良好态势。目前，我国数字经济总量已跃居世界第二位，成为引领全球数字经济创新的重要策源地。与此同时，数字经济时代不可避免地面临着前所未有的挑战，网络基础设施安全、数据安全、国家机密信息安全等一系列安全问题是关乎数字经济高质量、健康、快速、持续发展的关键问题。我们必须"全面加强网络安全保障体系和能力建设，切实维护新型领域安全"，以网络安全助力数字经济的高质量健康发展。

三、维系人民福祉离不开网络安全

网络安全为人民，网络安全靠人民。网络安全不仅关乎国家安全，还是保障广大人民群众利益的重要因素。营造和建设风清气正的网络空间、共筑网络安全，才能更好地造福人民百姓，提升人民群众的幸福感、安全感、获得感。

1. 增进人民福祉是网络强国战略的落脚点

据中国互联网络信息中心在京发布的第48次《中国互联网络发展状况统计报告》显示，截至 2021 年 6 月，我国网民规模达 10.11 亿，较 2020 年 12 月增长 2175 万，互联网普及率达 71.6%。另外，中国互联网协会咨询委员会委员高新民表示，10 亿用户接入互联网，形成了全球规模最大、应用渗透最强的数字社会，互联网应用和服务的广泛渗透构建起数字社会的新形态：8.88 亿人观看短视频、6.38 亿人观看直播；8.12 亿人网购、4.69 亿人点外卖；3.25 亿人使用在线教育、2.39 亿人选择在线医疗，中国是一个名副其实的网络大国。

在此背景下，网络安全事关人民群众的美好生活，各种网络安全问题更是人民群众的关注焦点，连接党心民心，始终把实现好、维护好、发展好广大人民群众在网络空间的合法权益，是网络安全工作的出发点和落脚点，这事关亿万人民群众的幸福感、安全感和获得感。习近平总书记指出，网络安全和信息化事业发展必须贯彻以人民为中心的发展思想，把增进人民福祉作为信息化发展的出发点和落脚点。网络安全为人民，网络安全靠人民。网络安全事关国家安全和国家发展，也直接关系每一个网民的切身利益。既要发挥广大人民群众在网络安全中的主体作用，也要提升人民的网络安全意识和风险防范能力，共同维护网络安全、营造晴朗的网络空间才能更好地维系人民福祉。

2. 网络安全是公民安全的前提和保障

2020 年，全球突发新冠疫情，抗击疫情成为各国的紧迫任务。不论是在疫情防控相关工作领域，还是在远程办公、教育、医疗及智能化生产等生产生活领域，大量新型互联网产品和服务应运而生，在助力疫情防控的同时也进一步推进社会数字化转型。与此同时，安全漏洞、数据泄露、网络诈骗、勒索病毒等网络安全威胁日益凸显，有组织、有目的的网络攻击形势愈加明显，给网络安全防护工作带来更多挑战。

国家互联网应急中心发布的《2020 年我国互联网网络安全态势综述》报告显示，高级持续性威胁组织利用社会热点、供应链攻击等方式对我国重要行业实施攻击，远程办公需求增长扩大了高级持续性威胁攻击面。例如，境外"白象""海莲花""毒云藤"等高级持续性威胁攻击组织以"新冠疫情""基金项目申请"等相关社会热点及工作文件为诱饵，向我国重要单位邮箱账户投递钓鱼邮件，诱导受害人点击仿冒该单位邮件服务提供商或邮件服务系统的虚假页面链接，从而盗取受害人的邮箱账号密码。另外，报告显示公民个人信息未脱敏展示与非法售卖情况也较为严重。监测发现涉及身份证号码、手机号码、家庭住址、学历、工作信息等敏感个人信息暴露在互联网上，全年仅国家互联网应急中心就累计监测发现政务公开、招考公示等平台未脱敏展示公民个人信息事件 107 起，涉及未脱敏个人信息近 10 万条。此外，全年累计监测发现个人信息非法售卖事件 203 起，其中，银行、证券、保险相关行业用户个人信息遭非法售卖的事件占比相对较高，约占数据非法交易事件总数的 40%；电子商务、社交平台等用户数据和高校、培训机构、考试机构等教育行业通讯录数据分别占数据非法交易事件总数的 20% 和 12%。由此可见，我国个人互联网使用的安全状况不容乐观。网络安全事关广大人民群众利益，维护网络安全就是维护每个公民自身的安全，整治网络不良环境、防止个人信息泄露是广大人民群众的强烈愿望，更是公民自身安全的前提和保障。

第三节　网络安全面临的威胁

网络和信息技术的高速发展，极大促进了现代社会的繁荣与进步，个人生活与国家发展越来越离不开网络通信，然而网络安全问题却愈加突出。国家政治、经济、文化、科技、军事以及公民合法权益等时刻面临着国内外网络攻击的威胁。

一、网络攻击威胁国家政权安全

政治生活的稳定是国家长治久安、人民生活幸福的基本前提。当前，网络攻击已不仅仅是黑客通过技术手段，利用网络信息系统存在的漏洞和缺陷对系统和资源进行攻击和破坏。由于社会信息化的飞速发展，人们的政治生活也逐渐依托网络空间。网络攻击已经从传统的针对网络信息系统的攻击和破坏发展为通过控制网络空间以达到获取政治利益的工具和手段。因此，"谁在网络空间中掌握了话语权，谁就掌握了主导权"已成为人类社会的共识。恶意的组织或个人利用网络对内引导舆情、散布谣言、操纵选举，对外干涉他国内政、攻击他国政治制度、煽动社会动乱、颠覆他国政权的行为对国家的政治安全造成了严重危害。

扩展阅读9.2
美国黑客组织对中国多家重要敏感单位实施网络攻击

二、网络攻击威胁国家关键基础设施安全

根据 2016 年中国国家互联网信息办公室发布的《国家网络空间安全战略》中关于国家关键信息基础设施定义，主要包括但不限于提供公共通信、广播电视传输等服务的基础信息网络，能源、金融、交通、教育、科研、水利、工业制造、医疗卫生、社会保障、公用事业等领域和国家机关的重要信息系统等。此类基础设施关系国家安全、国计民生，一旦数据泄露、遭破坏或者丧失功能可能严重危害国家安全、公共利益。

近年来，针对基础设施发起网络攻击的事件频发。2015 年 12 月 23 日，乌克兰电网遭遇突发停电事故。随后，乌克兰 Kyivoblenergo 电力公司发布公告称，本次停电事故主要原因是系统遭入侵，导致 7 个 110kV 的变电站和 23 个 35kV 的变电站出现故障，最终导致 80 000 个用户停电，停电时间为 3~6 个小时不等。安全公司 ESET 在 2016 年 1 月 3 日最早披露了本次事件中的相关恶意代码，表示乌克兰电力部门感染的是 BlackEnergy（黑色能量），BlackEnergy 被当作后门使用，并释放了 KillDisk 破坏数据来延缓系统的恢复。这一事件映射出网络时代存在的重大安全隐患，电力系统作为国家重要基础设施，关乎民生，更关乎国家安全。而黑客却可以如此轻易地入侵主控电脑，攻击电力基础设施，严重威胁了国家的安全与稳定。

2021 年 5 月 7 日，美国最大输油管道公司 Colonial Pipeline 遭勒索软件攻击，造成近 100GB 数据窃取及成品油运输管道运营中断，导致美国宣布进入紧急状态，这一事件引起全球网络安全领域的关注。作为美国东海岸最重要的成品油运输管道运营商，Colonial Pipeline 负责该地区约 45% 的液体燃料管道运输供应服务，每天向客户提供超过 1 亿加仑的燃油。这一次网络攻击事件反映出基础设施正在成为网络攻击的首要目标，面对日益严峻的网络和信息安全的威胁与挑战，我国应尽快完善关键信息基础设施安全保障体系。

三、网络攻击威胁社会稳定和公共安全

21 世纪后，信息化浪潮已无法阻挡，凭借网络和信息技术，人与人之间、人与机器之间、机器与机器之间的通信成本大大降低，极大地促进了生产力的发展。然而，计算机网络存在固有的问题。首先，计算机网络具有很强的开放性，意味着网络空间中的信息很有可能会被恶意用户拦截、篡改或破坏。其次，由于软件的规模越来越复杂，潜在的漏洞难以被检测出来，利用这些漏洞的计算机病毒、木马等在网络空间逐渐传播蔓延。最终导致网络空间出现大量网络欺诈、黑客攻击、侵犯知识产权、滥用个人信息等不法行为，社会稳定和公共安全遭到了严重的威胁。

2017 年永恒之蓝勒索病毒全球暴发。"永恒之蓝"是黑客团体 Shadow Brokers 公布的网络攻击工具，利用 Windows 系统的 SMB 漏洞可以获取系统最高权限并在局域网内迅速传播。由"永恒之蓝"改造而成的 WannaCry 勒索病毒，致使中国、美国、英国、俄罗斯等在内的至少 150 个国家、30 万名用户中招，波及包括政府、银行、电力系统、能源企业、机场等在内

的诸多基础设施，社会稳定和公共安全受到威胁。当前，勒索病毒的危害并未结束，随着技术的普及、勒索病毒产业链的成熟，未来一段时间内勒索病毒有可能变得更多样、更频繁。

2021 年 12 月 9 日，Apache Log4j2 被曝出一个高危远程代码执行漏洞，攻击者通过 JNDI 注入攻击的形式即可通过网络轻松执行任何代码。多位业内人士称，此漏洞若得不到有效控制，危害程度堪比 2017 年的"永恒之蓝"。Log4j2 是一款知名的开源日志软件库，几乎存在于所有 Java 应用程序中，但是仍然很难避免漏洞的产生，由此可见，未来在基于开源架构打造软件、构建系统的同时，应该防患于未然，更好地保障系统安全、防范和控制软件风险。

四、网络攻击威胁金融和经济安全

网络攻击对金融和经济安全构成的威胁不容小觑，对金融安全风险的评估已经从网络攻击是否发生向网络安全何时发生转变。然而，全球目前尚未设立具体的责任机构，负责保障金融系统的安全稳定、抵御网络威胁，这使世界各国政府及企业竭力抵御金融网络攻击的同时无法建立共有的防御体系，这种缺乏共享的防御方式导致欠发达国家的政府及企业基本无力抵抗大规模有组织的网络攻击。2020 年 4 月，金融稳定理事会警告称："如不能得到妥善控制，一场严重的网络事件就有可能会对金融系统造成严重干扰，破坏重要金融基础设施，对金融稳定产生更广泛的影响。"这类网络事件可能对现有的基于信任的金融体系产生强烈冲击进而导致严重的金融危机。

作为当今世界的第二大经济体，中国经济的发展越来越依赖于网络和信息系统，因此任何由网络攻击引发的安全事故都有可能造成灾难性后果，严重危害国家经济安全和公共利益。两大持续发酵的趋势加剧了这种风险。首先，面对全球新冠疫情复杂的局势以及各国间激烈的竞争，数字革命势必会进一步向前发展。目前，世界各地的央行都在考虑支持数字货币和推动支付系统现代化。在转型期间，如果不未雨绸缪、组织专门的安全行动，国家金融系统的数字化转型只会变得举步维艰，严重的甚至会丧失民众对金融系统的信心。因此，网络安全比以往任何时候都更加重要。其次，恶意破坏分子正在利用这种数字转型，日益威胁着全球金融系统、金融稳定和公众对金融系统完整性的信心。比较典型的针对金融业的网络攻击包括暴力破解与撞库攻击、DDoS 攻击、Web 攻击以及恶意软件等。多数的网络攻击破坏分子的主要目的是窃取财富，但纯粹以干扰和破坏为目的开展网络攻击活动的数量一直在增加。

网络攻击是一个全球性问题，在较发达国家发生的网络攻击事件会被媒体大肆报道，而针对低收入和中低收入国家等弱势目标的网络攻击事件却未得到足够的关注。然而，正是在这些国家，普惠金融的推广工作最为显著，这使许多国家跨越式地实现了数字金融服务，如移动支付。这推动了普惠金融的发展，但也为黑客提供了诸多攻击目标。例如，2020 年 10 月，乌干达最大的移动支付网络 MTN 和 Airtel 遭黑客攻击，交易服务中断长达 4 天。中国作为数字化转型较为成功的国家、移动支付最普及的国家，同样也面临网络攻击的威胁。

第四节 维护网络安全的途径与方法

网络与信息安全与国家的安危紧密相连，没有网络与信息安全，就没有真正的政治安全、军事安全和经济安全，也没有完全意义上的国家安全。中国的网民数量和网络规模名列世界前茅，维护好中国网络安全，对于维护全球网络安全乃至世界和平都具有重大意义。如何做好网络空间安全保障工作，掌握网络空间的主动权和话语权，维护网络安全，已引起世界各主要国家的高度关注。

一、加强网络文化建设

加强网络文化建设是社会主义文化建设的迫切任务。顺应互联网发展特点加强网络文化建设，关系国家文化信息安全和国家长治久安。加强网络文化建设应重点实施以下几方面。

1. 加强网络思想文化阵地建设

加强网络思想文化阵地建设，大力培育和践行社会主义核心价值观，实施网络内容建设工程，发展积极向上的网络文化，凝聚强大精神力量，营造良好的网络氛围。网络思想文化指在互联网上一些特定的文化产品和文化活动，它们具有互联网社会独有的特征，是一种以网络物质化生产为创造和发展基础的互联网精神产物。网络思想文化阵地建设的目标是建立一个符合社会主义核心价值观的良好网络环境。互联网日益成为人们精神生活新空间、信息传播新渠道、文化创作新平台。截至 2021 年 6 月，我国网民数量为 10.11 亿。如果不注重引导这个庞大群体的文化价值取向，社会主义核心价值体系就难以成为社会共识；如果不注重满足他们的精神文化需求，社会主义文化建设的目的就不能完全达到；如果不能发挥和引导好他们的积极性创造性，我们就会失去一支非常宝贵的建设力量。目前，我国网络优秀文化产品供给不足、公共文化信息服务不到位的矛盾还较突出，与社会主义先进文化的发展要求不相适应，与人民群众日益增长的精神文化需求还有较大差距，繁荣发展丰富多彩、积极健康的网络文化任务繁重而紧迫。

2. 加强网络伦理、网络文明建设

加强网络伦理、网络文明建设，发挥道德教化引导作用，用人类文明优秀成果滋养网络空间、修复网络生态。建设文明诚信的网络环境，倡导文明办网、文明上网，形成安全、文明、有序的信息传播秩序。目前，我国在网络文明建设方面取得了长足的进步，但是很难彻底遏制有害信息的产生。因此，国家在监管有害信息的同时，更应该注重人民的精神文明建设。此外，青少年是网络消费的主力军，应着力提升青少年网络素养，进一步完善政府、学校、家庭、社会相结合的网络素养教育机制，提高青少年正确上网和安全防范意识能力，保护青少年在网络空间的合法权益，营造良好的网络氛围。

二、推进网络空间法治化

我国自 21 世纪以来逐步加快网络空间法治化，《中华人民共和国网络安全法》《中华人民共和国数据安全法》《中华人民共和国个人信息保护法》《互联网新闻信息服务管理规定》《网络信息内容生态治理规定》《互联网用户公众账号信息服务管理规定（修订）》等法律法规陆续出台。然而，从整体上看，我国网络安全法律体系仍存在法律支撑服务不到位等问题。此外，网络空间安全面临着许多新情况、新问题和新挑战，打击和整治网络违法犯罪活动，切实维护人民群众利益，是一项长期而艰巨的工作。推进网络空间法治化建设可以从以下几方面着手。

1. 坚持依法、公开、透明管网治网

坚持依法、公开、透明管网治网，切实做到有法可依、有法必依、执法必严、违法必究。《网络安全法》是我国网络安全领域的第一部专门性法律。自 2017 年 6 月 1 日实施以来，该法在保障网络空间安全、净化网络空间环境、促进网络产业发展等方面发挥了重要作用。我国社会公众的网络安全意识不断提高，网络安全法律体系不断完善，网络空间执法能力不断加强，网络空间逐渐晴朗健康，基本实现了依法治网、依法办网、依法上网，让互联网在法治轨道上健康运行。

2. 加快构建网络治理体系

加快构建法律规范、行政监管、行业自律、技术保障、公众监督、社会教育相结合的网络治理体系。维护网络安全是一项整体性工程，要注重治理手段法治化、推动技术方法数字化、鼓励行政监督与民众监督并行化、促进网络安全教育多样化。

3. 鼓励社会组织等参与网络治理

鼓励社会组织等参与网络治理，发展网络公益事业，加强新型网络社会组织建设。鼓励网民举报网络违法行为和不良信息。习近平总书记指出："网络安全为人民，网络安全靠人民，维护网络安全是全社会共同责任，需要政府、企业、社会组织、广大网民共同参与，共筑网络安全防线。"维护网络安全的前提是社会公众网络安全意识的觉醒。

三、推动网络安全核心技术突破

当前，新一轮科技革命和产业变革深入发展，大数据、云计算、人工智能、区块链、5G 等新一代技术与实体经济加速融合，新模式、新业态不断涌现，在带动经济社会全面创新发展的同时，网络安全风险挑战也随之而来，对网络安全产业发展提出更高要求，也提供了新的机遇和更广阔空间。推动网络安全核心技术突破应重点实施以下三方面建设。

1. 坚持创新驱动发展

坚持创新驱动发展，积极创造有利于技术创新的政策环境，统筹资源和力量，以企业为主体，产学研用相结合，协同攻关、以点带面、整体推进，尽快在核心技术上取得突破。我国虽是网络大国，但在技术积累和创新方面，与部分发达国家相比仍有不小的差距。为进一步打破信息壁垒、弥合数字鸿沟，应大力支持原始创新，持续优化创新模式，积极培育创新主体，加大网络安全投入，推动提升在新型基础设施建设中的占比。

2. 加强网络安全基础理论和重大问题研究

当前，新一轮科技革命和产业变革蓬勃兴起，国际竞争向基础研究竞争前移，科学探索不断向宏观拓展、向微观深入，交叉融合汇聚不断加速，一些基本科学问题孕育重大突破，渴望催生新的重大科学思想和科学理论，产生颠覆性技术。加强"从 0 到 1"的基础研究，开辟新领域、提出新理论、发展新方法，取得重大开创性的原始创新成果，是国际科技竞争的制高点。"从 0 到 1"的原创性突破，既需要长期厚重的知识积累与沉淀，也需要科学家瞬间的灵感爆发；既需要对基础研究进行长期稳定的支持，也需要聚焦具有比较优势的领域，进一步突出重点，有所为、有所不为。

3. 实施网络安全人才工程

实施网络安全人才工程，加强网络安全学科专业建设，打造一流网络安全学院和创新园区，形成有利于人才培养和创新创业的生态环境。随着信息化的快速发展，网络安全问题更加突出，对网络安全人才建设不断提出新的要求。网络空间的竞争，归根结底是人才的竞争。从总体上看，我国网络安全人才还存在数量缺口较大、能力素质不高、结构不尽合理等问题，与维护国家网络安全、建设网络强国的要求不相适应。

四、构建全球互联网治理体系

网络安全是全球性挑战，没有哪个国家能够置身事外、独善其身，维护网络安全是国际社会的共同责任。各国应该携手努力，共同遏制信息技术滥用，反对网络监听和网络攻击，反对网络空间军备竞赛。构建全球互联网治理体系应重点加强以下三个方面。

1. 加强国际网络空间对话合作，推动互联网全球治理体系变革

在相互尊重、相互信任的基础上，加强国际网络空间对话合作，推动互联网全球治理体系变革。我国在 2015 年的第二届世界互联网大会上明确提出，网络空间是人类共同的活动空间，网络空间前途命运应由世界各国共同掌握。各国应该加强沟通、扩大共识、深化合作，共同构建网络空间命运共同体。国际网络空间治理，应该坚持多边参与、多方参与，发挥政府、国际组织、互联网企业、技术社群、民间机构、公民个人等各个主体的作用。网络信息技术日新月异，全面融入社会生产生活，世界主要国家将互联网作为经济发展、技术创新的重点和谋求竞争新优势的战略方向。作为互联网关键地址资源重要的利益相关方，中国互联网社群应当实质性地加入推进全球网络空间治理新秩序建设和完善的进程之中，全面提升自己的技术能力以及制定和应用规则的能力，发出中国声音、贡献中国智慧，使全球互联网治理体系更加公正合理，更加平衡地反映大多数国家意愿和利益。

2. 支持联合国发挥主导作用，推动网络空间国际合作

支持联合国发挥主导作用，推动制定各方普遍接受的网络空间国际规则、网络空间国际反恐公约，健全打击网络犯罪司法协助机制，深化在政策法律、技术创新、标准规范、

应急响应、关键信息基础设施保护等领域的国际合作。想要更好地保障全球网络空间的安全，一个重要的方面是做好组织工作。加强防御和监管固然重要，但随着网络攻击风险越来越大，还远远不够。网络风险在不断演变，与之相反，由于当前的地缘政治环境和各方之间的高度不信任，不同的国家各行其是，仅根据自身利益来应对问题，还将进一步加剧网络攻击的不确定性。联合国作为重要渠道，应充分发挥统筹作用，协调各方立场，凝聚国际共识。其他国际机制和平台也应发挥各自优势，提供有益补充。国际社会应共同管理和公平分配互联网基础资源，建立多边、民主、透明的全球互联网治理体系，实现互联网资源共享、责任共担、合作共治。

3. 加强对发展中国家和落后地区互联网技术普及和基础设施建设的支持

加强对发展中国家和落后地区互联网技术普及与基础设施建设的支持援助，努力弥合数字鸿沟。习近平总书记指出，要以"一带一路"建设等为契机，加强同沿线国家特别是发展中国家在网络基础设施建设、数字经济、网络安全等方面的合作，建设 21 世纪数字丝绸之路。与西方国家主导全球化所形成的"中心—边缘"格局不同，中国的"一带一路"所坚持的"共商、共建、共享"原则首先意味着与沿线国家通过相互合作，共同建立新的经济增长点。同时，"共商、共建、共享"并非仅局限于"一带一路"沿线国家，更为重要的是与包括发达国家在内的全球共商发展前景、共建发展道路、共享发展成果。当前中国互联网的发展已经进入高原期，越来越多的企业开始逐步地探索海外市场。随着发展中国家和落后地区经济的改善以及人口的增加，数字革命迫在眉睫。这也为中国带来新一轮的投资与发展的机会。

本章思考题

1. 网络安全包括哪些内容？
2. 维护网络安全对国家发展的重大意义是什么？
3. 如何维护网络安全？

即测即练

扩展阅读9.3
2021年国家网络安全宣传周开幕式在陕西西安举行

参考文献

[1] 方滨兴 . 定义网络空间安全 [J]. 网络与信息安全学报，2018，4(1): 1-5.

[2] 中华人民共和国国务院公报 . 关键信息基础设施安全保护条例 [R/OL]. (2021-09-10) [2022-04-28]. http://www.gov.cn/gongbao/content/2021/content_5636138.htm.

[3] 人民网 . 整体保障关键信息基础设施网络安全 [EB/OL]. (2018-04-24) [2022-04-28]. http://theory.people.com.cn/n1/2018/0423/c40531-29944021.html.

[4] 中国网信网 . 通过云计算服务安全评估的云平台 [R/OL]. (2022-04-22) [2022-04-28]. http://www.cac.gov.cn/aqpg/md/A093204index_1.htm.

[5] 沈昌祥，左晓栋 . 网络空间安全导论 [M]. 北京：电子工业出版社，2018.

[6] 中国信息通信研究院 . 中国数字经济发展白皮书 [R/OL]. (2021-04) [2022-04-28]. http://www.caict.ac.cn/kxyj/qwfb/bps/202104/t20210423_374626.htm.

[7] 中国互联网络信息中心（CNNIC）. 第 49 次《中国互联网络发展状况统计报告》[R/OL]. (2022-02-25) [2022-04-28]. http://www.cnnic.net.cn/hlwfzyj/hlwxzbg/hlwtjbg/202202/t20220225_71727.htm.

[8] 国家互联网应急中心（CNCERT）. 2020 年我国互联网网络安全态势综述 [R/OL]. (2021-05-26) [2022-04-28]. https://www.cert.org.cn/publish/main/46/2021/20210526121148344277777/202105261211483344277777_.html.

[9] 新华社 . 我国互联网遭受境外网络攻击 [EB/OL]. (2022-03-11) [2022-04-28]. http://m.news.cn/2022-03/11/c_1128460832.htm.

[10] 方滨兴，时金桥，王忠儒，等 . 人工智能赋能网络攻击的安全威胁及应对策略 [J]. 中国工程科学，2021，23(3)：60-66.

[11] 人民网 . 净化网络空间 保护信息安全 [EB/OL]. (2022-01-17) [2022-04-28]. http://society.people.com.cn/n1/2022/0117/c1008-32332490.html.

[12] 方滨兴 . 从"人、财、物"视角出发，提升网络空间的安全态势 [J]. 中国科学院院刊，2022，37(1)：53-59.

第十章
生 态 安 全

学习目标

◇ 理解生态环境和环境的基本概念。
◇ 了解我国目前存在的生态安全问题。
◇ 掌握维护生态安全的措施。
◇ 理解可持续发展的内涵。

党的十八大报告将生态文明建设纳入中国特色社会主义事业总体布局，正式拓展为经济建设、政治建设、文化建设、社会建设和生态文明建设"五位一体"。习近平总书记"绿水青山就是金山银山"的重要论述，生动诠释了建设生态文明的核心理念，从根本上更新了我们对自然资源的传统认识，打破了把发展与保护对立起来的固性思维，指明了发展和保护内在统一、相互促进和协调共生的方法论，这也是十八届五中全会提出的绿色发展的根本要求。

生态文明建设必须注重生态安全，明确生态安全是中华民族永续发展的千年大计。谈起生态安全问题，很多人会不以为然——怎么生态也会有安全之说，生态问题会影响国家安全吗？随着科学技术的发展，人类活动严重影响着生态环境，环境污染、气候变暖、资源匮乏、物种灭绝、土地沙化、水土流失、沙尘暴……全球生态问题日益突出，不仅对国家的经济、社会生活形成了挑战，而且对国家的安全稳定构成了严重的威胁。正是在此背景下，国家生态安全的概念渐渐浮现出来。

第一节　环境与生态安全

生态安全是全球的公共产品，维护生态安全是各国面临的非常复杂而综合的理论和现实问题，一个国家的生态环境状况直接影响国家安全的其他各个方面。生态安全与国土安全、经济安全以及人群健康质量等紧密相关。目前，环境问题仍是影响生态安全的主要因素。

一、环境及其分类

1. 环境的概念

环境是指以人类为主体的外部世界，即人类赖以生存和发展的物质条件的整体，包括自然环境和社会环境。《中华人民共和国环境保护法》规定：本法所称的环境，是指影响人类生存和发展的各种天然的和经过人工改造的自然因素的总体。

2.生态环境

生态环境是生物有机体的生态条件的总体，由许多生态因子综合而成，包括生物性因子（如植物、微生物、动物等）和非生物性因子（如水、大气、土壤等），在综合条件下表现出各自的作用。

3.生态承载力及其特点

生态承载力是指在某一特定环境条件下（主要指生存空间、营养物质等生态因子的组合）某种个体存在数量的最高极限。生态承载力的提出对于承载力理论的研究是一个很大的进步，和单因素承载力相比，生态承载力更多地关注生态系统的整合性、持续性和协调性，生态承载力的提出为实现由单纯支撑人类的社会进步变成促进整个生态系统和谐发展的进步奠定了基础。

生态承载力具有以下几个方面的特点。

（1）客观性。生态承载力的客观承载性是生态系统最重要的固有功能之一，这种固有功能一方面是为生态系统抵抗外力的干扰破坏提供了基础，另一方面是为生态系统向更深层次的发育奠定了基础。

（2）可变性。生态系统的稳定性是相对意义的稳定，而不是固定不变的，因此应按照对自己有利的方式来提高系统的生态承载力。

（3）层次性。生态环境的稳定性不仅表现在小单元的生态系统水平上，而且表现在景观、区域、地区以及生物圈各个层次的生态系统水平上，在不同层次水平上，生态承载力各不同。

二、生态安全的概念和内涵

1.生态安全的概念

生态安全是指生态系统的完整性和健康的整体水平，尤其是指生存与发展的不良风险最小以及不受威胁的状态。

从狭义上来说，生态安全概念是指自然和半自然生态系统的安全，即生态系统完整性和健康的整体水平反映。健康系统是稳定的和可持续的，在时间上能够维持其组织结构和自治，以及保持对胁迫的恢复力。

从广义上来说，生态安全概念一是环境、生态保护上的含义。主要指环境质量状况低劣和自然资源的减少和退化削弱了经济可持续发展的环境支撑能力；二是外交、军事上的范畴。即防止由于环境破坏和自然资源短缺引起的经济衰退，影响人们的生活条件，特别是环境难民的大量产生，从而导致国家的动荡。

2.生态安全的内涵

生态安全具有整体性、不可逆性、长期性等特点，其内涵十分丰富。

（1）生态安全是人类生存环境或人类生态条件的一种状态。生态安全是人与环境关系过程中，生态系统满足人类生存与发展的必备条件。

（2）生态安全是一种相对的安全。生态安全可以通过反映生态因子及其综合体系质量的评价指标进行定量的评价。

（3）生态安全是一个动态概念。一个要素、区域和国家的生态安全不是一劳永逸的，它可以随环境变化而变化，反馈给人类生活、生存和发展条件，导致安全程度的变化，甚至由安全变为不安全。

（4）生态安全强调以人为本。其标准是以人类所要求的生态因子的质量来衡量的。

（5）生态安全具有一定的空间地域性质。生态安全的威胁往往具有区域性、局部性的特点。

（6）生态安全可以调控。不安全的状态、区域可以通过整治、采取措施等加以减轻，将不安全因素变为安全因素。

扩展阅读10.1
共同的家园

第二节　我国生态安全面临的问题

人类在追求生存和发展的过程中，由人类活动引起的环境污染与破坏乃至整个环境面临生态退化和资源、能源面临枯竭的趋势，最终导致全球性的三大危机：资源短缺、环境污染、生态破坏。

我国的生态安全的现状如何呢？资料显示当前我国的生态安全形势十分严重：土地退化、生态失调、植被破坏、生态多样性锐减等日益严重，生态安全已经向我们敲起了警钟！国家相关权威部门公布的资料表明，我国目前的自然生态环境正面临着不容忽视的危机，我国的生态安全危机集中表现在以下四个方面。

一、国土资源安全

国土资源是一个国家及其居民赖以生存的物质基础，是由自然资源和社会经济资源组成的物质实体。狭义的国土资源只包括土地、江河湖海、矿藏、生物、气候等自然资源，广义的国土资源还包括人口资源和社会经济资源。

1. 耕地退化

整体而言，我国农村土地利用资源供需形势严峻，一方面，在人口增长和经济快速发展的双重压力下，土地资源短缺问题日益突出；另一方面，土地资源利用效率低下，管理水平低，浪费严重，加剧了供需形势的严峻性，我国现有耕地总体质量偏低，存在土壤养分失衡、肥效下降、环境恶化等突出问题。由于水土流失、贫瘠化、次生盐渍化、潜育化和土壤酸化等原因，已造成40%以上耕地土壤退化，全国有30%左右的耕地水土流失严重。另外，还要占用大量的土地资源来贮存垃圾，一些难降解、有毒有害的化学品污染将在一个较长的时间内引发环境危害。我国耕地土壤点位污染物超标率为19.4%，食品安全受到严重威胁。

2. 水土流失严重

我国是世界上水土流失最严重的国家，水土流失遍布各地，几乎所有的省、自治区、直辖市都不同程度地存在水土流失现象，不仅发生在山区、丘陵区、风沙区，而且平原地区和沿海地区也存在，特别是河网沟渠边坡流失和海岸侵蚀比较普遍；据水利部公布的2019年全国水土流失动态监测结果：全国水土流失面积271.08万平方千米，水力侵蚀面积为113.47万平方千米，占水土流失总面积的41.86%，风力侵蚀面积为157.61万平方千米，占水土流失总面积的58.14%。在各流域中，黄河流域水土流失面积占流域土地面积比例最大，为33.25%，中度及以上水土流失占比最高，为37.39%。与2018年相比，黄河流域中度及以上水土流失面积达7.37%。长江流域水土流失面积居各流域之首，达34.15万平方千米。

3. 森林资源总量不足

我国依然是一个缺林少绿的国家，森林资源总量相对不足、质量不高、分布不均的状况仍然存在，森林资源地域分布极不均匀，中国大部分的森林资源分布在东北、内蒙古、西南一带，占全国森林资源的50%以上。第九次全国森林资源清查结果表明，我国森林覆盖率低于全球30.7%的平均水平，特别是人均森林面积不足世界人均的1/3，人均森林蓄积量仅为世界人均的1/6。森林生态系统功能脆弱的状况尚未得到根本改变，生态产品短缺依然是制约中国可持续发展的突出问题。

4. 天然草原退化、荒漠化加剧

我国是一个草原大国，草原总面积为392.8万平方千米，由于气候变化（如温度上升、极端降水和干旱事件发生频率增加等）、超载过牧、草原管理水平的相对落后，我国90%左右的天然草原处于不同程度的退化状态，生态功能与生产功能降低，而草原的大面积退化又引发了一系列生态环境和民生问题，导致全国荒漠化土地总面积不断增大。

5. 湿地生态系统劣化

湿地是指不论其为天然或人工、长久或暂时性的沼泽地、湿原、泥炭地或水域地带；水域不论其为静止或流动，淡水或半咸水或咸水者，包括低潮时不超过6m的浅海区域。湿地是水陆相互作用形成的特殊自然综合体，是地球上最富生物多样性的生态系统和人类最重要的生存环境之一。

我国是世界上湿地类型齐全、数量丰富的国家之一。但改革开放开始以后，由于不合理利用和破坏，湿地丧失和退化的速度没有得到有效遏制，导致湿地的面积急剧缩减，各种湿地资源遭受了严重威胁。

二、水资源安全

水资源安全就是指水资源的可持续利用，或者是水资源的供需动态平衡。我国水资源占世界水资源总量的8%，人均水资源占有量为2 200立方米，而世界人口水资源平均占有率约为9 000立方米，仅为世界平均水平的1/4，是世界上13个贫水国家之一。

1. 水资源浪费严重，开发不合理

这主要是低效率使用造成的，部分城市、地区的水资源开发不合理，过度开发问题依然严重，导致上下游、左右岸的水资源分布不合理，影响周边居民的正常生活。水力资源开发不合理，减少了湿地、天然湖泊面积。在农业生产方面，由于农业灌溉不合理、水利设施不完善，工程性缺水造成了土壤次生盐碱化问题。

2. 水资源分配不均

我国地域辽阔，气候条件多样，雨水空间分布不均匀，东南部水资源充沛，年均降水量普遍达 1 000 毫米以上；而西北地区降水量较少，年均降水量不足 400 毫米，资源性缺水问题十分严重。

3. 污染问题严重

随着社会经济快速发展，工业、农业污水排放量逐年增加，带来的是水资源严重污染问题。我国四大海域中，黄海和南海水质总体上较好，渤海和东海污染有加重趋势。赤潮在海域中频繁发生，东海仍为我国赤潮的重灾区。赤潮主要对沿岸鱼类和藻类养殖造成影响，因赤潮造成的直接经济损失惨重。

三、大气环境安全

大气环境安全是指大气质量维持在受纳体可接受的水平或不对受纳体造成威胁和伤害的水平。

大气污染可以是人类活动的结果，也可以是自然活动的结果，或是这两类活动共同作用的结果。比如火山喷发，往大气中排放大量的粉尘和二氧化硫等有害气体，同样也造成大气环境的污染。但通常情况下，大气污染更多的是由人类活动特别是社会经济活动引起的。在现实中，由于人们过于依赖煤炭等资源，导致其在使用过程中，排放了大量的二氧化碳、二氧化硫、烟粉尘等污染物，对大气环境造成了严重的污染。

1. 工农业发展受危害

目前我国向大气中排放的各种废气远远超过大气的承载能力，且有加重趋势。大气污染物对工业的危害主要有两种：一是大气中的酸性污染物和二氧化硫、二氧化氮等，对工业材料、设备和建筑设施的腐蚀；二是飘尘增多为精密仪器、设备的生产、安装调试和使用带来的不利影响。大气污染对工业生产的危害，从经济角度来看就是增加了生产的费用，提高了成本，缩短了产品的使用寿命。

大气污染对农业生产也造成很大危害。酸雨可以直接影响植物的正常生长，又可以通过渗入土壤来进入水体，引起土壤和水体酸化、有毒成分溶出，从而对动植物和水生生物产生毒害。严重的酸雨会使森林衰亡和鱼类绝迹。

2. 对气候的危害

大气污染物质还会影响天气和气候。颗粒物使大气能见度降低，减少到达地面的太阳光辐射量。尤其是在大工业城市中，在烟雾不散的情况下，日光比正常情况减少 40%。高

层大气中的氮氧化物、碳氢化合物和氟氯烃类等污染物使臭氧大量分解，引发的"臭氧洞"问题，成了全球关注的焦点。温室效应、酸雨和臭氧层破坏就是由大气污染衍生出的环境效应。这种由污染衍生的环境问题具有滞后性，往往在污染发生的当时不易被察觉或预料，然而一旦发生就表示环境污染已经发展至相当严重的地步。

四、生物安全

生物安全一般是指由现代生物技术开发和应用对生态环境和人体健康造成的潜在威胁，以及对其所采取的一系列有效预防和控制措施。

生物安全的内容主要包括危险性病原物与人类健康、外来有害生物与生物多样性、转基因生物安全、实验室生物安全、生物防恐等。

随着全球化进程的加快和生物技术的进步，生物安全已成为一个涉及政治、军事、经济、科技、文化和社会等诸多领域的世界性安全与发展的基本问题。许多国家高度重视生物安全，把生物安全纳入国家战略，作为国家安全和国防建设的战略制高点。2020 年 10 月 17 日，党的十三届全国人大常委会第二十二次会议表决通过了《中华人民共和国生物安全法》。这部法律自 2021 年 4 月 15 日起施行。

1. 物种多样性受严重威胁

物种安全是指生物及其与环境形成的生态复合体、相关生态过程达到一种平衡的状态，保证物种多样性、遗传多样性和生态系统多样性。

我国是世界生物物种最丰富的国家之一，但外来物种不断侵入我国。我国 34 个省市均发现了外来入侵物种，几乎涉及所有的生态系统，物种类型包括脊椎动物和无脊椎动物，从高等植物到低等植物。比如草本植物大米草、豚草、紫茎泽兰、空心莲子草、凤眼莲等；动物类麝鼠、非洲大牛蛙、食蚊鱼；外来病害口蹄疫、疯牛病、禽流感等。生物入侵在我国不断加剧，并构成潜在威胁，导致我国生物多样性丧失，生态灾害频发，甚至直接危害人体健康。

扩展阅读10.2
守护"蓝色家园"

2. 生态功能退化和丧失

生态系统的多样性是生物多样性的外在形式，生物生态系统多样性是维持物种多样性和遗传多样性的保障，保护生物的多样性，最有效的形式是保护生态系统的多样性。

目前，我国的生态环境恶化呈现出一些新的发展特点，一是积点连片，由原来的局部、小范围的生态破坏恶化逐步演变成区域性、大范围的生态恶化，沿江沿河的重要湖泊、湿地日趋萎缩，江河断流、湖泊干涸、地下水位下降严重，林草植被退化，生态功能下降，洪涝灾害、沙尘暴加剧；二是从量变到质变，由原来以单要素为主的生态破坏，逐步发展成整个区域或流域生态的结构性破坏、功能退化，甚至是完全丧失。

生态功能的退化和丧失，导致全国野生动植物物种丰富区的面积不断减少，珍稀野生动植物栖息地环境恶化、种群数量减少，种质资源及野生亲缘种丧失，珍贵药用野生植物数量锐减，珊瑚礁、红树林破坏严重，近海天然渔业资源衰退。

第三节 生态安全的重要性及维护生态安全的措施

生态安全本身就是一项重大的系统性工程，必须在国家层面注重顶层设计。要针对关键问题，整合现有各类重大工程，构建生态保护、经济发展和民生改善的协调联动机制，发挥人力、物力、资金使用的最大效率，实现生态安全效益的最大化。

加强生态安全教育和研究有诸多价值和现实意义：能够促进生态系统的可持续发展，对可持续发展概念起补充和完善作用，其本质是要求自然资源在人口、社会经济和生态环境三个约束条件下稳定、协调、有序和永续利用，有利于树立人们的生态安全意识，生态安全关系国家安全及人民的生命与健康，对于促进经济社会可持续发展、加快生态文明建设具有重要意义和深远影响。

一、生态安全的重要性

1. 协调经济社会发展的客观要求

尽管我国生态环境保护与建设力度逐年加大，但总体而言，资源环境与生态恶化趋势尚未得到逆转，生态问题已严重制约经济社会的可持续发展。将生态安全纳入国家安全体系，体现了党中央对环境保护工作的高度重视，有利于促进资源与能源的高效利用，加大我国生态关键地区的保护力度，改善生态系统功能和环境质量状况，缓解经济社会开发建设活动对自然生态系统造成的压力和不利影响，促进人口资源环境相协调、经济效益和生态效益相统一。

2. 深化国家生态安全管理的重要举措

目前，我国政府采取按生态和资源要素分工的部门管理模式，生态安全管理职能分散在各个部门，在国家层面缺乏统一决策、统一监督管理的体制和机制，造成国家公共利益和部门行业利益的冲突，不利于国家对生态安全的宏观调控。

2013年9月7日，习近平总书记在哈萨克斯坦纳扎尔巴耶夫大学回答学生问题时指出："建设生态文明是关系人民福祉、关系民族未来的大计。中国要实现工业化、城镇化、信息化、农业现代化，必须要走出一条新的发展道路。中国明确把生态环境保护摆在更加突出的位置。"

生态环境现状不仅为生态环境带来了巨大的破坏力，而且制约了经济和社会的协调发展，减缓了社会主义进程。首先，生态环境的巨大破坏为我们造成了巨大的经济损失。就拿中国每年所发生的洪涝灾害来说，一场灾难过后，不计其数的美好家园遭破坏，无数的良田被洪水淹没，再加上因道路毁坏所造成的交通中断等，仔细估算一下，我们在经济上蒙受了巨大的损失。其次，废水、废气、废渣等废弃物的任意排放，导致大气、河流、土地遭到污染，生态环境遭到严重破坏，同时也严重地损害了广大人民群众的身心健康。最后，由于植被遭严重破坏致使水土流失严重，土地沙漠化越来越严重，这样迫使许多农民远走他乡，而大部分农民又没有固定的栖身之地，这无疑加重了社会的不安定因素。

3. 国土安全的重要屏障

党的二十大报告中明确指出：我们坚持绿水青山就是金山银山的理念，坚持山水林田湖草沙一体化保护和系统治理，全方位、全地域、全过程加强生态环境保护，生态文明制度体系更加健全，污染防治攻坚向纵深推进，绿色、循环、低碳发展迈出坚实步伐，生态环境保护发生历史性、转折性、全局性变化，我们的祖国天更蓝、山更绿、水更清。

4. 资源安全的重要基础

2013年5月24日，习近平总书记在中共中央政治局第六次集体学习时指出："要清醒认识保护生态环境、治理环境污染的紧迫性和艰巨性，清醒认识加强生态文明建设的重要性和必要性，以对人民群众、对子孙后代高度负责的态度和责任，真正下决心把环境污染治理好、把生态环境建设好，努力走向社会主义生态文明新时代，为人民创造良好生产生活环境。"为了改善经济发展带来的生态安全问题，国务院及国家职能部门协调统筹山水林田湖草系统治理，制定了系列技术措施，形成了绿色发展方式，这些措施主要有：

（1）为发挥森林作为"大自然总调度室"的作用，同时提高我国森林资源的蓄积量，满足国民经济各部门对森林资源的需求，2001年2月15日，国家林业局提出了六大林业重点建设工程；

（2）针对我国长期积累形成的日益突出的区域性复合型大气污染问题，国务院总理李克强于2013年6月14日主持召开国务院常务会议，部署了大气污染防治十条措施；

（3）为切实加大水污染防治力度，保障国家水安全，2015年4月2日，国务院出台了《水污染防治行动计划》，提出十条防治措施。

5. 实现民族永续发展的必然选择

生态安全是人类生存与发展的基本安全需求，维护生态安全是生态文明建设的重要内容。世界范围内生态环境变化引起的各种极端事件表明，生态灾难足以影响民族和国家的长治久安。将生态安全纳入国家安全体系，有利于让广大干部群众深刻认识自然生态环境对实现民族永续发展的基础支撑作用，有利于进一步突出生态安全保障的重要地位。

二、维护生态安全措施

习近平总书记强调，坚持节约优先、保护优先、自然恢复为主的方针，着力树立生态观念、完善生态制度、维护生态安全、优化生态环境。为此，我们要加快体制机制建设，以对人民高度负责的态度全力维护生态安全。

扩展阅读10.3
2022年国际生物多样性日宣传片

1. 加强国家生态安全法治建设

法治建设是社会进步的重要标志，也是国家实现生态安全的必要保障。目前，我国生态方面的立法缺乏系统性和完整性，多头执法、选择性执法现象仍然存在。要加强国家生态安全的法治保障作用，一是要加强立法工作。在现有各类法律法规基础上，立足国家生态安全需求，健全具有中国特色的国家生态安全法律支撑体系。二是要加强执法工作。对于事关国家生态安全的重大事件，要开展多部门联合执法，做到不越雷池一步。三是要完善民主监督制度，由中央统战部与国家发展改革委、生态环境部共同牵头，各民主党派中央、无党派人士将开展生态环境保护民主监督工作。深入学习贯彻习近平生态文明思想，准确把握民主监督性质定位，明确着力重点，积极提出建设性意见和建议，帮助相关省份党委和政府改进工作，展示多党合作制度的优势和作用。各有关方面要加强统筹协调，用好监督成果，确保取得实效。

2. 加快国家生态安全体制机制建设

中共中央、国务院出台了《生态文明体制改革总体方案》，为增强生态文明体制改革的系统性、整体性和协同性提供了重要遵循。为确保国家生态安全战略顺利实施，必须加强体制机制建设，整合相关的组织机构，明确各部门职责。国家层面要建立有效的监督考核与问责机制，确保国家生态安全战略实施的效果。各级党委和政府应对本辖区的生态安全状况负责，将国家生态安全工作纳入国民经济和社会发展规划。

3. 建立国家生态安全评估预警体系

保障国家生态安全离不开技术支撑。要充分挖掘和运用大数据，综合采用空间分析、信息集成、"互联网＋"等技术，构建国家生态安全综合数据库，通过对生态安全现状及动态的分析评估，预测未来国家生态安全情势及时空分布信息。在此基础上建立国家生态安全评估预警体系，建立警情评估、发布与应对平台，充分保障我国生态安全。

4. 设立国家生态安全保障重大工程

近年来，我国开展了一批重大生态保护与建设工程，取得了较为显著的成效。然而，部分工程建设在顶层设计上缺乏系统性和整体性，以"末端治理"为主，存在"头痛医头、脚痛医脚"的应急性特征。国家生态安全本身就是一项重大的系统性工程，必须在国家层面注重顶层设计。要针对关键问题，整合现有各类重大工程，构建生态保护、经济发展和民生改善的协调联动机制。

5. 加强国门生物安全

国门生物安全涉及农林业生产安全、人身安全、生态安全、经济安全（包括国际贸易）以及社会安全等，是国家安全的重要组成部分。在实际工作中，国门生物安全工作主要是通过进境动植物检疫、国门生物安全宣传教育等措施，防止外来管制性生物进入本国（或地区）而产生危害。

6. 加强生态安全国际合作

国家生态安全问题不仅影响国家政权稳定，而且影响国家之间尤其是与周边邻国之间的外交关系。因此，要加强环境保护在国家生态安全中的作用，突出国家生态安全的区域性和全球性，准确把握国家生态安全与周边区域环境保护国际合作的关系，不断加强周边区域环境保护国际合作。

（1）构造区域环境保护合作的大周边战略。加强组织领导，推动国家生态安全与其他国家安全形成合力。

（2）积极参与国际规则制定。积极参与国际环境制度构建和国际环境公约谈判，继续坚持共同但有区别的责任原则，承担与发展水平相适应的国际义务，树立保护区域与全球环境的国际形象。我国在加强国内生态安全的相关政策制定更加全面的基础上，积极参与国际环保公约的签署。这一系列国际公约，包括《保护臭氧层国际环保公约》《控制危险废物越境公约》《濒危野生动植物物种国际贸易公约》《生物多样性公约》《生物安全议定书》《卡特赫纳生物安全议定书》《联合国气候变化框架公约》。

（3）加强重大跨国环境问题研究，提升解决跨国环境纠纷的能力。目前，我国在跨国环境问题的研究上还比较薄弱，对重大环境问题衍生的发展趋势预测、环境问题与人体健康的关系、环境问题影响国际关系、国际理赔等国家环境安全科学研究的投入还比较缺乏。

本章思考题

1. 简述什么是生态安全。维护生态安全具有什么意义？
2. 我国生态安全面临的主要问题有哪些？
3. 什么是赤潮？怎么解决进行治理和保护？
4. 简述保护生态环境的重要性。

扩展阅读10.4
生态环保督察，守护绿水青山

即测即练

参考文献

[1] 戴魁早，骆莙函.环境规制、政府科技支持与工业绿色全要素生产率[J].统计研究：1-15.

[2] 张卉.基于生态安全的渤海流域环境生态安全时空差异分析[J].能源与环保，2022，44(4)：66-71.

[3] 徐晶晶.高标准推进岸线生态修复和保护高质量打造"蓝色海湾"[N].滨城时报，2022-04-20(1).

[4] 张孝德．习近平全球生态文明思想的内涵解读 [J]．特区实践与理论，2022(2)：5-13.

[5] 蒋曼，王建明．论习近平生态文明思想对恩格斯生态自然观的传承与发展 [J]．佳木斯大学社会科学学报，2022，40(2)：1-3+6.

[6] 刘丽君，章广德，严铭昊．农村环境保护问题与发展对策研究 [J]．环境科学与管理，2022，47(4)：64-67.

[7] 张力隽，白云龙，田林，等．沿黄城市群生态保护与高质量发展协同度研究 [J]．人民黄河，2022，44(4)：15-19.

[8] 王云英，裴薇薇，郭小伟，等．青藏高原高寒湿地生态系统碳水通量与水分利用效率研究 [J]．草地学报，2022，30(5)：1037-1042.

[9] 周毅，张雪．网络信息内容生态安全风险整体智治的理论框架与实现策略研究 [J]．图书情报工作，2022，66(5)：9.

[10] 刘丽君．浅谈环境工程中的大气污染防治理措施 [J]．清洗世界，2022，38(3)：62-64.

[11] 刁生虎．习近平生态文明思想对中华传统生态智慧的传承与发展 [J]．江苏社会科学，2022，2：1-14.

[12] 王莉．土地沙漠化原因及林业防沙治沙措施 [J]．新农业，2022(6)：20.

[13] 陆昊．环境监测在大气污染治理中的影响及应对对策 [J]．资源节约与环保，2022(3)：49-52.

[14] 郇庆治．习近平生态文明思想的理论与实践意义 [J]．马克思主义理论学科研究，2022，8(3)：15-25.

[15] 王雨辰．论习近平生态文明思想对人类生态文明思想的革命 [J]．马克思主义理论学科研究，2022，8(3)：26-35.

[16] 韩秋红．习近平生态文明思想的中国智慧与人类贡献 [J]．马克思主义理论学科研究，2022，8(3)：36-45.

[17] 曾祥明，蒋若凡．习近平生态文明思想的生成机制、时代内涵与价值启示 [J]．中共桂林市委党校学报，2022，22(1)：6-10.

[18] 钟樱支．习近平生态文明思想对外传播的现实路径 [J]．乌鲁木齐职业大学学报，2022，31(1)：20-23+28.

[19] 马秀梅，杨怡然．保护野生动物维护生态安全 [J]．内蒙古林业，2022(3)：49.

[20] 岳邦瑞，朱宗斌，潘卫涛．生态安全概念框架在景观规划中的应用综述 [J]．园林，2022，39(3)：87-95.

[21] 赵细康，何满雄．习近平生态文明思想的逻辑体系 [J]．广东社会科学，2022(2)：5-14+286.

[22] 唐颖栋，郭忠．绿水青山就是金山银山流域统筹系统治理——茅洲河流域水环境综合整治工程的四步逐级推进治理 [J]．施工企业管理，2022(3)：110-114.

[23] 张夺．习近平生态文明思想的生成逻辑、科学内涵与原创性贡献 [J]．邓小平研究，2022(2)：82-93.

[24] 崔治忠．习近平生态文明思想的价值意蕴 [J]．中共成都市委党校学报，2022(1)：24-35+109.

[25] 郭彩霞，范菊萍，张虎，等．西北干旱半干旱地区荒漠化监测技术与治理措施 [J]．现代农业科技，2022(2)：169-170.

[26] 靖鲲鹏，宋之杰．健康度视角下区域技术创新生态系统的进化与提升路径——京津冀与长三角的实证研究 [J]．企业经济，2022，41(1)：143-152.

[27] 陶釜峰.水源区生态环境保护与污染控制分析 [J].当代化工研究，2022(1)：60-62.

[28] 赵中乐.新时代我国生态文明建设研究 [D].河南农业大学，2021.

[29] 刘光斌，朱星慧.习近平绿色发展理念的三重意蕴及其时代价值 [J].中南林业科技大学学报（社会科学版），2021，15(5)：1-6.

[30] 杨春蕾.大气污染治理形势及其存在问题和措施探究 [J].皮革制作与环保科技，2021，2(20)：112-113.

[31] 谭荧，杨美勤.论习近平生态安全观的深刻内涵 [J].社会主义研究，2021(5)：89-95.

[32] 闫宁宁.生态文明视域下的美丽中国建设研究 [D].中共黑龙江省委党校，2021.

[33] 潘庆民，孙佳美，杨元合，等.我国草原恢复与保护的问题与对策 [J].中国科学院院刊，2021，36(6)：666-674.

[34] 黄珊.海运船舶活动与我国主要港口入侵生物的关系研究 [D].北京林业大学，2021.

[35] 杨文茹.黄河中游地区环境污染空间关联及仿真研究 [D].北京林业大学，2021.

[36] 左雯雯.中国传统生态思想及其当代价值研究 [D].湖南工业大学，2021.

[37] 郭义琴.财政分权、地方政府行为与环境污染问题研究 [D].安徽财经大学，2021.

[38] 胡炅坊.习近平新时代中国特色社会主义经济思想研究 [D].吉林大学，2021.

[39] 温秀芬.中学生物学渗透生物安全教育的路径与策略研究 [D].江西师范大学，2021.

[40] 陈莹莹.新时代生态文明制度体系建设研究 [D].新疆师范大学，2021.

[41] 王震.基于生态安全的清涧城市绿地布局研究 [D].西安建筑科技大学，2021.

[42] 陈佳俊.河流差异化河段水污染治理技术评价体系构建研究 [D].湖北工业大学，2021.

[43] 莫容清.浅谈大气污染危害因素及其防治措施 [J].资源节约与环保，2021(1)：25-26.

[44] 刘玉明.我国水资源现状及高效节水型农业发展对策 [J].农业科技与信息，2020(16)：80-81+83.

[45] 刘江龙.中国绿色经济发展的影响因素及其效率评价研究 [D].湖南大学，2020.

[46] 蔡芳.总体国家安全观视域下我国生态建设研究 [D].东北师范大学，2020.

[47] 彭蕾.习近平生态文明思想理论与实践研究 [D].西安理工大学，2020.

[48] 赵慧.浅谈生态文明建设与国土资源管理 [J].中国市场，2019(16)：109+111.

[49] 余良晖.（矿产）资源开发区生态承载力与产业一致性发展布局分析 [J].矿产保护与利用，2019，39(2)：154-158.

[50] 黄蕾蕾.习近平"美丽中国"建设理念研究 [D].华南理工大学，2019.

[51] 史艳芳.林业在可持续发展和生态建设中的地位与作用 [J].农民致富之友，2018(21)：185.

[52] 万祥春.中国特色海洋安全观研究 [D].上海师范大学，2018.

[53] 张青磊.我国公民安全研究 [D].上海师范大学，2018.

[54] 张昱晨.土地沙漠化问题及其生态防治 [J].环境与发展，2018，30(4)：46-48.

[55] 何亚芬，谢花林.中国林地绿色利用效率时空差异分析 [J].生态学报，2018，38(15)：5452-5460.

[56] 胡楠.习近平绿色发展思想研究 [D].东北大学，2018.

[57] 张海博.浅谈关于建造"人工湿地"的作用和影响 [J].黑龙江科技信息，2017(18)：330.

[58] 王玉明.生态城市群建设的目标取向与行动路径 [J].湖北经济学院学报，2017，15(3)：80-89.

[59] 陈鹏举.珠穆朗玛峰国家级自然保护区雪豹生存现状及保护对策研究 [D].北京林业大学，2017.

[60] 王寿先.经济林用材树种的材性和培育 [J].南方农业，2017，11(4)：77-78+81.

[61] 王国灿，张瑞.从战略高度深化认识生态文明建设 [J].浙江经济，2017(3)：62.

[62] 姚勇.关于大气污染问题的环境检测及对策研究 [J].工程建设与设计，2016(14)：89-90.

[63] 吴柏海，余琦殷，林浩然.生态安全的基本概念和理论体系 [J].林业经济，2016，38(7)：19-26.

[64] 岳文飞.生态文明背景下中国环保产业发展机制研究 [D].吉林大学，2016.

[65] 曾穗平.基于"源—流—汇"理论的城市风环境优化与 CFD 分析方法 [D].天津大学，2016.

[66] 余勇.转基因技术对生物进化论的挑战 [D].南京农业大学，2016.

[67] 陆艳湘.资源环境与城乡规划管理专业发展定位思考 [J].中国高新技术企业，2016(10)：191-192.

[68] 王帆宇.新时期中国社会转型进程中的生态文明建设研究 [D].苏州大学，2016.

[69] 高秀清.我国水资源现状及高效节水型农业发展对策 [J].南方农业，2016，10(6)：233+236.

[70] 曾金龙.火灾探测技术的研究现状及发展趋势 [J].安徽电子信息职业技术学院学报，2015，14(6)：102-104.

[71] 孙慧洁.我国生态文明建设的特殊困境及其出路 [J].考试周刊，2015(69)：192-193.

[72] 牟晓杰，刘兴土，阎百兴，等.中国滨海湿地分类系统 [J].湿地科学，2015，13(1)：19-26.

[73] 马莉，胡心亭.黄山风景区乡土植物资源的保护与利用 [J].安徽林业科技，2014，40(6)：65-67.

[74] 范小杉，张强，刘煜杰.生态红线管控绩效考核技术方案及制度保障研究 [J].中国环境管理，2014，6(4)：18-23.

[75] 王赛楠，焦芳钱.生态视角下中国户外运动的发展研究 [J].体育成人教育学刊，2014，30(3)：41-43+47.

[76] 郑晓燕.闽东地区生态安全格局动态变化及其空间发展模式特征研究 [D].福建农林大学，2014.

[77] 杨邦杰，高吉喜，邹长新.划定生态保护红线的战略意义 [J].中国发展，2014，14(1)：1-4.

[78] 王灿发，江钦辉.论生态红线的法律制度保障 [J].环境保护，2014，42(Z1)：30-33.

[79] 张昱虹.关于大气污染的若干问题分析 [J].科技视界，2014(3)：248+330.

[80] 杜爱萍.从厉行节约、反对浪费看资源文化心理 [J].山西煤炭管理干部学院学报，2013，26(4)：76-77.

[81] 赵百峰，段锦海，许东梅.生态环境的破坏对水文资料的影响 [J].科技创新导报，2012(31)：134.

[82] 龚琦.基于湖泊流域水污染控制的农业产业结构优化研究 [D].华中农业大学，2011.

[83] 张义.湿地文化浅论 [J].文教资料，2011(8)：82-83.

[84] 杨欣，蔡银莺.武汉市农田生态环境保育补偿标准测算 [J].中国水土保持科学，2011，9(1)：87-93.

[85] 韦翠珍，张佳宝，周凌云.沿黄河下游湖泊湿地植物群落演替及其多样性研究 [J].生态环境学报，2011，20(1)：30-36.

[86] 刘伟臣.我国生态安全法律保障制度研究 [D].郑州大学，2010.

[87] 许宁宁.中国濒危物种保护立法研究 [D].中国海洋大学，2010.

[88] 徐岩.国家生态安全的内涵及其影响因素的深层透析 [J].中国石油大学胜利学院学报，2009，23(4)：54-57.

[89] 赵晨光.公主岭经济开发区环境承载力研究 [D].东北师范大学，2009.

[90] 崔建蔚，王增长 . 对一种接触氧化法新型填料性能的研究 [J]. 科技情报开发与经济，2009，19(5)：148-150.

[91] 李永哲 . 生态旅游环境保护法律问题研究 [D]. 山西财经大学，2008.

[92] 张文丽 . 水电工程环境影响评估准则与量化分析方法研究 [D]. 河北农业大学，2007.

[93] 王德楷 . 重庆城市生态安全评价研究 [D]. 西南大学，2007.

[94] 李玉亮 . 扎实推进城区烟尘污染治理 [N]. 莱芜日报，2007-05-24(001).

[95] 刘东霞，张兵兵，卢欣石 . 草地生态承载力研究进展及展望 [J]. 中国草地学报，2007(1)：91-97.

[96] 李晓东 . 基于生态足迹模型的济南市生态城市初步研究 [D]. 华东师范大学，2006.

[97] 王韩民 . 国家生态安全评价体系及其战略研究 [D]. 西北工业大学，2006.

[98] 孙蕾 . 我国国家生态的评价指标体系研究 [J]. 统计教育，2005(2)：18-21.

[99] 聂磊 . 区域生态安全的 BP 神经网络评价方法及其应用研究——以巢湖流域为例 [D]. 合肥工业大学，2004.

[100] 徐卫进 . 区域生态保护的立法研究 [D]. 昆明理工大学，2004.

[101] 李星群，赵伟兵 . 我国生态旅游发展研究 [J]. 广西大学学报（哲学社会科学版），2001(S2)：46-49.

[102] 费本华，江泽慧 . 我国经济林用材树种的材性和培育 [J]. 世界林业研究，2000(3)：49-52.

第十一章

资 源 安 全

学习目标

◇ 理解资源安全的基本概念。
◇ 理解总体国家安全与资源安全的关系。
◇ 掌握当前中国资源安全面临的基本局势。
◇ 熟悉影响资源安全的影响因素应当策略。

国家资源安全是国家安全的重要组成部分，也是我国生态文明建设的重要方向、目标和要求。当前，我国资源安全的环境和形势错综复杂，国内环境形势喜忧参半，国际环境形势复杂多变。实施资源安全保障战略，提升我国资源安全水平，是推动国家总体安全的重要保障之一。

第一节 资源安全的主要内容

一、资源与资源安全的概念

资源的概念源于经济科学，是作为生产实践的物质基础提出来的。通俗地说，资源就是资财的来源，或者说，资源是创造人类社会财富的源泉。广义上讲，资源是指人类发展需要的，能被人类所利用的所有要素。狭义的资源是指自然资源。

国家资源安全概念下的资源是指能影响安全的所有资源，即除了自然资源外还包括社会资源。资源安全范围包括可再生资源安全和不可再生资源安全。其中可再生资源安全包含水资源保护和开发利用、土地资源保护和开发利用、生物资源保护和开发利用、海洋资源保护和开发利用、可再生能源保护和开发利用。不可再生资源安全包含矿产资源保护和开发利用、不可再生能源保护和开发利用。

1. 资源分类与概念

资源总体上可分为两类：可再生资源与不可再生资源。可再生资源包括水资源、土地资源、生物资源、海洋资源、可再生能源。

可再生资源是指能够通过自然力以某一增长率保持或增加蕴藏量的自然资源。对于可再生资源来说，主要是通过合理调控资源使用率，实现资源的持续利用。可再生资源的持续利用主要受自然增长规律的制约。来自自然界动植物的可再生资源（农作物、林木、海产品加工废弃物等，统称为生物质）是永不枯竭的资源。

水资源是指可利用或有可能被利用的水源,这个水源应具有足够的数量和合适的质量,并满足某一地方在一段时间内具体利用的需求。也指地球上具有一定数量和可用质量能从自然界获得补充并可资利用的水。土地资源指可供农、林、牧业或其他可利用的土地,是人类生存的基本依靠和劳动对象,具有质和量两个内容。在其利用过程中,可能需要采取不同类别和不同程度的改造措施。土地资源具有一定的时空性,即在不同地区和不同历史时期的技术经济条件下,所包含的内容可能不一致。生物资源是自然资源的有机组成部分,是指生物圈中对人类具有一定经济价值的动物、植物、微生物有机体以及由它们所组成的生物群落。生物资源包括基因、物种以及生态系统三个层次,对人类具有一定的现实和潜在价值,它们是地球上生物多样性的物质体现。海洋资源是指海洋中的生产资料和生活资料的天然来源。海洋资源包括海洋矿物资源、海水化学资源、海洋生物(水产)资源和海洋动力资源四项。海洋矿物资源主要包括石油、煤、铁、铝矾土、锰、铜、石英等。

再生能源包括太阳能、水能、风能、生物质能、波浪能、潮汐能、海洋温差能、地热能等。它们在自然界可以循环再生,是取之不尽、用之不竭的能源。

不可再生资源包括矿产资源、不可再生能源。不可再生资源即不可更新资源,指经人类开发利用后,在相当长的时期内不可能再生的自然资源。不可更新资源的形成、再生过程非常缓慢,相对于人类历史而言,几乎不可再生,如矿石资源、土壤资源、煤、石油等,也叫"非可再生资源"。矿产资源,又名矿物资源,是指经过地质成矿作用而形成的,呈固态、液态或气态的,并具有开发利用价值的矿物或有用元素的集合体。不可再生能源是指在自然界中经过亿万年形成,短期内无法恢复且随着大规模开发利用,储量越来越少且总有枯竭一天的能源,包括煤、原油、天然气、油页岩、核能等。

2. 资源安全概念与发展

关于资源安全并没有一个确定的、公认的概念,很多学者从不同的角度解释了资源安全。资源安全产生的原因是资源稀缺,资源供求平衡就达到了资源安全。资源安全的概念可解析划分为两层含义:保障供给与维持资源永续利用。资源安全是一种获得资源的能力或者状态,这种状态以五个标准来衡量——持续、稳定、及时、足量、经济。国家资源安全是国家安全的一部分,资源供给短期以及长期都可以保证国家利益不会受损害与威胁,保证国家不存在外来危险,与经济安全、政治安全等互相影响。

二、资源安全的类型划分

1. 资源过程分类

资源过程可分为资源系统安全自身及资源保障能力。立足于资源系统自身的资源安全,可称为资源系统安全,指资源特别是可再生资源的数量和质量性状的保持及改良。立足于资源保障能力的资源安全,亦即资源对社会经济发展的保障或支撑能力。这是通常人们所理解的资源安全。上述关于资源安全的定义，也正是基于这样的一种理解，也可以说是狭义的资源安全。

2. 安全主体分类

谈及安全，都要涉及安全的主体问题，资源安全也有主体问题，一方面可以区分为国家资源安全与区域资源安全。二者有着本质的差异，主要是利益主体不同、利益取向不同，但国家利益不是区域利益的简单加总。在资源安全方面，区域利益应该服从于国家利益。另一方面，从安全主体的角度来看，又可分为群体资源安全与个人资源安全。

3. 资源类别分类

按资源类别分类，可将资源安全区分为战略性资源安全和非战略性资源安全。也可分为水资源安全、能源资源安全（特别包括石油安全）、土地资源安全（特别包括耕地资源安全）、矿产资源安全（特别包括战略性矿产资源安全）、生物资源安全（特别包括基因资源安全）、海洋资源安全、环境资源安全等。

第二节　维护资源安全的重要意义

一、国家战略与国家安全

国家战略概念由西方"大战略"演化而来，早先主要应用于军事安全领域，后来随着科技、经济、思想等的变革，战略手段、战略形态、战略结构等均产生不同程度的变化之后，战略内涵及相关指向也相应调整。一般意义上，国家战略是一国综合运用本国所具备的各种资源、手段、力量等全部战略要素以实现国家利益及目标的方略集合，是作为战略主体的主权国家在其战略意愿、战略规划、战略实施等方面的最高层次体现。

国家安全是国家生存的保障，涉及众多领域，随着经济、社会和科技的发展。资源安全无异于国家这座大房子的房基，房子的高度和耐用度取决于房基的牢固度。所以，国家资源安全战略也成了国家安全战略之基础。国家资源安全战略是位于国家发展战略与国家安全战略结合部的战略。

二、生态环境保护与健康发展

《中华人民共和国国家安全法》第三十条规定：国家完善生态环境保护制度体系，加大生态建设和环境保护力度，划定生态保护红线，强化生态风险的预警和防控，妥善处置突发环境事件，保障人民赖以生存发展的大气、水、土壤等自然环境和条件不受威胁和破坏，促进人与自然的和谐发展。对人的生存来说，金山银山固然重要，但绿水青山是人民幸福生活的重要内容，是金钱不能代替的。

三、国民经济支撑与产业发展

资源安全是国民经济与产业发展的基础。经济增长是建立在自然资源的数量、质量及其丰富度基础上的，没有自然资源就没有经济的存在，更谈不上经济的发展。丰富的、优质的自然资源，能保障经济持续、快速、稳定增长，从而也就是整个社会经济发展有一个稳定的物质基础；反之，自然资源短缺，开发利用难度大，质量差，经济发展就会受到严重限制，整个社会经济系统也会受较大影响。

经济的发展格局包括经济体系中产业的构成及其相互关系，即产业结构以及生产力的时空布局。自然资源结构对产业结构的制约作用，在时间上，主要表现为对经济发展速度的影响；在空间上，则表现为对产业结构的形成与分布的制约作用。就一个地区内部而言，自然资源空间分布的差异对产业结构的影响主要表现在地区资源结构优势在空间分布上的集聚，有利于产业集聚区的形成。另外，自然资源的区域组合结构的差异，直接决定着各区域产业结构性质和特点的不同。

四、科技安全与社会民生稳定

资源是科学技术生产和形成的物质基础。人类社会发展史就是人类依靠和借助科学技术，不断开拓、发现、利用自然资源的历史。科学技术的进步和发展，使自然资源的概念具有显著的时间和空间特征。自工业革命以来，科学技术与自然资源开发利用的关系，已经进入相互密不可分的共同成长阶段。

资源安全对于保持社会民生稳定、缓解就业压力有着非常重要的作用。我国是一个人口众多、经济上部分地区欠发达的国家，现阶段，丰富的劳动力资源已形成很大的就业压力。维护资源安全，合理发展资源型产业对于保持社会民生稳定、缓解就业压力具有非常积极的意义。

五、资源安全的影响因素

（一）资源因素

资源因素是影响资源安全的最基本和最重要的因素。本国的资源储备是资源安全的最直接的影响因素，包括本国的资源储量和战略资源储备系统的建设，是本国从自身的资源产出端保障资源安全。一个国家的资源种类越丰富、资源储量越大对经济社会发展的保障能力越强，资源供应的安全性就越高。另外，在自身资源不足的情况下，建立资源储备系统和专项资源储备规划，能够有效保障本国较长时间的资源供应，提升抗击资源风险的能力，获得相对的资源安全性。

（二）政治因素

受资源需求种类的多样化和全球资源分布不均的影响，资源的进出口成为国际贸易的主要组成部分。政治因素作为影响资源安全的重要因素主要表现在以下两个方面。①资源进口国和出口国之间的政治关系。进出口国之间的政治关系恶化将严重危及资源的进口，形成资源供应的衰减和资源安全危机；②资源出口国（资源生产国）国内的政治环境。资源生产国国内的政治环境的稳定与否将严重影响资源出口国的资源产量和资源出口能力，这也将间接影响资源进口国的资源安全。

（三）经济因素

经济因素对资源安全具有间接影响能力，即经济实力是否能够支撑资源的进口。国家的进出口平衡是开展资源进口的基本依据，进口国的出口能力换回的外汇是资源进口的直接保障。因此，国家的出口能力在一定程度上影响资源的进口能力。同时，进口资源的价格波动，直接影响国家进出口平衡，对国家资源进口能力产生巨大影响。尤其是在石油危机等特殊的背景下，对国家资源安全产生巨大影响。

（四）运输因素

运输的安全程度与运输的距离、运输线的安全状况、运输方式以及运输国对资源运输线的保卫能力的强弱有关。一般来说，距离越远，影响资源安全的因素越多，资源的安全性越低；反之，距离越近，资源的安全性就越高。也就是说，资源的安全性与生产国和消费国之间的距离成反比关系。运输安全还与诸如有没有海盗的侵扰、通过的海峡多少和海峡受控制或封锁的可能性大小、海峡运输事故的多少等有关。美国能源部确定了世界上6个重要的制约石油运输的咽喉要塞，而这些石油运输的咽喉，很容易遭封锁。

（五）军事保障

军事因素对资源安全的作用是多方面的，对运输安全来说，拥有强大、反应迅速的海上军事力量，资源海上运输线就会受到很好的保护。对重要海峡的控制能力也是保障资源运输安全的重要方面。军事因素对资源安全的影响还表现在对主要资源生产地的军事干预能力上，一国对资源产地的军事干预能力越强，资源就越有保障。海湾战争就是美国和西方国家以强大的军事干预能力，避免石油供应受制于伊拉克，有效地保障了美国及其盟国石油的安全供应。

（六）开发与运输技术因素

资源开发技术显著影响资源储量的勘探和资产开采的能力，并且由于资源生产和资源消费分布的空间差异，大量资源需要长距离运输。因此，资源的开发与运输技术显著制约着资源的供应，尤其是矿产资源的不可再生性，大量的资源供应需要新的资源勘探与发掘，这显著加深了资源开发与运输技术对资源安全的影响程度。

1. 资源安全的生态胁迫

自 2003 年以来，中国资源行业经历了 10 年左右的黄金发展时期，但与此同时也造成了经济社会呈现"褐色或黑色式"的发展。党的十九大报告将人与自然和谐共生作为新时代坚持和发展中国特色社会主义的基本方略，把生态文明建设提升到"五位一体"的新高度，提出到 2035 年美丽中国的目标基本实现。新时代我国绿色发展和美丽中国建设的任务紧迫、责任重大。在生态文明与双碳目标的双重背景下，资源安全在资源利用方式、资源利用结构、资源开发等方面面临严峻挑战。

中国在过去开发利用自然资源过程中产生了大量的尾矿、固体废弃物和废旧金属资源。大规模的矿山开发产生大量的废石、煤矸石、尾矿和冶炼矿渣等。由于资源的开采能力和技术问题，导致大量资源开采产生严重的环境污染，我国每生产 1 吨离子型稀土矿消耗 4~5 吨硫酸铵、1.7 吨碳酸氢铵，分离 1 吨南方离子型稀土矿消耗 8~10 吨盐酸，6~8 吨液碱或 1~1.2 吨液氨，这些化工原材料最终转化为废水、废渣、废气。生态文明的建设将大量关停高污染的资源开采，从而显著降低我国资源的供应。同时，中国面临着资源开采后的治理和资源回收利用两大严峻挑战。

2. 资源供需矛盾日益严峻

在改革开放的攻坚阶段，经济增长面临的资源环境约束增强，主要矿产品的基础地位仍然重要。在整体国民经济中，93% 的工农业需要的能源，80% 的第二产业需要的工业原料，70% 的农业需要的生产资料都来源于基础采矿业。随着中国经济总量的不断攀升，矿产品的需求会持续增加，相应地，矿产资源的缺口也将不断扩大。当前我国在资源供需方面面临严峻的胁迫与挑战，主要集中在资源开发与发展需求不匹配、资源储量与区域空间分布不匹配、土地资源供应紧张等多个方面。

数量安全、可持续供应是资源安全的首要内涵。在全球稀有资源占有量上，中国不仅种类齐全，而且具有明显的数量优势。中国稀土、钨、铟、锗的储量位居世界第一。但我国稀有矿产资源的潜力与可持续供应能力正在不断减弱。按照目前开采水平，再过 30~50 年，我国将从钨矿、锑矿、稀土矿的资源大国变成小国。

在资源供给与资源消费分布差异方面。中国能源资源分布广泛但不均衡，煤炭资源主要贮存在华北、西北地区，南方除了贵州省外均为贫煤省。水力资源主要分布在西南地区、石油天然气资源主要贮存在东中西地区和海域。中国能源消费则主要集中在东南沿海经济发达地区，能源消费存在明显的空间分布差异。大规模、长距离的北煤南运、西气东输、西电东送、南水北调等都是显著特征，也造成了独特的资源运输格局。

长时期的高速发展对自然生态环境造成了巨大的影响，石漠化、荒漠化在局部区域的加剧，水体污染和外来物种的入侵，加剧了对土地资源供给的限制。耕地面积和质量不断下降，土地资源结构性问题突出。土地利用中建设用地挤占耕地问题突出。中国耕地资源有限，人均耕地面积仅为世界平均水平的 1/2。由于建设占用、农业结构调整等原因，中国耕地面积不断减少，2012 年为 135.16 万平方千米，到 2016 年净减少 0.2 万平方千米，与此同时，建设用地在 2016 年已增长至 39.07 万平方千米，2019 年耕地面积为 127.9 万平方千米，建设用地面积则为 44.9 万平方千米。未来较长时间内中国建设用地仍将持续扩张，而耕地面积还会持续下降。随着人口峰值的到来，人口规模的增加和生活水平的提升，必然对粮食有更高的需求。未来的粮食供应压力更大，耕地保护与建设用地间的矛盾将更加突出，成为威胁国家粮食安全的重要原因。

十余种矿产资源供应链长期存在结构性短缺。我国石油、天然气、铀、铁、铜、铝、镍、铬、锰、钴、钾、铂族等十余种矿产资源的自然禀赋较差，其供给与需求的矛盾至今依然没有实质性改善，结构性短缺态势长期存在。

3. 资源供给的对外依赖高

矿业是人类社会发展的重要基础。人类所耗费的自然资源中，矿产资源占 80% 以上，地球上每人每年要耗费 3 吨矿产资源，2018 年，中国能源总产量占全球 19%、铁矿石占 11%、铜占 7%、铝土矿占 21%，能源总消费量占全球 24%、钢铁占 49%、铜占 53%、铝占 56%，石油进口量占全球 16%、天然气占 13%、铁矿石占 64%、铜矿占 56%、铝土矿占 76%。

中国矿产资源供需形势严峻。人均占有资源量低于世界平均水平的态势在短期内很难改变。在 43 种主要矿产资源中，32 种消费量居世界第一，24 种消费量占比超过全球的 40%，18 种大宗和关键金属矿产对外依存度居高不下，直接威胁国家经济安全。

美国等发达国家把矿产资源的争夺作为"卡脖子"与"被卡脖子"战略的核心与推手。2019 年，由美国商务部提出，主要瞄准中美争夺的、被国防部、联邦调查局和资源部等众多部门呼应的六大行动的"联邦战略"，即《确保关键矿产安全可靠供应的联邦战略》，以极为罕见的速度得到特朗普总统批准，并以总统名义发布了行政命令。关键矿产资源或战略性关键金属（简称"关键金属"）是国际上近年新提出的资源概念，是指现今社会必需、安全供应存在高风险的一类金属元素及其矿床的总称，对新能源、新材料、信息技术等新兴产业和国防军工等行业具有不可替代的重大用途。

4. 资源开发与利用效率低

矿产资源综合利用产业链的核心技术短缺，我国矿产资源领域的领先性、原创性成果不够突出。在产业链上能有效提升资源综合开发利用能力的新技术、新工艺、新装备缺口依然较大。目前我国使用的水平井旋转导向工具和随钻测井探边技术仍然依赖斯伦贝谢（Schlumberger）、哈里伯顿（Halliburton）、贝克休斯（Baker Hughes）三大国外油服公司；用于海洋调查的深海作业型遥控潜水器，其声呐、机械手、浮体材料、脐带缆等关键零部件还不能自给；稀土的核心专利主要被日本和美国掌控，比较适合我国原料和燃料条件的非高炉炼铁的熔融还原新型专利技术则由韩国浦项钢铁公司所掌握。

再生资源研发与回收利用仍然存在显著问题，主要表现为再生资源行业定位不明确、精细化分拣水平低、小散乱现象依然存在、资源回收利用效率低、过程环境污染严重。与德国、日本、瑞典等发达国家相比，中国再生资源综合回收利用效率很低。据测算，目前全国可回收而没有回收利用的资源价值高达上万亿元，资源综合利用水平不足 40%，而发达国家很多废品回收率都在 70% 以上。大量得不到有效回收的再生资源被随意丢弃、填埋或焚烧，对大气、土壤、地下水造成现实或潜在的严重污染。

（七）维护资源安全的途径与方法

1. 资源的利用模式革新

1）能源生产与消费革命，绿色低碳发展

扩展阅读11.1
习近平总书记在
中央财经领导小
组第六次会议上
的讲话

党的十九大报告中指出：推进能源生产和消费革命，构建清洁低碳、安全高效的能源体系。习近平总书记曾就推动能源生产和消费革命提出五点要求：第一，推动能源消费革命，抑制不合理能源消费；第二，推动能源供给革命，建立多元供应体系；第三，推动能源技术革命，带动产业升级；第四，推动能源体制革命，打通能源发展快车道；第五，全方位加强国际合作，实现开放条件下的能源安全。2016 年，国家发展改革委和国家能源局联合制定了《能源生产和消费革命战略（2016—2030）》，为推进能源生产和消费革命、增强能源安全保障能力、提升经济发展质量和效益、增加基本公共服务供给、积极主动应对全球气候变化提供了指引和方向。

2）资源的全面节约与循环利用

我国资源总量较大，但人均占有量较少。比如我国人均淡水资源占有量仅为世界人均水平的 1/4；人均耕地面积约为 1.5 亩，不到世界平均水平的 1/2；人均矿产资源占有量仅有世界水平的 1/2，其中主要矿产资源还不足 1/2。然而，我国的资源利用效率却很低。统计显示，2003 年我国一次性能源消耗占世界的 9.2%，而我国 GDP 还不到世界总值的 4%，单位产值能耗是世界平均水平的 2 倍多。严峻的资源紧缺形势要求我国尽快建设资源节约型社会。

资源循环利用是人类对人与自然关系深刻反思的结果，也是人类社会发展的必然选择。循环经济从转变人类生产、生活方式和价值观念入手，强调资源的高效循环利用和污染的源头控制，较好地兼顾了经济社会发展与环境保护的目标，进而实现"人类—经济—自然"复合生态系统的整体可持续发展。"减量化（reducing）、再利用（reusing）、资源化（或称再循环，recycling）"是循环经济最重要的实际操作原则，也被称为"3R"原则。21 世纪初，循环经济在我国有了迅速发展。

3）资源型城市转型发展

扩展阅读11.2
全国资源型城市
可持续发展规划
（2013—2020年）

资源型城市是以本地区矿产、森林等自然资源开采、加工为主导产业的城市（包括地级市、地区等地级行政区和县级市、县等县级行政区）。资源型城市作为我国重要的能源资源战略保障基地，是国民经济持续健康发展的重要支撑。促进资源型城市可持续发展，是加快转变经济发展方式、实现全面建成小康社会奋斗目标的必然要求，也是促进区域协调发展、统筹推进新型工业化和新型城镇化、维护社会和谐稳定、建设生态文明的重要任务。根据资源保障能力和可持续发展能力差异，我国资源型城市可划分为成长型、成熟型、衰退型和再生型四种类型。

2. 资源利用的效率提升

1）推动资源高效利用的制度建设

党的十九届四中全会审议通过的《中共中央关于坚持和完善中国特色社会主义制度、推进国家治理体系和治理能力现代化若干重大问题的决定》明确指出，全面建立资源高效利用制度。当前我国已经从法律体系、法规方案、部门规章、标准规范、配套政策等方面形成了一整套较为完善的资源高效利用制度，如表 11-1 所示。

表 11-1 我国资源高效利用制度建设的主要内容

制度维度	主要内容
法律体系	资源开发方面的法律主要包括《矿产资源法》《水法》《森林法》《可再生能源法》《海洋环境保护法》等；资源利用方面的法律主要包括《土地管理法》《节约能源法》《循环经济促进法》《清洁生产促进法》等；资源处置方面的法律主要包括《固体废物污染环境防治法》等
政策文件	关于资源产权制度改革，2019 年印发《关于统筹推进自然资源资产产权制度改革的指导意见》，要求在 2020 年基本建立归属清晰、权责明确、保护严格、流转顺畅、监管有效的自然资源产权制度 关于资源有偿使用制度，国务院 2016 年发布的《关于全民所有自然资源资产有偿使用制度改革的指导意见》，要求在 2020 年基本建立产权明晰、权能丰富、规则完善、监管有效、权益落实的全民所有自然资源资产有偿使用制度，并针对土地、水、矿产、森林、草原、海域海岛六类国有自然资源分别提出了建立完善有偿使用制度的重点任务
政策文件	关于自然资源监管体制，2017 年印发《关于建立资源环境承载能力监测预警长效机制的若干意见》，提出建设资源环境监测预警数据库和信息技术平台、一体化监测预警评价机制等
部门规章、标准规范和技术指南	我国建立了节能环保产品政府强制采购和优先采购、能效标准标识、能效领跑者、节能监察、用能权交易、碳排放权交易等一系列机制，针对能源和碳排放领域发布了大量的标准和技术目录等。为推动资源循环利用，相关部门按照职责分工，制定了一系列部门规章、标准规范和技术指南等。比如在电子废物方面，明确了名录、规划和基金补贴等，制定了基于生产者责任延伸制度的电子废物管理办法，为推动生活垃圾分类和资源化，发布了生活垃圾收集、运输、处理等相关管理规章等
制度试点工作	为更好地推进自然资源产权制度的实施和确权登记的有效推动，我国开展了确权登记试点，并在此基础上修改出台了确权登记办法 为推动节能减排工作，我国开展了节能减排财政政策综合示范、低碳城市、低碳园区等试点工作 为推进资源循环利用，我国开展了国家"城市矿产"示范基地、循环化改造园区、餐厨废弃物资源化利用和污水处理试点城市、再制造试点示范基地、循环经济的示范城市、工业固体废物综合利用基地试点、农业废弃物资源化利用试点等

2）构建再生资源回收处理体系

再生资源产业是循环经济的重要组成部分，也是提高生态环境质量、实现绿色低碳发展的重要途径。在绿色发展理念引领下，我国再生资源回收行业进一步发展壮大，再生资源回收体系不断完善，行业创新升级步伐不断加快。2019 年，我国再生资源回收企业约10 万家，回收行业从业人员约 1 500 万人。截至 2019 年底，废钢铁、废有色金属、废塑料、废轮胎、废纸、废弃电器电子产品、报废机动车、废旧纺织品、废玻璃、废电池十大品种的回收总量约 3.54 亿吨，回收总额约 9 003.8 亿元。近年来，我国再生资源回收行业规模明显扩大，全国废钢铁、废有色金属、废纸、废塑料、废轮胎、废弃电器电子产品、废玻璃等主要品种再生资源回收总量逐步攀升。从全国来看，大部分地区已建立起以回收网点、分拣中心和集散市场（回收利用基地）为核心的"三位一体"回收网络。

3）强化资源循环利用与技术研发

资源循环利用产业是战略性新兴产业的重要组成部分，是为节约资源、发展循环经济、实现废弃物综合利用、保护环境提供物质基础和技术保障的产业，其产业链长、产业关联度大、吸纳就业能力强，对经济增长具有明显的拉动作用。为加快培育和发展战略性新兴产业，推动重要资源循环利用工程的实施，国家发改委、科技部、工信部等六部委于2014 年 12 月 31 日发布了《重要资源循环利用工程（技术推广及装备产业化）实施方案》，提出了实施重要资源循环利用工程的目标和任务。

3. 资源勘探开发与保护

当前世界格局和全球态势、科技创新正加速推进，并深度融合、广泛渗透各个方面，国际科技竞争日趋激烈，迅速向"深空、深海、深地、深蓝"科技制高点推进。自然资源领域科技发展从单纯资源开发逐步转向自然资源综合利用与生态环境保护并重，从地球表层走向深部，从陆地走向海洋，从开发成熟区域走向低开发区域。2018 年，我国自然资源部印发了《自然资源科技创新发展规划纲要》（以下简称《纲要》），其核心目标是实施以"一核两深三系"为主体的自然资源重大科技创新战略，构建地球系统科学核心理论支撑（"一核"），引领深地探测、深海探测国际科学前沿（"两深"），建立自然资源调查监测、国土空间优化管控、生态保护修复技术体系（"三系"）。《纲要》还部署实施了重大科技工程，其中包括新型资源勘探与开发科技工程。

4. 资源储备与安全保障

1）资源安全保障的法律法规体系

在现代社会，法律是国家开展各项工作的主要手段和依据，我国遵循"有法可依、有法必依、执法必严、违法必究"的法治原则。在我国依法治国的背景下，资源管理工作的开展也必须依据法律来进行，完善我国的资源法律体系，对保护资源和实现我国经济社会的可持续发展意义重大。

我国的资源立法伴随着我国环保意识和资源保护意识的增强不断完善。我国是最早制定并实施了《应对气候变化国家方案》的发展中国家。我国先后颁布实施了《环境保护法》《土地管理法》《水法》《野生动物保护法》《矿产资源法》《森林法》《草原法》等一系列法律法规。这些法律为资源的开发、利用及保护提供了基本保障，连同与其配套的法规及规章，构成了当前的资源法律体系，是我国资源管理走向法制化的标志，推进了我国资源事业的发展。

2）统筹国家资源战略

资源问题关乎国计民生、民族兴旺，资源问题需要每一个公民付诸行动，更需要国家层面的全局性资源供需战略。只有立足于我国资源实际现状和未来发展趋势，制定和实施科学的、合理的资源安全国家战略，才能促进资源问题的最终解决。

为了有效应对资源问题，党和国家制定了一系列资源安全国家战略，将资源保护作为一项国家战略行动和基本国策来实施，如可持续发展战略、建立节约型社会、中国资源储备战略、人类命运共同体等。

3）建立健全资源安全预警体系

预警是对于某一系统未来的演化趋势进行预期性评价，以提前发现特定系统未来运行可能出现的问题及成因，为提前进行某项决策、实施某项防范措施和化解措施提供依据。保障资源安全需要建立健全预警体系，以提前了解安全隐患，并采取措施防患于未然。比如我国已建立了土地资源安全预警体系等。

土地资源安全预警就是在全面准确地把握土地资源安全的运动状态和变化规律的基础上对土地资源安全的现状和未来进行预测，预报不正常的时空范围和危害程度，以及提出防范措施。土地资源安全预警的流程一般要经过发现警情、寻找警源、分析警兆、预报警度、排除警患等过程。土地安全预警系统构建需要综合考虑区域内的自然、经济和社会发展水平等多方面的因素，因此预警系统不仅需要借鉴新技术的支持，还需要结合非自然因素，以凸显人类对土地利用的后果。土地资源安全预警系统可以根据系统构建涉及的层面分为三大部分，即预警系统的用户层、信息层和技术层。

本章思考题

1. 资源安全与国家其他领域安全的关系是什么？
2. 新兴领域资源安全是什么？包含哪些内容？

扩展阅读11.3
废弃秸秆综合利用催生绿色经济

即测即练

参考文献

[1] 国土资源管理基础知识（二）[J]. 中国土地，1998(6)：1.

[2] 沈剑飞，饶紫梦，王雅枫. 国家资源安全视角下的资源审计 [J]. 财会月刊（中），2015.

[3] 谷树忠，姚予龙，沈镭，等. 资源安全及其基本属性与研究框架 [J]. 自然资源学报，2002，17(3)：6.

[4] 谢高地，封志明，沈镭，等. 自然资源与环境安全研究进展 [J]. 自然资源学报，2010(9)：8.

[5] 王贵成，曹平，张钦礼. 我国自然资源安全及其研究进展 [J]. 矿业研究与开发，2006，26(B11)：5.

[6] 王礼茂. 资源安全的影响因素与评估指标 [J]. 自然资源学报，2002(4)：401-408.

[7] 沈镭，张红丽，钟帅，等. 新时代下中国自然资源安全的战略思考 [J]. 自然资源学报，2018，33(5)：721-734.

[8] 黄娟，江潮. 生态文明视角下中国特色资源安全路径的探索 [J]. 成都工业学院学报，2016，19(1)：6-10.

[9] 朱玉柱，陈孝劲. 中国矿产资源对外依存度研究 [J]. 中国矿业，2015，24(S2)：47-51.

[10] 何传启. 中国现代化报告.2012: 农业现代化研究 [M]. 北京：北京大学出版社，2012.

[11] 成升魁，徐增让，谢高地，等. 中国粮食安全百年变化历程 [J]. 农学学报，2018，8(1)：7.

[12] 毛景文，袁顺达，谢桂青，等.21 世纪以来中国关键金属矿产找矿勘查与研究新进展 [J]. 矿床地质，2019，38(5)：935-969.

[13] 翟明国，胡波. 矿产资源国家安全、国际争夺与国家战略之思考 [J]. 地球科学与环境学报，2021，43(1)：1-11.

[14] GULLEYAL，NASSARNT，XUNS.China，the United States，and competition for resources that enable emerging technologies[J].Proceedings of the National Academy of Sciences，2018，115(16)：4111-4115.

[15] 刘光富，鲁圣鹏，李雪芹. 中国再生资源产业发展问题剖析与对策 [J]. 经济问题探索，2012(8)：64-69.

[16] 于法稳. 落实科学发展观建设资源节约型社会 [J]. 生态经济，2004(11)：4.

[17] 王丽，左其亭，高军省. 资源节约型社会的内涵及评价指标体系研究 [J]. 地理科学进展，2007，26(4)：7.

[18] 刘炜. 科学发展与循环经济模式构建 [J]. 科学发展与循环经济模式构建，2009.

[19] 梁宇哲，郑荣宝，刘毅华. 我国土地资源安全预警体系构建初探 [J]. 水土保持通报，2009(2)：6.

[20] 刘友兆，马欣，徐茂. 耕地质量预警 [J]. 中国土地科学，2003，17(6)：4.

第十二章
核 安 全

学习目标

◇ 理解核安全基本概念。
◇ 掌握核安全的主要内容。
◇ 了解核安全面临的威胁和挑战。
◇ 熟悉维护核安全的途径和方法。

原子的发现和核能的开发利用，为人类发展带来了新的动力，极大增强了人类认识世界和改造世界的能力。同时，核能发展也伴生着安全风险和挑战。人类要更好利用核能、实现更大发展，必须应对好各种核安全挑战，维护好核安全。核安全是国家安全的重要组成部分，事关国家安危、人民健康、社会稳定、经济发展及大国地位。确保核安全，对保障政治安全、国土安全、军事安全、经济安全、社会安全、生态安全、资源安全等都具有重大作用。

第一节　核安全的主要内容

核安全，顾名思义，是指在核能与核技术领域的安全问题。2003 年国际原子能机构（International Atomic Energy Agency，IAEA）为帮助成员国在监管核能与电离辐射和平利用方面建立法律体系，出版了《核法律手册》（*Handbook on Nuclear Law*，以下简称《手册》）。《手册》指出核法律"安全原则"和"安保原则"的基本理念是区别于其他法律的特有理念。2010 年版《手册》进一步提出了核安全的"3S"概念，所谓"3S"是指核安全（nuclear safety）、核安保（nuclear security）和核保障（nuclear safeguard）。通常所说的核安全有狭义和广义之分，上说所说的"nuclear safety"即狭义的核安全，而广义的核安全通常是指"3S"。下面分别从这两个层面加以介绍。

狭义的核安全是指采取适当的措施确保核设施和核活动的安全，保护人类和环境免遭辐射危险，包括核设施安全、辐射安全、放射性废物管理安全和放射性物质运输安全等。核设施是生产、加工、使用、处理、贮存或处置核材料的设施，是人类开展核能与核技术利用的主要载体。辐射安全问题主要来自核设施及相关核活动或其他辐射源。放射性废物管理安全和放射性物质运输安全是某些特定核活动的安全。

除了上述核安全的概念，广义的核安全还包括核安保与核保障。核安保是指防止、侦查和应对涉及核材料和其他放射性物质或相关设施的偷窃、蓄意破坏、未经授权的接触、非法转让或其他恶意行为。核保障主要是指通过对核材料的有效控制，确保其不用于非和平目的，而以防止核武器扩散为基本目的。

一、辐射安全

1. 电离辐射

电离辐射又称致电离辐射。电离辐射按照其来源可分为核辐射、原子辐射和宇宙辐射三类。电离辐射作用于物质引起的某些物理、化学变化或生物反应，几乎都是最终通过带电粒子把能量传递给物质引起的。即使是间接电离粒子，如光子、中子等，也是先通过与物质发生相互作用生成带电粒子，再通过带电粒子实现对物质的能量传递。本书讨论的辐射安全都指的是电离辐射，非电离辐射（如可见光、红外线、微波、中波、长波等）不在讨论范围。

各种辐射照射对人类健康的危害是在人类不断利用各种电离辐射源的过程中被认识的。人类应该在最大限度利用电离辐射源和核能的同时加强辐射防护，尽量避免和减少电离辐射可能引起的对人健康的危害。

2. 核辐射警告标志

按照国际规定，凡是可能形成和污染的物品与场所，都必须印制、悬挂核辐射警告标志（电离辐射警告标志），以提醒大家注意防护。1948 年美国橡树岭国家实验室的比尔·雷和乔治·沃里克与伯克利大学的学者们共同设计出的黄黑两种颜色的标准电离辐射标志，这是我们目前最常见到的核辐射标志，如图 12-1 所示。

图 12-1　电离辐射警告标志

由于核工业的发展，普通人接触核辐射的可能性逐渐增多，其中大多数人对上述电离辐射标志不熟悉，为此，国际标准组织和国际原子能机构于 2007 年推出新标志，如图 12-2 所示。

图 12-2 电离辐射警告新标志

该标志采用了表示危险的红色背景，在传统的三扇叶电离图案下方画出五条标识电离辐射的含箭头波纹线，并在波纹线下方标出骷髅和交叉腿骨图案，逃离图案，该方案通俗易懂，正在逐步取代传统标志。

二、核材料安全

1. 核材料

广义的核材料是核工业及核科学研究中所专用的材料的总称，包括核燃料及核工程材料。

核燃料包含裂变燃料或聚变燃料（或称热核燃料）两大类。裂变材料主要是指易裂变核素如铀-235、钚-239和铀-233等。此外，由于铀-238和钍-232是能够转换成易裂变核素的重要原料，且其本身在一定条件下也可发生裂变，所以习惯上也称为核燃料。聚变材料包含氢的同位素氘、氚，锂-6和其化合物等。核工程材料是指反应堆及核燃料循环和核技术中用的各种特殊材料，如反应堆结构材料、元件包壳材料、反应堆控制材料、慢化剂、冷却剂、屏蔽材料等。例如，特种铝合金、铍、特种不锈钢、特种陶瓷、高分子材料等。

2. 核材料实物保护

国家通过立法和监管以及采取技术手段对核材料和核设施进行保护，旨在防范核材料在使用、贮存和运输中被盗、丢失以及非法转移和防止对核材料和核设施进行人为蓄意破坏的措施。实物保护措施适用于所有使用、贮存和运输过程中的核材料以及核设施。

核材料实物保护主要目的：①防止盗窃和其他非法获取在使用、贮存和运输中的核材料；②确保采取迅速和全面的措施，以查找和在适当时追回失踪或被盗的核材料；③保护核材料免遭人为蓄意破坏；④减轻或最大限度地降低人为蓄意破坏所造成的放射后果。

三、核设施安全

1. 核设施

核设施包括铀浓缩厂、核燃料元件生产厂、研究堆、核动力厂、乏燃料贮存设施和后处理厂以及相关的构筑物和设备。核设施涉及易裂变材料生产、加工、使用、操作或贮存等环节，需要考虑一系列安全问题。

2. 核设施安全

核设施实现需要恰当的运行条件并预防核事故发生，或者缓解核事故后从而避免工作人员、公众及环境受辐射危害。

四、放射性废物安全

1. 放射性废物定义

放射性废物为含有放射性核素或被放射性核素污染，其浓度或比活度大于国家审管部门规定的清洁解控水平，并且预计不再利用的物质。根据废物的物理、化学形态可分为气体废物、液体废物和固体废物。

2. 放射性废物分类

为了实现对放射性废物安全、经济、科学的管理，对放射性废物进行划类分级操作。放射性废物的正确分类是实现放射性废物科学管理的前提条件。放射性废物的分类对废物的产生、处理、整备、贮存、运输和处置的各步骤以及核设施退役，都有重要意义。

常见的几类放射性废物有以下几种。①极低放废物：放射性水平极低，经核安全监管机构批准，可以在不专为低、中放废物设计的处置设施中处置的放射性废物；②低放废物：放射性核素的活度浓度较低，在正常操作和运输过程中通常不需要屏蔽的废物；③中放废物：放射性核素的活度浓度及释热率虽然均低于高放废物，但在正常操作和运输过程中需要采取适当屏蔽防护措施的废物；④高放废物：放射性核素的活度浓度及释热率高，在正常操作和运输过程中均需要屏蔽防护措施的废物；⑤α放射性（核素具有发射高速运动的氦核的现象）废物：含半衰期大于 30 年的 α 发射体，其 α 放射性活度浓度在单个包装中大于 4×10^6 贝可 / 千克，多个包装的平均 α 活度浓度大于 4×10^5 贝可 / 千克的废物。

3. 放射性废物处置安全

把废物安放进经过批准的设施中，提供安全隔离，确保进入环境的放射性核素的浓度处于可接收的水平。放射性废物处置必须确保处置库（场）从选址、设计、建造、试运行、运行、关闭到监护各阶段都遵循有关法律和标准，严格执行许可审批制度，保护工作人员和公众健康，保护生态环境，不给后代人带来负担。

20 世纪五六十年代，美、英、法等国家曾将低、中水平放射性固体废物投弃入大西洋和太平洋中。1972 年，由 71 个国家签字通过的《防止倾倒废弃物及其他物质污染海洋的公约》禁止在海上倾倒核废料。《中华人民共和国放射性污染防治法》明确规定，我国低、中水平的放射性固体废物实行近地表处置；高水平放射性固体废物和 α 废物实行深地质处置。

五、核技术利用安全

核能可以进行发电、供热、海水淡化乃至未来的核能制氢，核技术利用是指放射性同位素核射线技术在医疗、工农业生产、科研和教学等方面的应用。核能和核技术利用为提升人类的生活治疗作出了巨大的贡献，以下列举了两类常见的核技术利用安全。

1. 核技术在医学领域的安全利用

医学是核技术应用的重要领域之一，全世界生产的放射性同位素中，约有 80% 以上用于医学。将核技术用于疾病的预防、诊断和治疗，形成了现代医学的一个分支——核医学。

核医学应用中会面临电离辐射所致的职业照射、医疗照射及公众照射三种照射，这些照射带来了一定的辐射防护与安全问题。2021 年 5 月 1 日开始实施的国家强制性标准 GBZ 120—2020《核医学放射防护要求》对解决这类辐射防护与安全问题，推动核医学防护标准有效实施，对保障相关人员的安全和健康都具有十分重要的意义。

公众日常生活中接触核技术在医学领域的利用主要来自核医学的诊断和治疗。由于在使用核医学进行诊断和治疗中会选择微量、化学性质极为稳定的放射性药物，所以患者不会引起过敏或毒副反应。核医学的诊断和治疗都是完全符合国家辐射安全标准，所受辐射都是可接受的剂量，对人体造成伤害能控制在可接受的范围内。长期临床实践证明，核医学诊断和治疗是安全可靠的。

2. 核技术在农业领域的安全利用

核农学是核技术在农业领域的应用所形成的一门交叉学科，主要涉及辐射诱导育种、辐射防治害虫、同位素示踪、辐射保藏、农用核仪器仪表等内容。辐射诱导育种可提供优质良种，是增加农业产量、提高农产品品质的最有效手段之一。中国作为人口大国，温饱问题、提高粮食品质、保障人民营养，是农业科技工作的核心，核农学为解决上述核心问题提供有力的科学支撑；无论是新品种培育，还是土肥管理，以及农产品保鲜，都离不开核技术。核技术在农业中的安全利用主要是强调射线装置和农用核仪表中射线和放射源的屏蔽和安保，以降低职业人员所受辐射剂量。辐射育种和辐射保藏的农产品不会有辐射残留，是安全的。

扩展阅读12.1 树立理性、协调、并进的核安全观

辐射育种是核农学的重要组成部分，我国建立了完整的育种程序，在这一应用方面居世界领先地位，为确保我国粮食安全提供了可靠保障。辐照保藏技术具有节约能源、卫生安全，保持食品原来的色、香、味和改善品质等特点，应用越来越广泛，技术也日趋成熟；昆虫辐射不育技术是现代生物防治虫害的一项新技术，是目前可以灭绝某一虫种的有效手段。

第二节　维护核安全的重要意义

一、践行核安全命运共同体理念

和平开发利用核能是世界各国的共同愿望，确保核安全是世界各国的共同责任。中国倡导构建公平、合作、共赢的国际核安全体系，坚持公平原则，本着务实精神推动国际社会携手共进、精诚合作，共同推进全球核安全治理，打造核安全命运共同体，推动构建人类命运共同体。

（1）忠实履行国际义务和政治承诺。中国批准了核安全领域所有国际法律文书，严格执行联合国安理会决议，支持和参与核安全国际倡议。我国先后加入《及早通报核事故公约》《核事故或辐射紧急情况援助公约》《核材料实物保护公约》《核安全公约》《制止核恐怖主义行为国际公约》《乏燃料管理安全和放射性废物管理安全联合公约》等国际公约，认真开展履约活动。中国积极参与《维也纳核安全宣言》的制定和落实，中国代表分别担任2011年《核安全公约》缔约方第五次审议会议和2012年第二次特别会议主席，为推动全球核安全治理贡献中国力量。

（2）支持加强核安全的多边努力。中国支持国际原子能机构在核安全国际合作中发挥核心作用，从政治、技术、资金等方面为机构提供全方位支持。中国持续向机构核安全基金捐款，用于支持亚洲地区国家核安全能力建设。加强核不扩散国际合作，加入桑戈委员会、核供应国集团等多边机制和国际组织；颁布实施《核出口管制条例》《核两用品及相关技术出口管制条例》，发布《核出口管制清单》《核两用品及相关技术出口管制清单》。深化打击核恐怖主义国际合作，与国际刑警、核安全问题联络小组、打击核恐怖主义全球倡议等国际组织与多边机制密切合作。

（3）加强核安全国际交流合作。中国重视国家间的核安全政策交流与务实合作，与法国、美国、俄罗斯、日本、韩国等国家及"一带一路"核电新兴国家密切沟通，签订50余份核安全合作协议，加强高层互访、专家交流、审评咨询、联合研究等全方位合作；建立中美核安全年度对话机制，与美国合作建成核安全示范中心和中国海关防辐射探测培训中心；与俄罗斯举行中俄海关防范核材料及其他放射性物质非法贩运联合演习；建立中日韩核安全监管高官会机制，共享监管经验。加强与经济合作与发展组织核能署、欧盟、世界核电运营者协会等国际组织交流合作，积极参加核安全国际同行评估，对标国际，共同提高，持续参加全球核安全与安保网络、亚洲核安全网络框架下的各项活动，拓展国际合作平台，提升中国核安全能力。中国为世界贡献智慧和力量，推广中国核安全监管体系，分享先进技术和经验，共享资源和平台；参与核电厂多国设计评价机制，推动建立"华龙一号"专项工作组；依托国家核与辐射安全监管技术研发中心，持续帮助发展中国家开展核安全人员培训、技术演练等活动，支持其提高监管能力，为提高全球核安全水平提供更多公共产品。

二、维护核能与核技术可持续发展

核能发展，安全才能行更远。核安全是核工业的生命线，核能与核工业的发展需要把安全性作为追求的目标。

核能是一种能量密集功率高的清洁能源，单位质量核燃料发生裂变或者聚变释放的能量远大于单位质量化石能源（石油、煤、天然气）燃烧释放的能量，不会释放二氧化碳和二氧化硫等污染物，且在燃料运输方面具有优势，安全地发展和利用核能有助于我国"碳中和"和"碳达标"目标的实现。但核能的发展并不是一帆风顺的。从核能发展史上来看，人类历史上出现过三次重大的核事故，分别是1979年美国三里岛核电厂事故、1986年苏联的切尔诺贝利核事故、2011年福岛核事故。其中切尔诺贝利核事故造成了大量放射性物质释放到环境中，严重污染了周围环境，大量气态形式的放射性核素还漂移至北半球多个国家，给公众健康带来危害。这些核事故虽然促使核安全理念和核安全标准得到提升，促进了核电安全技术的进步，但也引发民众对核电安全的质疑，民间反核声音也越来越多，影响着各个国家核电发展政策，有的国家甚至逐步放弃核能，对核能与核技术的发展带来不利影响。因此，核安全是核能与核技术可持续发展的基石，只有切实提高核安全标准和核安全技术水平，尽可能降低核事故发生的概率和风险，才能确保核能与核技术产业可持续发展。

三、保护生态环境和公众健康安全

大量放射性物质因事故泄漏进入环境中，造成放射性污染，使得当地放射水平升高，尽管这种升高程度有时候很小，但放射性物质中一些具有较长寿命的核素进入生态系统，会通过食物链在动物和人体中富集，使得生物承受超过标准限值的辐射剂量，进而对健康产生影响。因此，在核能与核技术利用过程中，为了降低事故发生概率和事故风险，防止放射性污染，保护生态环境和公众健康安全，对核安全提出了更高的标准和要求。例如，我国自主研发的三代核电"华龙一号"突出的特点便是高安全性，它在设计时全面平衡地贯彻了核安全纵深防御原则和设计可靠性原则，通过设置多道屏障增加安全系数，创新性地采用"能动与非能动相结合"的安全设计理念，使得核电站能够在极端情况下维持系统运行，能极大程度地降低事故概率和风险，更好地保证核安全。

扩展阅读12.2
加强国际核安全体系，推进全球核安全治理——在华盛顿核安全峰会上的讲话

第三节　核安全面临的威胁与挑战

一、核辐射恐怖事件

核能与核技术的利用是 20 世纪最伟大的科学成果之一。它既可以用于军事目的，也能以和平的方式造福于人类。在"9·11"事件之后，以各种恐怖袭击为代表的非传统安全威胁更加严峻。一旦恐怖主义组织掌握大规模杀伤性武器，尤其是与核相关的武器并实施攻击，或者故意对核设施发起破坏，将对人员、环境、社会和经济造成严重后果，是核安全面临的重要威胁与挑战。

1. 核辐射恐怖事件概念

核辐射恐怖事件是指恐怖主义分子为了达到其政治、经济、民族、宗教等不正当目的，通过威慑使用或实际恶意地利用核材料、放射性物质或装置（包括简陋的核爆炸装置和放射性物质装置），或威慑袭击或实际袭击破坏核设施造成放射性物质外泄，可能对社会构成安全威胁或导致大多数公众的心理、社会影响或造成一定数量的人员伤亡，从而破坏国家社会安定与经济发展以及民众生活等恐怖事件。

2. 核与辐射恐怖事件类型及后果

核与辐射恐怖事件可分为：偷盗和直接散布放射性物质，或用含放射性物质的装置以爆炸的方式（即所谓脏弹）散布放射性物质；偷盗核材料并制成粗糙的核武器，使用或威胁使用这类核武器；袭击核电站、研究堆、乏燃料或高放废液储存设施等重要核设施。

与其他恐怖事件比较，核与辐射恐怖事件引起危害的特点是，其危害因素——辐射是无色无臭的，且释放的放射性核素难以清除，辐射效应可能在受照后几小时、几天、几星期或几年后表现出来。由于辐射的这些特点，加上公众、公务人员和其他职业人员对辐射不了解或存在误解，核与辐射恐怖事件（或放射攻击）更容易引起大量社会心理问题，引起人们焦虑和恐惧，害怕引起癌症并把各种疾病均归因于辐射。实际上，核与辐射恐怖事件，除粗糙核武器外，不可能引起人员大量伤亡。与其他恐怖事件相比较，放射攻击引起的影响范围更容易界定，可以采用现代辐射测量仪器迅速界定其影响范围。

二、核事故

1. 核事故概念

核事故是指大型核设施（如核燃料生产厂、核反应堆、核电厂、核动力舰船及后处理厂等）发生的意外事件，可能造成厂内人员受放射损伤和放射性污染。严重时，放射性物质泄漏至厂外，污染周围环境，对公众健康造成危害。值得注意的是，核设施或核活动中极少出现对正常状况的严重偏离。

国际原子能机构和经济合作与发展组织核能机构提出的国际核事件分级表，依据场外影响、场内影响和纵深防御降级三项准则，将核事故分为七个等级，较低级别（1—3级）称为事件，较高级别（4—7级）称为事故，不具有安全意义的事件称为"偏差"，归为0级。这里场外影响准则适用于造成放射性核素向场外环境释放的事件，其涉及的最高级（7级）相当于造成广泛的公众健康与环境影响的特大事故；最低级（3级）意味着极少量放射性核素释放的事件。场内影响准则涉及的最高级（5级），意味着反应堆芯严重损坏；最低级（3级）意味着场内存在严重污染，工作人员受过量照射。场内影响准则中无安全意义的设施的个别运行参数的偏离正常值范围的事件定为0级。

2. 核事故分类

按核设施与核活动分类，核事故可分为：核反应堆事故；核燃料循环设施事故；放射性废物管理设施事故；核燃料或放射性废物运输和贮存事故；用于农业、工业、医学和有关科研目的的放射性同位素生产、使用、贮存、处理和运输的事故；用放射性同位素作空间物体动力源的事故，以及武器库等事故。

3. 核事故危害

核事故根据事故等级的不同，其影响和危害的程度也不同。核事故的危害都是通过放射性物质的核辐射体现出来。放射性物质以波或微粒形式发射出的一种能量就叫核辐射，核爆炸和核事故都有核辐射。它有 α、β 和 γ 等辐射形式。α 辐射只要用一张纸就能挡住，但吸入体内危害大；β 辐射是高速运动电子，皮肤被大剂量 β 照射后会烧伤明显；γ 辐射和 X 射线相似，能穿透人体和建筑物，危害距离远。

放射性物质可通过呼吸、皮肤伤口及消化道吸收进入体内，引起内辐射；放射性物质也可以产生 γ 射线、中子、电子等贯穿性射线，从体外对人体产生辐射作用，使人员受外照射伤害。无论是内照射还是外照射，它们所产生的效应与吸收剂量、剂量率、受照组织的放射敏感性及辐射的种类和能量等多种因素有关。内外照射形成放射病的症状有疲劳、头昏、失眠、皮肤发红、溃疡、出血、脱发、白血病、呕吐、腹泻等。有时还会增加癌症、畸变、遗传性病变发生率，影响几代人的健康。一般讲，身体接受的辐射能量越多，其放射病症状越严重，致癌、致畸风险越大。

宇宙、自然界能产生放射性的物质不少，但危害都不太大，只有核爆炸或核电站严重核泄漏释放大量的放射性物质进入生态环境才能大范围地对人员造成伤害。放射物质进入生态环境，会使得周围居民受额外的辐射，为公众健康带来一定危害，危害的严重程度与受照剂量有关。为预防核泄漏，核设施都有严格包容隔离手段和安全措施以防止放射性物质进入环境。现代核电建立多重屏障（即燃料芯块、燃料元件包壳管、压力容器和一回路压力边界、安全壳构成的屏障体系）以防止放射物质泄漏，扩展和提升了纵深防御体系，这些安全屏障和体系在保证核安全方面起到了重要作用。

三、核扩散

核扩散分为水平扩散和垂直扩散两种类型。水平扩散指向无核武器国家和无核地区的核扩散；垂直扩散指已拥有核武器的国家所掌握这类武器数量的增加和质量的提升。1967年1月1日前制造并爆炸核武器或其他核爆炸装置的国家为核武器国家。有核武器缔约国向任何国家转让核武器或其他核爆炸装置及控制权，或以任何方式协助、鼓励或引导无核武器国家制造或以其他方式取得上述武器或制造上述装置或取得其控制权，都是核扩散。

第四节　维护核安全的途径与方法

维护核安全，要采取措施防范核攻击、核事故和核犯罪行为，坚持核不扩散立场，确保核设施和核材料安全，防止和应对核材料的偷窃、蓄意破坏、未经授权的获取、非法贩运等违法行为，防范恐怖分子获取核材料、破坏核设施等。可以从以下几个方面维护核安全。

1. 提高核电厂设计安全要求和安全运行水平

日本福岛核事故后，在鼓励核行业开发和推广先进安全的核能技术的前提下，提升核设施防范和应对自然灾害和核废物安全处理处置的能力是各国国家和国际组织普遍采取的核安全改进行动。事故发生后，我国国家核安全局针对核电厂安全水平提出了系列改进要求，包括高度重视核电厂运行安全和核安全的持续改进、不断提高核电厂安全水平、提高外部灾害发生时的预警和应对能力、提高严重事故预防和缓解能力等。虽然我国当前核与辐射安全风险可控，在确保安全前提下发展核能，不断提高新建核电厂的安全运行水平，是我国核能发展的重要前提。

2. 构建健全的核安全监督管理体系

中国核工业经过了半个多世纪的发展，从来没有发生过危害环境和人民生命安全的大的核事故。这与我国已经建立健全了核安全监督管理体系，拥有比较齐全的核安全法规、完善的设施、手段丰富的经验是分不开的。今后继续努力构建完善的核安全政策法规体系、建立系统完备的法规标准体系、打造核工业全链条监督与评价体系、构建全天候多方位的辐射环境监测体系，仍是我国维护核安全努力的方向。

3. 强化核安保体系

自核武器问世以来，其毁灭性的杀伤力、巨大的军事威慑力、无可比拟的政治作用一直为许多国家所梦寐以求，由于西方发达国家主导的防扩散体制带有一定的政治色彩和多重标准，其结果是核扩散屡禁不止，形势严峻。随着核能核技术的广泛利用，核材料与核设施安全风险上升，由于缺乏有效的保护措施和体系，核材料丢失、盗窃和非法获取事件不断增加，这些材料一旦落入极端分子和恐怖分子之手，极有可能造成灾难性后果。各个国家应提高防扩散、反核恐怖管控能力，加强国际核安保领域合作，完善核安保标准和规章制度，提升核设施安保系统的安保能力，强化核安保体系框架是防止核扩散、核恐怖主义和维护核安全的共识。

4. 加强核与辐射事故应急能力

核设施是高度安全的，但还不能绝对避免一切事故。一旦出现核事故时，需要启动核应急，所谓的核应急是某种非正常情况或事件，此时必须立即采取行动以减轻对人体健康和安全、生活质量、财产或环境的危害或不良后果。核应急包括与核设施事故相关的应急、辐射源与辐射装置事故相关的应急。核应急的基本目的是通过工程措施和防护措施控制事故后果并保护人员和环境的安全，应急响应组织的好坏与防护措施是否得当会直接影响事故后果的控制和人与环境的安全。因此，健全核应急组织管理体系、提升核应急监测能力、健全核应急救援能力，是降低核事故危害和风险的重要举措。

5. 强化核安全文化和人才队伍建设

国际安全咨询组出版了《安全文化》一书，对核安全文化作出了以下定义：核安全文化（nuclear safety culture）是存在于单位和个人中的种种特性和态度的总和，它建立一种超出一切之上的观念，即核电厂安全问题由于它的重要性要保证得到应有的重视。

在影响核安全的因素中，人的因素最为重要。核安全文化强调对单位和个人的塑造，降低由人的疏忽、误操作和安全意识弱引起核事故的概率。在从事核相关的企业的单位不断推进核安全文化建设，打造高素质的核安全人才队伍，降低人为引起的核安全事故，对保障核安全极其重要。在核安全文化建设上，国家核安全局、国家能源局和国家原子能机构联合发布了《核安全文化政策声明》（以下简称《声明》），阐明对核安全文化的基本态度，培育和实践核安全文化的原则要求。《声明》特别提出，核安全文化需要内化于心、外化于行，让安全高于一切的核安全理念成为全社会的自觉行动；加强队伍建设，完善人才培养和激励机制，形成安全意识良好、工作作风严谨、技术能力过硬的人才队伍。核工业企事业单位应将核安全文化有效融入生产、经营、科研、管理等各环节，形成"凡事有章可循、凡事有人负责、凡事有人验证、凡事有据可查""以核为先、以合为贵、以和为本"等优秀核安全文化理念。

6. 加强国际核领域合作

核安全是没有国界的，从历次核事故的影响来看，任何一个国家发生核事故，都会影响全球其他国家。从这个角度讲核安全是一个全球共同面对的问题，任何国家都无法置身事外，需要加强国际合作，在核安全事件应对、协助与信息共享方面加强沟通交流，应对全球核安全挑战。

本章思考题

1. 什么是电离辐射？
2. 请简述核安全的定义。
3. 请简述核事故的定义。
4. 请简述核辐射恐怖事件的定义和分类。

即测即练

扩展阅读12.3
习近平总书记在荷兰海牙核安全峰会上的讲话

参考文献

[1] Stoiber C, Baer A, Pelzer N, et al. Handbook on nuclear law[M]. Viena: International Atomic Energy Agency, 2003.

[2] Stoiber C, Cherf A, Tonhauser W, et al. Handbook on nuclear law: implementing legislation[R].International Atomic Energy Agency, 2010.

[3] 吴宜灿 . 核安全导论 [M]. 合肥：中国科学技术大学出版社，2017.

[4] 从慧玲 . 实用辐射安全手册 [M]. 北京：中国原子能出版社，2006.

[5] 苏旭 , 刘英 . 核辐射恐怖事件医学应对手册 [M]. 北京：人民卫生出版社，2005.

[6] 潘自强 . 内陆核电厂及核能发展中的几个重要安全、环境问题研究 [M]. 北京：中国原子能出版社，2015.

[7] IAEA. Safety Series No.75-INSAG-4.Safety culture[R]. Vienna: International Atomic Energy Agency,1991.

[8] 潘自强 . 核与辐射安全 [M]. 北京：中国环境出版社，2013.

[9] 潘自强 . 核与辐射恐怖事件管理 [M]. 北京：科学出版社，2005.

[10] 罗顺忠 . 核技术应用 [M]. 哈尔滨：哈尔滨工程大学出版社，2009.

第十三章
中国海外利益安全与保护

学习目标

◇ 理解海外利益的概念。
◇ 熟悉我国海外利益安全面临的主要风险。
◇ 了解中国海外利益安全保护的特点。
◇ 掌握中国海外利益保护的主要手段。

1978 年改革开放的重大决策开启了中国融入全球化，实现与世界共赢发展的历史进程。古老的东方古国在中国共产党的领导下，历经四十余年的奋斗，创造了世界第一大贸易国、第一大外汇储备国、第二大经济体的中国奇迹，综合国力与世界影响力大幅度提升，日益接近世界舞台的中心。随着中国快速崛起，国家利益也突破国界在全球范围内不断延展，从"引进来"到"走出去"，内涵和形式逐渐丰富的海外利益关乎国家的发展与安全。在世界格局发生深刻变化，安全形势趋于复杂严峻的情势下，如何有效维护海外利益安全、提升保障能力也成为我国亟待解决的紧迫问题之一。

第一节 海外利益的概念及构成要素

2004 年，"海外利益"第一次出现在中国人视野中，源于两起接连发生的针对中国海外人员的袭击事件。2004 年 5 月 3 日，载有 12 名中国交通监理工程师的面包车途经巴基斯坦瓜达尔港西海湾时，遭到汽车炸弹袭击，其中 3 人死亡，9 人受伤；6 月 10 日，20 余名武装分子闯入中铁十四局昆都士公路项目工地，向中国工人居住地开枪扫射，造成 11 人死亡，5 人受伤。2004 年 8 月 30 日，前中共中央总书记胡锦涛在第十次驻外使节会议上作出指示，"要增强我国海外利益保护能力，完善相关法律法规及安全预警和快速反应机制"。海外利益保护战略概念的提出，推动了政府、社会、学界对海外利益本身的讨论、研究。

一、海外利益的概念

海外利益是国家利益在国境外的延伸，是中国快速崛起，深度参与全球化进程，不断扩展对外交往联系的必然结果。虽然中国学界对海外利益概念的界定并未形成统一意见，但对海外利益的属性、承载主体、内容等方面的研究和讨论产生了丰硕成果，具有代表性的包括以下几位学者的认知。

（1）苏长和认为，中国海外利益是中国主权范围以外的、以国际合约的形式表现出来的中国国家利益，强调海外利益的国家属性，即国家利益的一种形式。

（2）陈伟恕认为，中国的海外利益也可称作中国境外利益，是指存在于中国主权范围以外的中国利益，强调海外利益的综合属性，即除境外国家利益外，中国企业、社会组织和公民在境外的利益也是海外利益的组成部分。

（3）张曙光认为，国家的海外利益是国家对外与安全利益的自然与必然延伸，而非一般意义上的经济利益的拓展，其中可分为核心海外利益、重要海外利益、边缘海外利益，强调了海外利益的战略属性，即避免将一般性海外利益与事关国家主权、安全的核心海外利益混为一谈，从而在保护过程中有的放矢、灵活掌握。

虽然上述三位学者在海外利益概念界定中的侧重点不同，但对海外利益的基本特征存在一致认识：第一，国家属性，海外利益是国家利益的重要组成部分；第二，跨界性，海外利益存在于国家主权管辖范围即国境之外；第三，主体多元性，国家、企业、社会组织、公民都是海外利益的承载主体；第四，合法性，海外利益指多元利益主体在境外的合法权益，受法律的监督和保护，我国政府绝不袒护在境外从事非法活动、获取非法利益的企业和个人。

综合上述特征，汪段泳和苏长和提出了相对全面的海外利益概念。国家的海外利益，指的是一国政府、企业、社会组织、公民通过全球联系产生的、在国家主权管辖范围以外存在的、主要以国际合约形式表现的国家利益。

二、海外利益的构成要素

1978 年改革开放、2001 年加入世界贸易组织、2013 年推进"一带一路"倡议，随着参与、融入全球化的程度不断加深，大量企业、人员走出国门，中国海外利益遍及世界各个角落，呈现出分布广泛、体量巨大、种类多样的特征。海外利益体系主要由海外政治利益、海外经济利益、海外安全利益、海外文化利益构成。

（1）海外政治利益是我国主权、政权、国际权益的境外利益，是国家核心利益的延伸，主要包括维护我国的主权与领土完整；维护中国人民自主选择政治制度和发展道路的权力，反对外部势力对我国内政的干涉；维护我国的国际地位和影响力，以及在全球性、地区性国际制度中的合法权益，提升议程设置能力、话语权和影响力；促进国家的经济社会可持续发展。

（2）海外经济利益是中国政府、企业、公民在全球市场进行经济活动所产生的各类收益，主要包括国际经济合作，对外直接投资，对外货物、服务、技术贸易，对外工程承保，对外劳务输出，对外资源开发等活动为国家带来的经济效益。

（3）海外安全利益是涉及我国在境外机构、人员、资产、战略通道等主体的安全保障利益，主要包括我国政府驻外机构及其工作人员的安全、中国公民（侨民）在境外的人身、财产安全、中国企业在境外的资产安全、涉及我国能源资源输入和商品输出的战略运输通道、管道的安全。

（4）海外文化利益是指中国文化、艺术、价值观念在境外自由传播，国外民众通过中国文化产品、道德传统、思想观念等文化软实力的正向感知与评价，为中国带来的收益，主要包括中国国家形象，公民、团队、国家等不同主体进行文化推广和交流的权益，提供文化产品、服务的文化产业收益等。

海外利益涉及的主体和内容广泛、多元，除按照领域对其构成进行划分外，张曙光、陈伟恕、凌胜利等学者还从层次性角度进行划分，一般分为核心、重要、一般三个层次。核心海外利益直接涉及国家主权、安全和发展利益，包括海外政治利益方面的国家主权完整、政治制度安全、海外经济利益方面的关键资源获取、海外安全利益方面的战略通道安全。重要海外利益尽管不直接涉及国家核心利益，但影响维护核心利益的能力，具有中短期影响，包括海外政治利益方面国际地位、国际制度参与，海外经济利益方面的国际贸易、投资利益，海外安全利益包括相对零散的人员生命安全（如涉及大量海外人员安全，升级为核心海外利益），海外文化利益方面的国家形象。一般海外利益对国家核心利益影响有限，对非国家行为的海外利益影响明显，包括海外政治利益方面的国际影响力、海外经济利益方面的海外市场拓展、海外安全利益方面的生产经营与资产安全、海外文化利益方面的国际认同。

海外利益作为国家利益在境外的延伸，是国际交往、联系、互动的必然结果。不论是领域性划分还是层次性划分，其涵盖的内容都表明海外利益对于国家主权、安全、经济社会可持续发展具有至关重要的意义和价值。因而，保护海外利益的重要性日益凸显。首先，保护海外利益是中国坚定不移推进经济全球化、推动国际秩序向着更加公正合理方向发展的重要体现；其次，保护海外利益是推动形成国内国际双循环，更好利用国际国内两个市场、两种资源，为我国经济发展增添新动力的重要手段；再次，保护海外利益是增强公民国家认同感、归属感，增加民族凝聚力的重要抓手；最后，保护海外利益是塑造国家形象，提升国际影响力的重要途径。

第二节　中国海外利益的现状与面临的主要风险

一个国家的实力、国际化程度、参与国际事务的深度和广度决定其海外利益的规模和范围。随着综合国力的快速提升，中国已经崛起成为世界的主要大国之一，在经济上是仅次于美国的第二大经济体，并逐渐缩小差距；在政治上是实现世界和平、地区稳定、推动全球治理不断完善的关键性力量。与大国地位相适应的是中国海外利益的巨大体量和广泛分布，海外利益面临的安全风险也随之增加。

一、中国海外利益的现状

近年来，中国驻外机构、对外投资、出境人员等方面的规模不断扩大，特别是"一带一路"倡议推进以来，我国海外利益的扩展明显提速。

1. 驻外机构

2019 年，我国已经超越美国成为全球拥有最大外交网络的国家。目前，我国已和 180 个国家建立了外交关系，同 112 个国家和国际组织建立了伙伴关系，参加了 100 多个政府间国际组织，签署了超过 500 多个多边条约；在 173 个国家设立驻外大使馆，在 50 个国家设有领事馆 96 个，在联合国、欧盟、东盟等国际组织常驻代表团、使团、代表处 11 个；商务部在亚洲、非洲、美洲、欧洲、大洋洲以及国际组织中设立 225 个驻外经商机构；文化和旅游部在 47 个国家设立中国文化中心数量达 40 家，驻外旅游办事处 20 家；国家汉办在 162 个国家（地区）建立了 550 所孔子学院和 1 172 个中小学孔子课堂，累计为数千万各国学员学习中文、了解中国文化提供服务。

2. 对外投资与境外资产

尽管受新冠肺炎感染疫情影响，2020 年我国对外直接投资 1 329.4 亿美元，同比增长 3.3%，其中，对外非金融类直接投资 1 101.5 亿美元，同比下降 0.4%，对外直接投资流量蝉联全球第二、存量保持全球第三。对外承包工程保持平稳，2020 年我国企业承揽境外基础设施类工程项目 5 500 多个，新签合同额 2 555.4 亿美元，当年完成营业额 1 559.4 亿美元。2020 年对"一带一路"沿线国家投资稳步推进，我国企业对"一带一路"沿线 58 个国家（地区）非金融类直接投资 177.9 亿美元，同比增长 18.3%，占同期总额的 16.2%；在沿线国家（地区）新签承包工程合同额 1 414.6 亿美元，完成营业额 911.2 亿美元，分别占同期总额的 55.4% 和 58.4%。中国 2.8 万家境内投资者在全球 189 个国家（地区）设立对外直接投资企业 4.5 万家，全球 80% 以上国家（地区）都有中国的投资，境外企业资产总额 7.9 万亿美元，涵盖国民经济 18 个行业大类，其中租赁和商务服务、批发零售、金融、信息传输、制造和采矿六大领域存量规模均超过千亿美元。

3. 境外人员

2019 年，我国出境旅游人数 15 463 万人，比上年同期增长 3.3%，连续六年出境旅游人数过亿。2019 年，我国出国留学人员总数为 70.35 万人，较上一年度增加 4.14 万人，增长了 6.25%；1978—2019 年度，各类出国留学人员累计达 656.06 万人，其中 165.62 万人正在国外进行相关阶段的学习或研究；490.44 万人已完成学业。2019 年，我国对外劳务合作当年派出各类劳务人员 48.75 万人，在外各类劳务人员总数 99.21 万人，截至 2019 年 12 月底，我国对外劳务合作业务累计派出各类劳务人员 1 000.15 万人。此外，我国在近 200 个国家（地区）拥有超过 6 000 万侨胞，群体结构主要分布在房地产、制造业、银行金融业，经济实力和竞争力相较以往明显提升。

从分布情况来看，经过数十年的发展，中国海外利益形成遍及世界、重点突出的分布格局。由周边扩展至全球，尤其以我国周边国家、发达国家和能源资源丰富的地区利益最为集中，领域涵盖金融、制造、通信、基础设施建设、文化等众多产业。中国已经成为名副其实的海外利益大国。

二、中国海外利益面临的主要风险

近年来，我国内政遭受外部势力干涉，国家海外形象受抹黑，海外企业遭遇暴力冲击，海外公民生命财产受侵害等海外利益受损情况明显增多。在我国海外利益范围快速扩展、规模迅速增大的同时，也面临复杂严峻的风险挑战。主要包括以下几个方面的风险。

1. 政治风险

海外利益面临的政治风险主要指地缘政治博弈和东道国国内政治变化对我国海外利益形成的挑战。

以中国为代表的新兴经济体的崛起极大地改变了国际政治经济格局，全球秩序进入深刻的变革期。以美国为首的部分国家不愿正视中国和平崛起的事实，秉持零和博弈思维，将中国视为国际秩序和国际体系的挑战者，通过战略手段对我国进行围堵、遏制，我国海外利益也面临越来越大的限制和竞争。

美国奥巴马政府提出遏制中国地区影响力扩展的"亚太再平衡战略"，军事上推动双边同盟向多边同盟网络转变，政治上挑拨中国与周边国家关系，经济上退出 TPP 试图削弱中国在地区经济合作方面的主导权。特朗普政府首次在美国《国家安全战略》中将中国视为"战略竞争对手"，不仅发起对华"贸易战""科技战"，而且提出旨在加强同盟体系、强化军事存在，全面遏制中国崛起的"印太战略"。拜登政府上台后重启中美高层战略沟通，但对华负面认知、经济制裁、战略施压的态势持续强化，在巩固发展"印太战略"战略的基础上，建立奥库斯联盟，向澳大利亚提供核潜艇技术，在我周边地区加剧核军备竞赛。此外，美国还联合部分国家利用台湾、新疆、西藏、香港等问题干涉我国内政，企图破坏我国主权领土完整，并公开渲染意识形态对抗，攻击我国政治制度和发展道路，利用所谓"民主价值观"构建反华的"西方统一战线"。在美西方炒作、鼓动之下，我国周边部分国家对中国崛起的疑虑渐增，精英、媒体、部分民众对华评价趋于负面化。特别是美西方国家为"一带一路"倡议贴上"债务陷阱""新殖民主义"等污名化标签，导致部分沿线国家对中国充满了猜忌和防范心理。印度将"一带一路"倡议过度解读为中国的地缘政治战略，指责中国试图削弱其在南亚地区的主导性地位。

东道国国内政治风险也对我国国家利益形成严重挑战。不同地区、不同国家制度模式和发展水平存在一定的差异性，维护内部稳定的能力也各不相同，包括选举政治导致的政府换届，部族冲突、教派冲突、政治冲突等原因造成的内部动荡，都会给我国海外利益造成损失。2018 年 5 月，马哈蒂尔击败时任马来西亚总理的纳吉布上台执政，因政策调整，马来西亚政府在 7 月取消了由中国石油管道局工程有限公司承建的总价值 230 亿美元的两个油气管道之后，9 月又取消了 3 个总价值近 30 亿美元的油气管道项目。2011 年，利比亚政治反对派谋求武装推翻长期执政的卡扎菲政权，导致内战爆发。尽管卡扎菲政权被推翻，但国内政治和解进程进展缓慢，加之"伊斯兰国"等极端组织盘踞利比亚，造成利比亚局势长期动荡。据我国商务部测算，因战争、动荡导致中铁、中石油等 13 家中资企业在利的 50 个大型项目被迫停工，直接损失高达 188 亿美元左右。①2021 年 2 月 1 日，缅甸军方扣押缅甸总统温敏、国务资政昂山素季等政要，并宣布接管国家权力，随后缅国内爆发大规模抗议活动，国内秩序逐渐失控。3 月 14 日，位于仰光多个工业区的 32 家中资企业遭不法分子的打砸抢烧，多名中方人员受伤，财产损失 2.4 亿人民币。②

2. 经济风险

海外利益面临的经济风险主要指东道国整体营商环境不佳，对外经济政策调整，由常规市场风险因素造成我国海外利益损失的风险。

冷战终结后全球化的迅猛发展极大促进了生产资料和商品在世界范围内的自由流动，不同国家和地区之间联系和相互依存度大幅度提升。虽然中国海外利益在欧美发达国家中的占比仍然较高，但随着"一带一路"倡议的提出和推进，中国政府和企业对发展中国家的投资明显增加。尽管发展中国家因为原材料、劳动力、各类资源等方面的成本低廉实现了高于发达国家的投资回报率，但发展中国家经济基础薄弱、法律法规不健全、偿还债务能力较差、抵御外部风险能力较低，因而投资风险高于发达国家。因国际油价下跌、恶性通货膨胀等多重压力叠加，严重依赖石油出口的委内瑞拉爆发严重经济危机，债务违约隐患日趋严峻。为帮助委内瑞拉渡过难关，维护自身经济利益，中国政府及时与委内瑞拉政府就债务重组进行协商，极大缓解了委内瑞拉现金流压力。

东道国对外经济政策调整是影响我国海外投资、贸易的重要影响因素，特别是贸易保护主义的抬头会为我国海外利益造成巨大的冲击。2008 年金融危机不仅造成全球性经济衰退，而且引发贸易保护主义抬头趋势。为缓解经济危机对本国造成的压力，美国以及西方国家逐渐收紧了对外来投资的限制，并通过诸多贸易歧视性措施保护本国市场。2017 年特朗普政府上台之后，美国对外经济政策中的单边主义、贸易保护主义大行其道，不仅将贸易逆差归咎于中国，而且指责中国长期侵犯美国企业知识产权，对中国商品加征关税，发起对华贸易战。此外，美国还通过制裁中国企业、加强对外国投资审查等手段损害中国企业利益。2020 年 11 月，特朗普签署行政令，禁止美国投资者对中国军方拥有或控制的企业进行投资，影响了中国电信、中国移动、海康威视等 31 家中国企业；2021 年，拜登政府借口"人权"问题，先后将 30 多家中国企业列入出口管制"实体清单"。近年来，美国外国投资委员会明显增加对外投资的审查力度，不仅案件数量大幅度提升，传统上不被认为具有敏感性的"国家安全"性行业也被列入审查范围，如药品和医疗器械、个人金融、教育、娱乐和社交媒体等。

中国企业在进行海外投资和贸易活动中，不可避免地要面临诸如汇率变动、通货膨胀、市场变化等常规性市场风险。我国企业在进行对外投资时往往对东道国货币与人民币之间的汇率更加敏感。2008 年金融危机发生后，有些发达国家为了缓解经济危机对本国的冲击而实行了极度宽松的货币政策，大大提高了通货膨胀、汇率不稳定、市场供需起伏发生

---

① 资料来源：https://www.163.com/money/article/6VOHGGUB00253CAA.html。
② 资料来源：https://world.huanqiu.com/article/42K47llRuTk。

的概率，也使我国企业对外开展经济活动时面临双重甚至多重风险。

3. 安全风险

海外利益面临的安全风险主要指武装冲突、恐怖主义袭击、海盗袭击、刑事犯罪活动、公共卫生危机、自然灾害等对我国境外公民生命财产形成直接安全威胁的风险。

联合国发布的《遭剥夺的童年和需修复的未来：新冠肺炎感染疫情大流行加剧武装冲突中少年儿童的脆弱性》报告显示，2020 年重大武装冲突仍集中于中东、非洲东北部以及东南亚等地。上述地区也是我国对外投资和各类劳务输出的重点地区。冲突风险直接威胁我国境外公民的生命安全、财产安全。2020 年 12 月，中非共和国爆发严重武装冲突，4 家中国私营矿业的 8 辆汽车及财产在混乱中被抢掠，大使馆立即组织中国公民撤离。2006 年，刚果（金）因内部权力争夺发生武装冲突，中国路桥公司驻金沙萨代表处代表林均汉和妻子逄丽萍不幸被枪弹击中，所幸抢救及时，没有生命危险。

2019 年，新一代极端组织和恐怖主义代表"伊斯兰国"被消灭之后，全球反恐取得重要进展，但恐怖主义威胁形势依然严峻。据《2019 年全球恐怖主义指数》的数据显示，恐怖活动致死人数从 2014 年至 2019 年降幅达 52%，但在 2019 年仍有 15 952 人在恐怖袭击中丧生。值得警惕的是，"一带一路"沿线的东南亚、南亚、中亚、西亚北非地区都是恐怖袭击的高发地区；近年来针对中国公民的恐怖袭击事件有所增加。2015 年 11 月，前往马里洽谈合作项目的中国铁建国际集团三名高管在首都巴马科的丽笙蓝标酒店恐怖袭击事件中不幸遇难；2021 年 4 月，中国大使下榻的一家巴基斯坦酒店发生汽车炸弹袭击，爆炸发生时因中国代表团外出活动，未有人员伤亡；7 月，一辆载有 30 多名中国工程师前往达苏水电站项目现场的公交车遭遇恐怖袭击，9 名中国公民遇难。

海盗已经成为国际公害之一，对国际航运、海上贸易和海上安全构成严重威胁，严重威胁我国海外安全和经济利益。开展亚丁湾护航之前，2008 年 1 265 艘通过该航线的中国商船中，有 20% 遭遇海盗袭击。尽管各国护航行动取得丰硕成果，但海盗问题依然严峻。据国际海事署海盗报告中心的统计，2020 年全球发生海盗和武装抢劫事件共 195 起，相比 2019 年的 162 起，增幅超过 20%，几内亚湾成为海盗活动最为猖獗的地区。2020 年 3 月，中国籍货轮"黄海荣誉"号在尼日利亚南部海域遭遇劫持，经尼日利亚海军及时解救，23 名船员安全无恙。

随着旅游、留学、务工等不同需求的增长，中国公民前往海外的数量大幅度提升，涉及其人身财产安全的风险也随之增加。据学者统计，中国公民海外安全时间呈现频率总量增大、事件种类增多的特点，仅 2016 年 1 月 1 日至 2018 年 9 月 30 日中国公民海外安全事件共发生 386 起。其中，偷盗抢劫、绑架勒索、电信诈骗等刑事犯罪成为游客、留学生、劳务人员、渔民等群体面临的主要安全威胁。2022 年 1 月，在尼日利亚一处电力项目服务的 3 名中国员工遭武装人员绑架，另有 1 名中国员工被子弹击中，中国驻尼大使崔建春敦促尼日利亚政府切实加大力度，坚决严厉打击涉及中国公民

扩展阅读13.1
为了国家尊严和人民利益——湄公河惨案侦破始末

的犯罪活动。

2007 年世界卫生组织发布的年度报告指出，全球正处在史上疾病传统速度最快、范围最广的时期。自 20 世纪 70 年代始，新传染病即以空前的、每年新增一种或多种的速度出现。20 多年来至少出现了 40 种新发传染病，最近 5 年经世界卫生组织证实的疫情超过 1 100 件，埃博拉、马尔堡出血热、尼派病毒感染等病毒性疾病威胁全球健康。因医疗水平、防疫政策、制度模式等方面存在较大差异性，不同国家应对公共卫生突发事件的能力也参差不齐，海外中国公民的公共卫生风险明显增加。新冠肺炎感染疫情在全球范围内暴发后，众多海外中国公民感染风险远高于国内，且无法获得充分的防疫物资、医疗资源、新冠疫苗、社会保险的情况在多国均有发生。

据统计，过去 120 年来，全球范围内地震、洪水、山火等自然灾害快速增多。2021 年不同国家、不同地区的民众频繁遭遇自然灾害。德国保险业巨头慕尼黑再保险的报告显示，过去一年全球自然灾害造成的损失高达 1 200 亿美元。过去 50 年，全球范围内因自然灾害死亡的人数超过 200 万。在自然灾害频发、破坏力巨大的背景下，海外中国企业、公民面临的安全风险也逐渐增加。

4. 社会风险

海外利益面临社会风险主要指东道国因经济衰退压力、社会差异、不实社会报道等原因引发对中国的负面认知，从而导致针对中国企业和公民的歧视甚至攻击。

2008 年金融危机造成全球性经济衰退，部分国家因为经济持续下行出现失业率攀升、福利减少、社会不满情绪不断累积等趋势，激发民粹主义抬头。这些国家的民众将生活水平下降归咎于建制精英的政策失误以及外国投资、移民对本国资源的占有，因而排外思潮不断高涨。2017 年，某国在野政治人物抨击中资企业开发的大型住宅项目，称该项目是将 14 平方千米的土地变为了"外国飞地"，并指责中资"抢了本地人的饭碗"，呼吁该国抵制中资涉足该国农田、关键基础设施和住宅。

不同国家因宗教文化传统、价值观、社会制度等方面差异，在互动中存在一定程度的矛盾，这种矛盾可能降低东道国社会民众对我国企业、投资的信任感和认同感。部分中国企业缺乏在外国营商经验，将某些国内经营方法和习惯带到国外，如延长劳动时间、增加劳动强度等，因为当地工人不满，形成对我国企业和管理人员的负面舆情。部分中国企业在投资过程中缺乏对当地社会情况，如缺乏对工会组织活动能力的了解，未能事前做好调研和解释工作，导致收购过程受工会组织的罢工抵制。

新冠疫情暴发之初，中国政府不惜投入巨额成本采取有效措施遏制疫情传播，并第一时间向国际社会通报病毒数据和相关疫情，为世界抗击新冠疫情争取了宝贵时间。但中国的努力和牺牲并未引起部分国家的重视，导致疫情在全球范围内快速传播。这些国家为转嫁防疫不利的责任，对中国抗击疫情进行不实报道，西方媒体甚至使用"中国病毒"对我国疫情治理进行污名化。受不实报道的影响，部分国家大量出现歧视甚至攻击中国公民和本国华裔公民的恶劣事件。

第三节　中国海外利益保护的手段与实践

鉴于我国海外利益体量大、分布广，安全风险复杂多元，加强海外利益保护的紧迫性日益凸显。海外利益的扩展反映了国家综合实力的快速上升，维护海外利益安全是大国崛起的必经阶段和关键性驱动力。回溯历史可以发现，西方大国崛起过程中将维护海外利益作为国家对外战略的重要组成部分并不断强化保护能力。但中国在借鉴西方国家保护经验的同时，始终坚持公平、互利、共赢的原则，发展出具有中国特色的海外利益保护路径。

一、中国海外利益保护的发展阶段与特点

美国历来将保护海外利益作为其国家战略制定的关键性依据和执行的重要内容。在海外利益保护的实践中，美国充分发挥政府的主导性作用，强化相关部门的配合与协调；注重企业、社会组织等非政府力量的补充作用；灵活使用外交工具，在与国际义务发生抵触时，不惜使用单边手段；利用其国际地位和影响力，通过国际制度构建寻求控制国际规则制定权力；维持强大的军事力量充当海外利益保护的坚强后盾。美国逐渐形成了由国家、军队、企业、非政府组织、法律法规、国际制度等主体和工具所构成的海外利益保护体系。

以英、法、德为代表的欧洲大国从殖民时代开始就不断追求海外利益扩展与保护能力之间的协调发展。在数百年的实践过程中，形成了以政府为主导，以海外军事力量部署为保障，以宗主国与殖民地的历史文化联系为纽带，以大型跨国公司影响当地政治为主要手段的海外利益保护路径。呈现出利用有限资源、突出重点保护领域；投资、援助为主，军事干预为辅；创设高等级行业标准，以规则塑造竞争力的海外利益保护特点。

相较于西方大国，中国在海外利益保护建设方面是一个后来者，从1949年新中国成立以来，海外利益的扩张和保护大致经历了三个阶段。

第一阶段是1949年至1977年，这一阶段中国海外利益较少，大部分集中于政治利益和安全利益，这是由当时的国内与国际环境决定的。首先，中国确立了社会主义制度，在冷战背景下，与社会制度、意识形态一致的苏联结盟是现实选择。在朝鲜战争爆发后，中国政府在极其不利的条件下毅然出兵，美国联合西方盟友对华进行全面遏制。中国的经济交往对象主要是社会主义国家和部分第三世界国家。其次，中国经历过西方国家殖民、日本侵略的屈辱历史，无比珍视民族独立和主权领土完整，因而新中国将维护国家安全和社会主义制度摆在了首位。最后，中华人民共和国成立时百废待兴，将主要精力集中于恢复和发展国家建设，没有多余资源拓展海外利益；此外，在当时的认知环境下，拓展海外利益被视为西方殖民行为。

第二阶段是1978年至2008年，这一阶段中国海外政治利益、安全利益，尤其是经济利益快速扩展，海外利益保护意识出现并逐渐强化。首先，党的十一届三中全会作出了改革开放的重大决策，经济建设成了党和国家的中心工作。通过"引进来"，利用国外的先

进技术、资金、管理经验、能源资源实现了我国经济的大踏步前进；随后的"走出去"，推动中国的资金、技术、劳动力走向国际，有效地推动了出口扩大与市场开拓，更加主动地融入世界经济体系和产业链，与"引进来"相配合，更加充分地利用国内国际两种资源、两个市场。其次，1978年后中国确立了"和平与发展"的世界主题，改变了外交中"以意识形态为纲"的原则，明确了以国家利益作为对外关系的准则。在上述原则的指导下，中国积极推动多元外交，主动融入全球政治经济体系，为"引进来"和"走出去"营造良好的外部环境。最后，随着海外利益规模的增大，特别是大量企业和公民走向世界，利益主体也逐渐多元化，面临的风险也随之提升，海外利益保护的意识随之出现并上升至政策层面。2000年外交部首次发布《中国境外领事保护和协助指南》，提醒公民出境注意事项，解读领事官员的服务范围，总结出境公民常见问题以及获取领事保护和帮助的方式、方法。2004年针对中国公民在巴基斯坦遇害情况，前中共中央总书记胡锦涛在第十次驻外使节会议上明确指示，"要增强我国海外利益保护能力，完善相关法律法规，健全预警和快速反应机制"。2005年《政府工作报告》首次提出"积极维护我国公民在海外的生命安全和合法权益"。2005年8月，国务院办公厅印发了《国务院办公厅关于印发国家涉外突发事件应急预案的函》，旨在最大限度地预防和减少涉外突发事件及其造成的损害。2008年9月开始施行的《对外承包工程管理条例》对保护我国海外员工安全进行详细规定，明确企业是我国公民海外人身安全开始施行的责任主体。

第三阶段是2009年至今，这一阶段的中国海外利益体量进一步增大，分布范围进一步扩大，并从传统的政治、安全、经济领域扩展至国际制度和文化领域，中国政府逐渐开始强调加快海外利益保护能力建设。首先，尽管中国也受2008年金融危机的冲击，但得益于政府的有效应对和独特的金融制度体系，总体影响比发达国家要小，保持了健康增长，传播中国文化、讲好中国故事逐渐成为海外利益扩展与保护的重要内容。其次，在发达国家在金融危机中被削弱，以中国为代表的新兴经济体快速崛起的双重因素影响下，冷战终结后形成的国际权力结构正在发生变化，新兴经济体逐渐走向世界的中心舞台，要求改革现有西方国家的国际政治经济秩序，向着更加公平、合理的方向发展，更多体现发展中国家的利益。最后，"一带一路"倡议的提出，不仅体现了中国回馈国际社会的良好意愿，而且表明了中国坚持推进全球化、坚持开放的决心，彰显了中国"共商、共建、共享"的大国气度和大国责任。最为重要的是，海外利益保护的重要性提升至战略高度。党的十八大报告特别强调："坚定维护国家利益和我国公民、法人在海外合法权益。"海外利益安全成为"总体国家安全观"的组成部分之一。《国家安全法》明确规定，"国家依法采取必要措施，保护海外中国公民、组织和机构的安全和正当权益，保护国家的海外利益不受威胁和侵害"。《中共中央关于制定国民经济和社会发展第十四个五年规划和二〇三五年远景目标的建议》中特别强调，"健全促进和保障境外投资的法律、政策和服务体系，坚定维护中国企业海外合法权益，实现高水平走出去"。在实践过程中，中国逐渐形成领事保护、军事保护、国际制度保护、市场化私人安保保护所组成的海外利益保护体系。

纵观中国七十余年的海外利益拓展和保护历程，主要呈现出以下区别于美国等西方国家的特点。

（1）中国海外利益拓展和保护主要采取和平方式，区别于美西方殖民时代以坚船利炮作为海外利益扩展的主要手段，以及西方国家普遍存在的干涉内政的做法。一方面，全球化的迅猛发展极大地提高了外部资源和市场的可获得性，不需要通过战争去掠夺；另一方面，中国在对外关系中坚持和平共处五项原则，不干涉他国内政，对外援助不附加任何条件。此外，遭受外辱的历史记忆也会时刻警醒中国，拒绝使用不符合国际法、国际道义的拓展和保护方式。

（2）中国海外利益拓展和保护追求包容性发展。中国始终坚持，国家无论大小，平等互利的合作原则，在特定条件下，中国少拿收益甚至不拿收益。中国既是国际合作的受益者，也是回馈者，习近平总书记公开表示，"欢迎大家搭乘中国发展的列车，搭快车也好，搭便车也好，我们都欢迎"。

（3）中国在追求自身利益的过程中一贯致力于对国际社会作出积极贡献。作为拥有世界四分之一人口的最大发展中国家，中国人民在党和国家的领导下脱贫致富，全面步入小康社会，保持国家稳定、健康的发展，这本身就是对国际社会的重要贡献。目前中国已经加入了几乎所有的政府间国际组织，签署了 200 多项各类国际条约。在逆全球化、保护主义趋势愈演愈烈的情势下，中国坚定地推动全球化，倡导多边主义，进一步扩大开放，为世界稳定、地区繁荣贡献中国智慧、中国力量。

二、中国海外利益保护的手段与实践

随着海外利益安全与保护的战略重要性不断提升，党和国家不断强调提高保护能力和水平，加强保护力度，积极研究和探索保护海外利益的有效途径，并在实践中取得突出成绩。主要包括以下几个方面内容。

1. 领事保护

领事保护是指中国公民、法人的合法权益在所在国受侵害时，中国驻当地使、领馆依法向驻在国有关当局反映有关要求，敦促对方依法公正、妥善处理，从而维护海外中国公民、法人的合法权益。领事保护的内容是海外中国公民、法人在海外的合法权益，包括人身安全、财产安全、合法居留权、合法就业权、法定社会福利、人道主义待遇等，以及当事人与我国驻当地使领馆保持正常联系的权利。保护方式主要是依法依规向驻在国反映有关要求，敦促公平、公正、妥善地处理。依据的法规主要包括公认的国际法原则、有关国际公约、双边条约或协定，以及中国和驻在国的有关法律。提供的领事协助和保护内容主要包括向所在国发生重大突发事件危及人身安全的中国公民提供相应的帮助；可对在外国服刑或被拘留、逮捕的中国公民进行领事探视；可代遭遇意外的中国公民联系国内亲属；为在外国发生纠纷、刑事案件、突发疾病的中国公民提供当地法律、翻译、医疗机构的名单和联系方式；可为寻找在国外失踪近亲属的公民提供渠道和方式信息；为遗失或未持有有效旅行证件的中国公民签发相关旅行证件。

中国企业、人员大量走出去，特别是在"一带一路"倡议实施后，海外利益和领事保护工作急剧增加。外交部数据显示 2018 年外交部和驻外使领馆共处理海外中国公民安全事件 85 439 起，其中，咨询报案类案件 43 943 起，领事保护与协助类案件 41 496 起，平均每天约 234 起，共涉及中国公民 141 577 人。领事保护在维护中国海外利益安全方面发挥着越来越重要的作用。2012 年 3 月，阿曼济台湾渔船在海外作业时被索马里海盗劫持，29 名船员同时被劫持，其中包括 10 名中国大陆公民和 2 名台湾同胞。在劫持事件发生时，外交领事保护中心就展开了救援工作，历经 4 年不懈努力，在第三方的大力协助下，包括 10 名中国大陆公民在内的 26 名船员获释，中国人质接返工作组和中国驻肯尼亚大使馆的工作人员专程在内罗毕停机坪迎接获释公民。

2. 军事保护

军事力量是中国维护海外利益安全的坚强后盾，中国军队不会介入别国内战或者地区武装冲突，在保护还利益方面主要从事的是非战争军事行动，如护航、撤侨、维和、人道主义救援、打击跨国犯罪等。2013 年，中国国防部发布《中国武装力量的多样化运用》国防白皮书，在第四部分"保障国家经济社会发展"的"维护海外利益"部分强调："随着中国经济逐步融入世界经济体系，海外利益已经成为中国国家利益的重要组成部分，海外能源资源、海上战略通道以及海外公民、法人的安全问题日益凸显。开展海上护航、撤离海外公民、应急救援等海外行动，成为人民解放军维护国家利益和履行国际义务的重要方式。"2015 年《中国军事战略》白皮书将维护海外利益安全列入军队八项战略任务之一，强调要"加强海外利益攸关区国际安全合作，维护海外利益安全"。

中国军队不仅在符合国际法的条件下扩大保护范围，而且不断提升快速反应和应急处置能力。2008 年为打击亚丁湾海盗犯罪，中央军委在根据联合国有关决议，参照有关国家做法，在得到索马里政府的同意后进行护航军事行动，保护航行该海域中国船舶人员安全；保护世界粮食计划署等世界组织运送人道主义物资船舶安全。中国海军护航编队共为 1 207 批 6 600 余艘次中外船舶护航，其中半数以上为外国船舶或世界粮食计划署船舶。2022 年 1 月 4 日，海军第 39 批护航编队护送 8 艘中国渔船抵达曼德海峡南口安全海域，顺利完成新年度首批护航任务。

2011 年中国政府调动军机、轮船以及 200 架客机在 10 天内将 4 万侨胞从利比亚悉数撤回国内，这一成绩令全世界侧目。但也门撤侨再一次刷新了世界对中国军事力量和海外保护能力的认知。2015 年 3 月，国际联军打击也门胡塞武装的军事行动导致军事骤然紧张，中央军委主席习近平命令，已经在海上执行任务 200 多天的第 19 批护航编队赶赴也门执行撤侨任务。临沂舰、潍坊舰、微山湖舰迅速向亚丁港海域机动，仅用 9 天时间就圆满完成了撤侨任务，并协助数百名其他国家的公民安全撤离。

3. 国际制度保护

第二次世界大战后世界发展的一个重要特征就是基于一系列国际制度基础形成的国际政治经济秩序。尽管这套秩序长期由西方大国主导，但确实在长时间内维护了世界和平，促进了经济发展、人文交流，特别是塑造了不同国家在国际制度框架下通过共识、合作解决利益分歧和矛盾的行为方式。对于联系日益紧密、相互依赖不断加深的世界来说，国际制度既是维护海外利益的手段，同时也是海外利益的重要内容之一。

首先，国际制度具有能够降低交易成本、减少不确定性、促进合作的功能，通过制度框架下的谈判、协商可以减少战略误判，节约战略成本，以和平方式解决利益分歧；其次，在重复博弈的影响下，国家行为体会在国际制度下形成适应性预期，逐渐将国际制度的规则内化而进行自我行为约束，因而制度框架下所有国家按照规则行动，可以形成良性互动；最后，国际制度对海外利益具有建构性价值，全球化推进了国际社会的制度化进程，国际制度通过赋予国家以集体身份和共有知识来影响国家对海外利益的认知和界定。正因为国际制度在拓展和维护海外利益中具有如此重要的功能，获取国际制度内的投票权、话语权、决策权、代表性等权益，推动国际制度向有利于本国的方向发展，也成为一项重要的海外政治利益。国际货币基金组织是第二次世界大战后在美国主导下建立的，作为稳定国际货币金融秩序最为重要的国际制度，会员国可凭特别提款权偿付国际收支逆差，还可充当国际储备。制度设计之初，按照出资份额获得组织内相应的投票权，使得该组织长期被西方发达国家把持，七国集团成员控制约半数以上的投票权，而美国更是凭借第一大股东拥有否决权。鉴于新兴经济体实力的快速增长，包括份额调整在内的制度改革提上了议事日程。经过不懈的努力，2016年国际货币基金组织份额和治理改革方案生效，中国份额占比从原来的3.996%升值6.394%，成为仅次于美、日的第三大股东，极大地提升了我国在国际货币金融领域的话语权和影响力。

4. 市场化的私人安保保护

海外利益的快速扩展会造成保护需求与保护能力之间的张力，因为海外利益的跨境性，在东道国的主权范围内，一定程度上限制了中国政府性保护力量分配与部署。为了满足不断增长的海外利益保护需求，以市场化手段运营的私营海外安保公司成了政府性保护手段的有益补充，并发挥着越来越重要的作用。海外安保的保护对象一般是涉及主权之外的非国家行为体的海外权益，主要包括为境外企业和人员提供护卫、警戒、押运、人员培训、咨询与评估、应急与救援等服务，涵盖"事前、事中、事后"全过程。中央政法委书记孟建柱在第四届全国先进保安服务公司、先进保安员表彰大会上强调，安保企业"要主动跟进日益增长的海外利益安全保护需求，加快推进海外保安服务业发展，为'一带一路'等重大战略实施提供安全服务和保障"。近年来，我国海外安保业务发展迅速，据行业统计，国内约有50家安保服务、咨询、安防科技公司提供海外安保服务。私营安保的有效性已经得到市场的认可。

中石油早在1993年就开始参与国际油气合作，2008—2009年在伊拉克和伊朗成功竞标5个大型油气项目后，在伊拉克的项目面临巨大的安全风险。中石油在依靠伊拉克政府安全力量与依靠私营安保公司提供安全服务之间选择了后者。2009年中石油集团公司在安全风险管控中系统地部署和使用私营安保公司，围绕治安犯罪、恐怖袭击、武装绑架和战争或武装冲突等安全风险，以风险管理为核心，形成了一个闭环式、全过程的风险管控机制。截至2018年9月，中石油在伊拉克已连续多年实现安全零事故，较少发生人员被绑架、袭击、敲诈和勒索的事件，很多子公司都在伊拉克创下了安全生产的新纪录。中石化、中铁、中远，以及华为、中兴等大型民营企业也在海外经营过程中购买私人安保服务。

维护海外利益安全是一项长期且需要持续努力的工作，尽管我国在保护能力方面取得了长足的进步，但在安全风险日益多元化、复杂化的现实条件下，仍难以满足保护需求，需要进一步提升保护能力，主要包括进一步加强海外利益保护的顶层设计，进一步明确相关职能部门的责任，避免政出多门、多头管理的问题，加强协调合作；进一步完善海外利益保护相关的法律法规体系建设，帮助国家、企业、个人不同主体在海外利益保护中明确区分权利与义务；加快建设海外利益安全预警监测体系，实现安全风险评估、安全风险防范、安全问题应急处置等各个环节在内的完整的风险防控机制；大力推动市场化安保力量的发展，推动政府与企业在海外利益保护方面形成合力。

亲爱的同胞们，不论你走到世界的哪个角落，不论你遇到何种风险，请相信，伟大的祖国就在身后守护着你的安全！

本章思考题

1. 作为个人，在海外利益保护中应该发挥何种作用？
2. 如何理解海外利益属性中的合法性问题？
3. 在出境投资前，是否需要私营安保公司的服务？

扩展阅读13.2
中国海军首次赴亚丁湾索马里海域护航行动

即测即练

参考文献

[1] 刘静. 中国海外利益保护：海外风险类别与保护手段 [M]. 北京：中国社会科学出版社，2016.
[2] 李涛. 中国海外利益 [M]. 北京：国际文化出版公司，2014.
[3] 李志永. "走出去"与中国海外利益保护机制研究 [M]. 北京：世界知识出版社，2015.
[4] 于军. 中国海外利益蓝皮书 [M]. 北京：世界知识出版社，2017.

[5] 于军.中国的海外利益蓝皮书（2017—2018）[M].北京：国家行政学院出版社，2019.

[6] 苏长和.论中国的海外利益[J].世界经济与政治，2009（8）.

[7] 张曙光.国家海外利益风险的外交管理[J].世界经济与政治，2009（8）.

[8] 汪段泳.海外利益实现与保护的国家差异——一项文献综述[J].国际观察，2009（2）.

[9] 门洪华，钟飞腾.中国海外利益研究的历程、现状与前瞻[J].外交评论，2009（5）.

[10] 凌胜利.中国周边地区海外利益维护探讨[J].国际展望，2018（1）.

[11] 陈伟恕.中国海外利益研究的总体视野——一种以实践为主的研究纲要[J].国际观察，2009（2）.

[12] 温金荣，马鲁平.市场化手段：中国海外安全利益及风险管控的发展方向[J].中国国际战略评论，2018.

[13] 刘莲莲.国家海外利益保护机制论析[J].世界经济与政治，2017（10）.

[14] 王逸舟.创新不干涉原则，加大保护海外利益的力度[J].国际政治研究，2013（2）.

[15] Mathieu Duchâtel, Oliver Bräuner, Zhou Hang. Protecting China's Overseas Interests: The Slow Shift Away From Non-interference[J]. *SIPRI Policy Paper*，2014（41）.

[16] Timothy R. Heath. China's Pursuit of Overseas Security[EB/OL]. https://www.rand.org/pubs/research_reports/RR2271.html.

[17] Alex Tiersky, Susan B. Epstein. Securing U.S. Diplomatic Facilities and Personnel Abroad: Background and Policy Issues[EB/OL]. https://sgp.fas.org/crs/row/R42834.pdf.

第十四章
太空安全

学习目标

◇ 了解太空安全的主要内容。
◇ 理解维护太空安全的重要意义。
◇ 掌握太空安全面临的主要威胁与挑战。
◇ 掌握维护太空安全的途径与方法。

1957 年 10 月 4 日，苏联将第一颗人造地球卫星送入太空，开启了人类太空活动进程。历史发展至今天，人类对太空的依赖与利用变得如此普遍，可以说地球上几乎所有人类活动都与太空密不可分。正是由于太空巨大的战略作用、价值与影响，引发国际上激烈的太空竞争与对抗，使得太空安全始终是国际社会关注的重大战略热点问题。"太空安全"是一大热议话题，但少有定义。人们习惯将其与国家军事安全联系在一起，并且至今仍是对这一话题的主流认知。随着冷战的结束和全球化的推进，一些非传统安全问题开始得到普遍关注，经济、社会和环境安全等新领域也纳入安全研究的视野，而太空又与这些非传统安全领域密切相关。

第一节　太空安全的主要内容

太空安全深受太空科技和太空军事发展影响，又与国际政治、大国外交、地缘战略等因素紧密相关，涵盖大量不同学科的内容，是一个典型的多学科、跨学科研究领域。鉴于卫星的广泛应用，与传统安全和各类非传统安全问题都有着深度关联，由此，可以从三个维度来探讨太空安全问题：一是利用太空实现安全，将太空系统用于安全及国防目的；二是在太空的安全，保护太空资产免受自然和人为威胁，并确保人类太空活动可持续发展；三是受太空影响的安全，保护人类生命和地球环境免受来自太空的威胁和风险。

一、太空军事安全

太空系统在保障国家军事安全、维护国际稳定与战略平衡、减少自身受军事威胁以及维持国际安全的能力始终是"太空安全"关注的基本问题。从军事视角看，太空安全涉及多个主题，包括利用太空资产增强地面武装部队作战效能（力量倍增器）、通过预警和军备控制核查降低太空军事发展的危害、地面和天基军事能力对卫星构成的威胁、军事活动对空间环境构成的威胁等。从长远来看，太空安全还可能包括实施天基反卫作战、天基导弹拦截，甚至直接从太空对地面或空中目标实施打击的天基武器发展。

1. 太空的战略地位与军事价值

太空居高临下的独特位置决定了其具有极端重要的战略价值。早在 2 500 多年前，我国古代军事家孙子就有"善攻者动于九天之上"的论述，现代空间技术的发展则为孙子设想的实现提供了技术可能。1957 年 11 月，时任美国空军参谋长托马斯·D. 怀特（Thomas D. White）指出，"鉴于那些拥有制空能力的国家控制着大气层之下的陆地和海洋，那么未来那些拥有控制太空能力的国家将同样可能控制地球的表面"。"谁能控制太空，谁就能控制地球"后来又被美国总统肯尼迪引用，这是继"制海权论"和"制空权论"之后的"制天权论"。"制天权论"可以说是对太空战场重要地位与作用的深刻表述，它深刻说明太空战场将是今后长时期内人类进行战争的制高点，太空战争将对世界的和平与稳定产生重大的影响。当前，空间设施在社会生活的各个方面发挥着重要作用，在军事领域尤其如此，因此各个国家均高度重视太空军事力量的建设。

2. 太空支援与军事安全

太空支援对于战略和常规行动是不可或缺的。卫星是指挥自动化系统的关键组成部分，可以为军事行动提供全天时、全天候、全方位、近实时的情报、侦察、监视信息，使军队能够有效完成"侦、控、打、评"；导弹预警卫星能探测来袭的导弹，既可以保障防空反导作战，也是战略核力量体系的重要组成部分；军事侦察卫星不仅可以提供各个级别、各个频段的情报，而且为国际军控和裁军提供核查手段；通信卫星可以为战略、战役、战术各个层面的作战行动提供全球、高吞吐量和安全的通信，使基于信息系统的体系作战成为可能；全球导航定位系统可以为地面、海上、空中力量提供全天候三维定位信息和精确时间数据，还可以提供军力协同、指挥控制、目标测绘和跟踪探测、武器制导等方面的服务；气象、测绘卫星可以提供丰富的战场环境信息，使军事行动尽享天时地利之便……现代战争已越来越离不开天基设施的支援与保障。

3. 太空对抗与军事安全

太空的战略地位与军事价值使卫星及其支持系统成为军事对抗的直接目标，科技的发展则使太空对抗装备和战法日趋实用化，主要包括地面对太空、太空对太空、地面对地面、太空对地面四种类型，可能使用的技术手段包括射频干扰、定向能武器、对卫星指挥和控制的网络威胁、对地面空间基础设施的攻击、反卫星导弹、机器人和其他在轨威胁、太空核爆炸等。近年来，美国和西方国家加紧太空扩军备战，太空对抗和冲突风险上升。美国公开将太空界定为新的作战域，组建独立的太空军和司令部，加速构建作战体系，全面推进太空作战准备。北约首次将太空界定为行动疆域，强化成员国太空军事协作能力。上述做法加大了太空成为类似陆海空战场的风险，极大地增加了太空安全的不确定性。

二、太空资产与环境安全

太空技术在重要的民用、商用以及军事相关领域为广大的用户提供了诸多应用、服务和利益。人们在享受太空技术带来好处的同时，对太空资产安全以及太空环境稳定性和可持续性的担忧也在与日俱增。保护战略性的和昂贵的在轨系统（如卫星、国际空间站以及国际公共设施）、地面上的贵重设施（如发射台）以及保护太空和地面的环境因而成为空间安全的重要内容。

1. 太空的经济社会价值

太空之于信息社会和知识经济的重要性，如同石油和电力之于工业社会。主要大国都在建立各类天基系统，增强全球信息获取、传输能力，为自身经济、社会的发展和进步提供更强大动力。围绕着通信、导航定位授时、遥感等卫星应用，已衍生出规模巨大、增长迅速、前景广阔的市场。空间科技、应用和数据、信息广泛应用于环境保护、土地和水管理、退化土地和荒地的开发、城乡发展、海洋和沿海生态系统、医疗保健、气候变化、减少灾害风险和应急响应、能源、基础设施、导航、运输和物流、农村连通、地震监测、自然资源管理、积雪和冰川、生物多样性、农业和粮食安全等领域改进政策和行动方案的制定及随后的执行工作，为可持续发展作出了突出贡献。

2. 太空资产安全

空间设施自始至终都面临着太空碎片、潜在的毁灭性的撞击、无线电频率干扰等威胁。近年来，进入太空的方式更容易且费用更低，空间目标数量和类型越来越多，导致争夺轨道空间和频谱、"非法"运营商和太空碎片等问题愈演愈烈，与此同时，反卫星技术越来越普遍、越来越复杂。这两方面的动向都使太空资产安全面临挑战。自然和人为的破坏造成空间资产提供的服务中断将产生直接的、深远的和破坏性的经济和社会后果，以及潜在的破坏性地缘战略连锁反应。鉴于空间资产的重要性和易损性，欧美国家明确将太空基础设施定义为关键基础设施。欧洲委员会指出："太空基础设施是关键基础设施，是对社会与经济平稳运行以及公民安全至关重要的各项服务的基础。太空基础设施必须受保护，对太空基础设施的保护是欧盟的一项主要议题，其意义远超过卫星所有者的个人利益。"

3. 太空环境安全

对近地轨道、地球静止轨道空间大为增加的利用不可避免地需要将太空本身视为濒危环境。自然和人为因素都可能危及太空环境安全。太空自然灾害会危及太空环境安全，其中空间天气尤为重要。太阳喷射产生的带电粒子和磁场严重扰乱卫星运作；太阳耀斑产生的 X 射线、紫外线和伽马射线，会扰乱雷达、电信并产生无线电干扰；太空风暴还会使地球大气层升温，导致大气层膨胀，增加低轨卫星阻力，从而缩短其寿命。人为活动是太空环境安全问题的主要成因。空间碎片的激增、空间业务的日益复杂、大型星座的出现以及与空间物体的碰撞及其干扰空间物体运行的风险的增加都会影响太空环境安全。

三、太空与人类安全

随着空间科技和应用的发展，太空与人类安全也日益紧密地关联在一起。一方面，空间应用服务于防灾减灾事业，可在很大程度上减少和避免人员伤亡；另一方面，卫星失能、失控，特别是放射性碎片坠地，则可能带来直接的人身伤害。此外，小行星等天体撞击地球可能引发全球灾变，危及全人类的生存和延续，行星防御可使人类免受灭顶之灾。

1. 载人航天与人类安全

载人航天是一项高风险事业。自载人航天开展至 2021 年，全世界共有 600 多人进入过太空，已有 22 名宇航员献出了宝贵的生命。与轨道载人航天相关的主要安全问题包括在危险环境中（无论是太空环境如电离辐射，或者太空碎片中）提供保护、避难和安全港的能力，以及对碰撞风险的预防。未来亚轨道和轨道商业航空器上的乘员和旅客的安全将不仅取决于设计恰当性、结构稳健性、故障容错能力和环境风险，还取决于在紧急情况下允许逃生、搜索和及时营救的特殊装置。

2. 太空碎片与人类安全

发射升空失败及返回的空间系统（如火箭箭体、报废或失控坠毁的卫星）碎片可能会为地面的人带来健康甚至生命风险。由于地球周围的大气层变化无常，很难预测一颗随机返回的卫星或者火箭的准确返回时间，因此，很难预测碎片将会掉落在地球的哪一个地方。废弃的空间站等大型太空物体无法在重返工程中燃烧殆尽，解体后的碎片可能危及地上的公众以及乘坐飞机的乘客。一些太空碎片具有毒性或者放射性，可能对土壤和地下水造成污染，并为附近的人带来生命健康风险。为确保人类安全，在再入过程中残留并可能威胁人安全的碎片应受控落入安全海域。当预期会出现危险时，应对经过预定落区的船舶和飞机发出警告并引导远离。理想状况是在大型碎片空间目标再入失控的情况下，太空交通管理服务能够警告飞机远离碎片坠落区域。

3. 太空应用与人类安全

卫星应用范围极其广泛，如果卫星能力丧失，很多情况下有可能引起大规模的人员伤亡。这方面的典型例子是 GPS 卫星。卫星对人类安全的典型贡献是灾害应对与管理。这已经反映在 1998 年签署的《关于为减灾和救灾行动提供电信资源的坦佩雷公约》和 2000 年签署的《在发生自然或技术灾害时实现空间设施协调利用的合作宪章》中。2010 年海地地震和 2011 年福岛核事故之后，卫星都被用于协调救灾行动。在那些受热带风暴等极端天气影响的国家，卫星的关键用途是让航运业和海岸居民能够针对威胁生命的天气状况做好准备。监测喜马拉雅山脉等地区的雪线可以预警印度和孟加拉国的洪水。

第二节　维护太空安全的重要意义

随着航天科技的发展，世界主要国家对太空的开发利用水平不断提高，人类对太空的需求和依赖也日益增加，太空已经成为军事斗争的制高点、经济发展的增长点、战略稳定的支撑点，势必成为国际竞逐的焦点和热点。太空安全已经成为国家安全体系的重要组成部分，对于确保国家军事、经济、社会、信息安全，维护国际战略稳定与世界和平发展具有重要意义。

一、确保国家军事安全

卫星早期应用最重要的领域是战略侦察，与战略核力量的安全联系紧密。随着航天、微电子等相关技术的发展，卫星性能和应用领域得到不断加强和拓展，并对国土和天空安全产生深刻影响。在信息时代，基于信息系统的体系作战是信息化时代战争的典型作战样式，卫星则是信息化作战体系的关键节点，维护太空安全成为确保国家军事安全的关键。

1. 军事信息与通信安全

战争的过程不仅是暴力行动激烈对抗的过程，实际上也是敌对双方对各种信息的获取、传输、处理、控制和利用的不断反复循环过程。太空系统作为现代战争的太空信息平台，在支持能起"撒手锏"作用的高技术武器和天地空一体化战场信息网方面展现出巨大的作用和威力，对战争的进程、最终胜负或冲突的解决发挥着至关重要的作用，成为联合作战中关键的、不可缺少的组成部分。对于太空技术发达、能够充分利用太空信息资源的国家而言，战场将近乎透明，胜算也将大大增加。由于卫星在信息的获取、传输、控制和使用中占据重要地位，对卫星的破坏与反破坏、干扰与反干扰、摧毁与反摧毁将成为未来战争的一项主要内容。在未来的信息化战争中，太空势必成为赢得战争的战略制高点、获得信息优势的基础和源头、体系作战的关节和纽带。

2. 国土与空天安全

居高临下是重要的位置优势，抢占制高点是战争史上的普遍规律：从争夺山头、高地，到飞机上舰，体现的都是这一逻辑。太空因其高远的位置，是地理意义上的终极制高点，深刻影响着陆地、海上和空中的战争，从而对国土和空天安全产生重大影响。早在1958年1月，后来担任美国总统的约翰逊参议员就指出："有一种东西比任何终极武器更重要。那就是终极位置——位于太空某处的完全控制地球的位置。……谁获得了这个终极位置，谁就获得了对地球的控制权。"空间资产至少从两方面提供了在地球上无法获得的优势。一方面，卫星可以看到比飞机更大的区域，提供对地球表面的大范围同步观测，以及在大区域之间进行通信和广播的能力，便利了陆海空战场的指挥协同。另一方面，某些太空强国正在研发的天对地攻击武器可以借由高速突防、动能杀伤破袭地方目标，甚至使现有防空反导系统形同虚设。典型的实例是美军2003年前后提出的"上帝之棒"武器系统概念。

3. 战略核力量安全

卫星军事应用之初就与战略核力量安全紧密联系在一起。美国的"发现者"系列卫星是最早的军用卫星，它们肩负的主要使命就是厘清苏联战略导弹、轰炸机部队的规模与装备水平，此外还开展了导弹预警试验。20 世纪 60 年代以来，卫星广泛应用于弹道导弹发射的早期预警、核力量的安全指挥和控制、军备控制协议的核查等领域，在维护战略核力量安全方面发挥着重要作用。对敌国的太空资产发动先发制人的袭击有可能会被对方看作核打击的前奏，诱发核武器的使用。美国推行太空武器化一方面会激起无核国家获得导弹、核武器的愿望，加剧核扩散；另一方面会刺激俄罗斯和其他国家相应发展太空武器，反过来威胁美国的早期预警系统，增加美国的紧张度。所以，美国学者霍伊（Matt Hoey）指出，太空军备竞赛有可能增加意外核战的风险，同时缩短了用理智与外交努力阻止危机的时间。

二、保障经济社会发展

当前，卫星应用已深度嵌入经济社会系统之中，在便利人们生产生活、支撑环境保护、治理与可持续发展的同时，也造成了现代社会对太空的依赖。只有维护太空安全，才能为经济社会长期可持续发展奠定可靠基础。

1. 环境保护与可持续发展

卫星在全球环境保护与可持续发展领域扮演着重要角色，维护太空安全是发挥卫星此种效能的必要前提。人类活动引起的气候和环境变化影响范围往往是全球性的，需要进行全球性治理。卫星的独特位置可以连续、广泛监测由自然因素和人为因素造成的环境破坏，为全球环境治理和可持续发展的政治决策提供关键工具。卫星可用于土地和水资源保护与管理，开展作物管理和生育控制等问题的教育计划，在发展中国家的绿色革命延续方面扮演着重要角色，对地球可持续发展具有支撑作用。太空安全本身也是环境保护与可持续发展问题的内在组成部分：太空的自由探索、稀缺资源的分配等问题呈现出安全与发展问题交织的特点。太空武器化和太空战不仅危及太空安全，所产生的空间碎片也会造成严重污染，从根本上妨碍对太空的可持续利用，并对地球环境和人类生命健康造成威胁。

2. 工农业生产

太空的探索利用建立在现代工业基础之上，航天工业本身也是现代工业体系中带有先导性的工业部门。航天应用和航天衍生产品推动着现代工农业生产方式的转型。在工业方面，遥感技术的应用便利了矿产勘测和开采，GPS 技术便利了大型工程机械的调度与协同，并为通信、电力、工业控制等领域提供了高精度时间基准，成为现代工业基础保障平台之一。在农业领域，卫星可用于探测地下水源，规划灌溉系统，监测土壤温度和水分含量，检测作物的病害侵扰以及干旱、洪涝的威胁。印度用卫星评估土地质量，区分用于建筑、道路和农田的土地，使农业产量高的土地不会流失，并利用卫星指导渔船队尽量减少海上航行时间。卫星在工农业领域的应用以太空安全为前提。卫星系统面临的安全威胁不仅会打断正常的生产进程，而且会波及相关联的其他领域，造成重大的社会影响。

3. 社会管理与服务

GPS 为全球交通网提供定位、导航数据，为电力、通信网提供授时服务，成为现代社会管理与服务的关键基础设施。卫星通信支撑着全球贸易与金融系统。贸易与金融系统遭受任何威胁或广义上的崩溃都是很难修复的。例如，破坏卫星通信将导致全球财富毁灭。在没有太空资产的条件下重建金融系统，恢复对可靠贸易和金融交易的信心将是一项艰巨且耗时的任务。即使只是攻击一小部分商用卫星基础设施都会对全球化经济造成一定的影响。很难想象任何国家通过干扰或攻击这些太空资产获得的利益可以抵消潜在的经济损失。卫星遥感性能的提高、成本和获取门槛的降低使得基于卫星的电子监视成为可能，一方面便利了打击毒品贸易、恐怖主义、有组织犯罪，另一方面可能被恐怖主义和犯罪分子利用，产生新的风险。

三、维持国际战略稳定

卫星不仅在军事和民用领域有着日益广泛而重要的应用，而且历来在维持国际战略稳定方面发挥着重要作用。从预防和管控危机的角度看，太空也提出了独特的挑战：卫星本身的技术复杂性、所处环境的恶劣性和人类认识的局限性造成了故障难以避免，而卫星的遥远性增加了及时确定卫星故障原因或将责任归于反卫星攻击的难度；卫星处于众多军事系统的核心，对卫星的攻击可以以潜在的、难以预测的方式创造或引发地面危机。必须采取有效措施，通过维护太空安全达到维持国际战略稳定的目标。

1. 透明与建立信任措施

空间设施往往具有军民两用性，某些在轨活动与操作具有军事敏感性，在缺乏沟通的情形下可能造成误解。通过太空透明与信任建立措施及其实施机制，政治和军事领导人就能营造一种共同压力的约束环境，从而能够帮助他们预测其他太空行为体的行为，避免在缺乏互信、局势紧张的情况下，引发危机和冲突。现有的外层空间条约包含了许多太空透明与信任建立措施。例如，《外层空间条约》中包含许多重要的太空透明与信任建立措施，如行为责任、国际咨询、太空活动对公众的告知、为宇航员提供潜在危险的预警以及观测时机等。其他的太空透明与信任建立措施还包括与联合分析相关的数据和信息分享、发射的提前通告以及建立国际合作伙伴关系。各国在太空活动中采取适当透明和建立信任措施，有助于增加互信、减少误判，促进和平利用太空合作，在一定程度上有助于防止太空武器化目标，也有助于实现未来对太空军控条约的核查，但这些措施不具有法律约束力，不能取代法律文书地位。

2. 国家技术手段

有效核查是国际军备控制与裁军领域建立信任、确保履约的重要保障，发挥着维护国际战略稳定的作用，但长期面临技术和政治上的难题。随着美苏卫星侦察和遥感技术逐步成熟，双方在 1972 年达成的《美苏关于限制进攻性战略武器某些措施的临时协定》和《美苏限制反弹道导弹系统条约》中第一次提出用国家技术手段进行核查，并在此后的多个军控条约中得到重申。尽管条约中没有明确规定，但人们认为"国家技术手段"一词是指使用卫星观察和核查对方国家的活动。此外，各方同意不干涉对方的国家技术手段，不使用阻碍国家技术手段核查的故意隐瞒措施。以卫星为主的"国家技术手段"在推动美苏（俄）双边军控与裁军、维持互信与战略稳定方面发挥过重要作用，可以为推进太空军控提供有益借鉴。然而，多边条约应由缔约各国平等参与共同核查，用国家技术手段核查多边条约是不合适、不公平的，需要建立国际监察系统。

3. 太空威慑

威慑是指使对方认识到其想要进行的某个行动会受严重报复，或者行动效果将不明显，从而迫使对方放弃这个行动。太空居高临下的战略优势，使太空活动能力从一开始就成为大国战略威慑体系的重要组成部分。卫星应用于侦察监视，使地面的军事行动"透明化"，与核反击威慑结合在一起，总体有助于遏制大国先发制人的动机，维持战略稳定性。经典军备控制理论所说的战略稳定性包括危机稳定性和军备竞赛稳定性两个方面。进入 21 世纪后，美国加速推进太空威慑体系建设，积极谋求太空武器化、组建太空军，降低了全球的战略稳定性；反卫星武器、全球快速打击系统的发展助长了"先发制人打击"的动机，破坏了危机稳定性；反导防御系统的部署迫使潜在对手竞相升级进攻性核武器、发展高超声速武器系统，降低了军备竞赛稳定性。

第三节　太空安全面临的威胁与挑战

随着航天技术在国家安全和经济社会发展中应用程度的不断深化，各国对于太空的依赖性也不断增强，太空逐渐成为国家赖以正常发展的命脉，凝聚着巨大的国家利益，太空安全的重要性也随之日益凸显，从而使太空成为军事活动新的前沿和斗争焦点。

一、太空武器化和军备竞赛威胁

科技进步导致国家利益的拓展。国家利益拓展至哪里，国家安全的需要就延伸至哪里，军事斗争的领域便跟进至哪里，这就是技术与战争演进的逻辑。

1. 太空霸权的危害

太空探索与开发日趋活跃，使各国尤其是太空大国对太空的关注和投入不断加大，太空已成为拓展国家利益、提升综合国力的重要平台。美国军事战略专家认为：在 20 世纪，谁控制了海洋，谁就能称霸世界；在 21 世纪，谁能控制太空，谁就控制了地球。从近几场局部战争看，太空的军事地位空前提高，已成为新的战略制高点，直接影响国家的前途和命运。冷战结束后，美苏抗衡的太空均势发生了根本性的变化，美国占压倒性优势的地位更为突出。在太空军事应用方面，美国更是遥遥领先于其他国家。美国凭借其在进入太空发展的"全能冠军"的绝对优势，极力谋求绝对优势和绝对霸权。美国加快组建天军的步伐，建立太空军事基地，为争夺"制天权"做积极准备。为了抢占太空优势，着眼部署武器，美国拒绝签署任何限制自身太空发展的国际协议等。美国独霸太空的企图使太空安全困境进一步加剧，引起了全世界的不安与公愤。

2. 太空武器化威胁

太空军事化包括两个层面。第一个层面：首先它是指为军事目的增加利用人造地球卫星，以支持和增强以地球为基地的武器系统和地面部队的效能；其次是指太空武器的发展，既包括发展以太空为基地的武器系统，打击或摧毁对方在陆地、海洋、大气层以及太空中的目标，或损害其正常功能，也包括发展以陆地、海洋、大气层为基地的武器系统，打击或摧毁对方的太空物体或损害其正常功能。第二个层面：太空军事化又称为太空武器化。太空武器可以直接从太空对地球上的目标进行军事打击，为己方的地面、海上和空中战斗提供火力支援。一旦失去太空优势，己方重要的战略、战役目标和陆、海、空等部队的作战行动将直接暴露在敌方太空侦察、监视和火力打击之下。太空武器化必然会打破全球战略的平衡与稳定，并加剧地面、海洋及空中的军备竞赛，破坏国际军控与裁军进程，妨碍各国间相互信任，给地区和国际安全环境造成深远的消极影响。

3. 太空军备竞赛加剧

随着科技的不断成熟，太空军事化将走向武器化，引发进一步的太空军备竞赛，导致其他武器特别是大规模杀伤性武器的扩散，对太空安全造成严重的消极影响。太空武器化将导致太空军备竞赛，增加太空系统的脆弱性。太空军备竞赛有可能导致一些国家实施有限的"先发制人打击"，也有可能改变核大国之间复杂和脆弱的关系。在太空武器部署后，太空意外事件很可能会引发核战争。由于积极谋求太空军事化的国家正是推行霸权主义和扩张政策的国家，太空军事设施所发挥的支援、保障作用能够极大地增强陆海空战场武器系统的效能，从而进一步增强了霸权国家的军事技术优势，使航天技术薄弱的国家处于更加不利的地位，威胁太空战略安全和相关国家的合法权益，危害国际公平与正义。

二、太空环境保护问题迫在眉睫

航天技术在发展的同时也带来了对地球、环地球轨道以及行星际太空的环境污染问题，当前国际社会较为关注的太空环境保护问题主要集中在太空碎片、太空核动力源问题，以及其他太空人为污染问题等。

1. 太空碎片问题

太空碎片是太空轨道上的非功能性人造物体的总称。随着人类太空探索利用活动的增加，地球轨道充斥着越来越多的太空碎片。碎片位置与人类太空活动最频繁的区域相关，碎片数目的增多和相互间碰撞概率的增大将导致连锁式碰撞，增加了与航天器碰撞的可能性。太空碎片在太空以极高的速度运行，其冲击力将造成严重的危害。一小颗油漆的颗粒曾中断过一颗卫星的运行，并曾在航天飞机窗口近 1/4 英寸宽的地方打出一个坑，差点引发一场灾难。太空碎片还可能坠入大气层，对地面人员、财产等构成威胁。此外，太空碎片还能形成光污染和电磁污染，妨碍地球上的天文观测。太空碎片对太空安全的危害主要有：威胁航天员的安全、撞毁太空航天器、影响太空的观测等。有专家指出，不断增多的太空碎片正对太空的生命构成"不可接受的威胁"，在不久的将来，地球周围将再也找不到一个可以安全放置卫星和空间站的位置。

2. 太空核动力问题

随着人类探索太空活动的深入发展，对能够持续、稳定、大功率提供能量装置的需求也日益迫切，核动力源由于体积小、寿命长及其他特性特别适用于甚至必须用于太空的某些任务。因而，在现有认识水平下，在太空使用核能成为不可避免的选择。当前，有许多带有核动力的航天器正在轨道运行。如果这些航天器一旦出现意外，就会有污染的危险。由于太空条件下，物质的活性与地球上相比有很大的差异，核物质对太空环境的污染更为严重。虽然在星际从事深空探测以及在完成使命后重新被射入更高轨道的核动力卫星，对地球不可能带来任何危险，但是，核动力卫星如果失控重返地球，其放射性残片和被烧毁后的散落物将对有关国家的环境造成重大污染，对人类生命财产形成潜在的威胁。核动力卫星因失事而重返地球的事故中放射性物质泄漏会对地球及其大气层造成放射性污染，由此对人体产生辐射危害。

3. 太空人为污染问题

随着人类对太空探索利用步伐的加快，太空生物污染加剧，太空环境日益恶化，太空资源受严重的威胁，加剧了太空自然体系失衡。人类利用太空高真空、微重力、光辐射和重粒子辐射较强等资源进行科学实验，培养新物种或寻找太空生命的实验有可能造成地球和太空之间的双向污染。人类的太空探索利用活动造成的高空化学污染为太空生态环境安全带来的威胁更是防不胜防。太空人为的污染可能对地球环境造成污染，在广大的生物圈环境被污染的情况下，人体将可能直接或间接受这种人为污染的危害。部分从事太空开发利用的科学家在从事探索太空及天体的研究活动时，过度追求科研成果而没有充分注意到科学技术是一把"双刃剑"。因此，部分研发人员在规避太空物项遭受有害污染，防止太空生态环境发生不利变化时，缺乏系统设计和一致行动。随着太空主体的多样化，更导致太空生态环境保护所需的基本理念和道义准则差异有加大的趋势。

三、太空利益争夺活动日益激烈

随着航天技术的发展、成熟和普及降低了"太空俱乐部"的门槛，使得越来越多的国家加入太空的开发利用活动中，太空利益争夺活动日益激烈。

1. 新一轮太空竞争热潮

太空以其蕴藏着巨大的政治、经济、军事、科技价值，吸引着世界各国竞相参与太空的开发利用。太空国家纷纷出台新的航天战略构想和规划，军事航天角逐不断加剧，深空探测活动掀起新高潮，商业航天竞争也日趋激烈。美国为实现其在全球的战略和利益、加强在航天领域的发展、推进太空科技的发展应用，明确提出支持国家的航天计划，维系世界航天的领导地位。俄罗斯以重振航天大国雄风为己任，提出要保持一定的太空力量，促使航天发展与国家、社会需求相协调。欧洲从自身的安全与发展需要出发，推动航天领域逐步摆脱美国的影响，以伽利略导航卫星计划为代表的新一批重大项目成为欧洲航天自主发展的主旋律，并正在发展自主的通信、侦察卫星和独立发展新型运载火箭。日本提出了21世纪要成为与美、俄、欧并列的太空大国。印度、巴西等国也是踌躇满志，设法加速发展航天技术，力争缩小与发达国家的距离。

2. 太空稀缺资源的争夺

太空由于其独特的环境和位置而具有巨大的开发利用价值，蕴含着丰富的资源。太空资源既可以作为地球资源的重要储备和支撑，也是人类深入太空所需要的能源和材料保障。太空某些资源的稀缺性使得人类探索利用太空过程中出现排他性现象。比如无线电频谱分配、地球静止轨道位置占有、月球和其他天体资源的开发利用、范·艾伦带的航天轨道区的通过容量，以及拉格朗日平动点对航天器的容纳量等，均属于一定技术条件下太空稀缺有限的特定资源，它们的开发利用在一定技术条件下，都具有排他性的特征，无法做到共享。特定太空资源的不可再生性，以及其开发利用的排他性，导致太空稀缺资源的争夺不断加剧。由于各国对卫星发展日益重视，对卫星频率/轨道的需求日益增长，而太空无线电频谱和地球静止轨道位置对一个国家的政治、经济和国防建设具有重要的战略意义，因此对这些宝贵战略资源的争夺更为激烈和典型。

3. 太空知识产权保护问题

航天技术一直是最尖端的技术领域之一，太空活动是智力成果的突出展现。随着太空活动的全球化导致多国合作框架下参与者增多，太空活动逐渐由政府行为转变为民间和商业行为，以及新的商业前景正在涌现，太空知识产权保护问题日益引起广泛关注。迄今为止，太空活动中的知识产权保护问题主要集中在太空中创造或使用的发明专利保护，以及利用从太空活动中获取的数据建立的数据库的著作权保护。假如太空旅游成为普遍现实，太空中的商标和工业设计保护可能同样也会成为重要的议题。航天技术及其所需专门技艺理应被视为知识产权保护的对象，保护太空发明创造的知识产权是促进太空事业和太空商业化发展的一个重要因素。然而，太空知识产权保护是一把"双刃剑"，它同时可能限制发展中国家未来对太空的自由利用以及后继技术的开发，对太空科技的发展和国际社会的和谐公正又可能造成消极影响。

第四节　维护太空安全的途径与方法

在当前太空安全形势日趋复杂严峻的情况下，我国应会同国际社会在维护太空军备控制现有成果的基础上，坚持不懈地推进"防止太空军备竞赛""防止在太空安置武器、对太空物体使用或威胁使用武力条约"等议题草案，积极参与"太空透明和建立信任措施"等议题探讨，团结一切可以团结的力量，努力促进太空国际合作。

一、积极推动太空军备控制

我国应从强调维护战略稳定性出发，积极参与推进防止太空武器化和太空军备竞赛。结合太空安全形势的变化和各主要参与方的立场、动向，加强国际协商，继续推进联合国框架下太空军备控制的相关议程。

1. 坚定地维护太空军备控制现有成果

在太空国际合作领域，国际社会已出台以《外层空间条约》为代表的系列多边条约，这些太空条约和有关文件已得到国际社会的普遍认可，既是指导各国太空活动的依据，也是太空国际法框架的主要组成部分。现有与太空军备控制相关的国际条约、协议起着积极作用，应被严格遵守。虽然个别国家积极谋求太空绝对优势和绝对霸权，反对订立新的条约，但也赞同完善已有的国际法规范。国际社会应通过与美国在太空军备控制领域各种形式的互动，使美国更充分地认识到：一旦在太空爆发战争，损失最大的将是拥有最多太空设施、对航天技术最为依赖的美国。当然，现有的太空国际法往往只有原则性规定，缺乏实施细则和监督执行机制，需要进一步完善。国际社会应通过友好协商找到一个各方都能接受的方案，加快推动太空安全国际规则的制定和完善。

2. 从战略稳定性出发防止太空武器化

现在，一些军事大国正在组建天军，建立太空军事基地，推进太空武器化，为争夺"制天权"做积极准备。这种趋势不仅阻碍太空的和平探索利用，还将引发进一步的太空军备竞赛，导致其他武器特别是大规模杀伤性武器的扩散，对国际安全格局造成严重的消极影响。因此，防止太空武器化已是十分现实和紧迫的问题。对于美国屡屡阻挠有关太空军备控制的做法，国际社会应旗帜鲜明地强调，为了维护战略稳定性，必须先禁止在太空部署武器、对太空物体使用或威胁使用武力，这是太空军备控制取得突破性进展的必要前提，禁止任何太空武器并建立核查机制则是太空军备控制追求的终极目标。为此，中国和俄罗斯应会同大多数国家，积极推进以太空非武器化和防止太空军备竞赛为重心的太空军备控制，力争在日内瓦裁军谈判会议达成"防止在太空部署武器、对太空物体使用或威胁使用武力条约"的国际法律文书。

3. 推动"防止太空军备竞赛"框架下太空军备控制

"防止太空军备竞赛"是 1978 年第一届裁军特别联大确定的太空安全共同目标。40多年来，联大每年以压倒性多数通过决议，责成裁谈会就此谈判达成国际法律文书。其中，1985—1994 年连续 10 年设立防止太空军备竞赛特设委员会。联合国相关平台提出的防止太空军备竞赛是一个指向太空非武器化和防止太空军备竞赛的框架体系，联合国大会多次通过的防止太空军备竞赛决议，强调日内瓦裁军谈判会议在防止太空军备竞赛多边协议方面负有优先责任。联合国裁军谈判会议也多次召开专题会议，讨论防止太空军备竞赛的相关议题。但是，由于美国等极个别国家的阻挠，一直没有实质性的进展。对此，中俄应利用适当国际场合，积极推进国际立法，争取在防止太空军备竞赛方面得到更多的正面回应，使国际社会尽早缔结一项全面禁止太空武器的条约，禁止在太空试验、部署和使用武器系统及其部件。

二、营造维护太空安全氛围

针对美国屡次阻挠太空军备控制的现实进程并伙同少数西方盟友提出分散、转移国际注意力的所谓新倡议的做法，中俄等国应坚持多边主义原则，从舆论上进行揭露、反击，并利用联合国相关平台继续推动"太空透明和建立信任措施"等议程，团结各种有利的国际力量，极力营造维护太空安全的氛围。

1. 策略性反击太空霸权行为

随着航天技术发展，太空主体不断增多，太空安全形势更显微妙复杂。美国为了称霸太空，利用信息时代各种场合和手段，拉拢其盟友，诬陷、抹黑中俄等国推进防止太空武器化和军备竞赛的国际努力，对此，我国应会同国际社会展开义正词严的舆论反击，厘清事实，辨明是非，以正视听，为推进太空军备控制的实质进程营造良好氛围。一是中俄等国应利用联合国等多边平台，针锋相对地指出美国推进的太空武器化和军备竞赛仍是太空安全领域最现实、最严重的威胁。二是对美国编造中俄提出的"防止在太空安置武器、对太空物体使用或威胁使用武力条约"草案存在"根本缺陷"，蓄意阻挠太空军备控制的行径进行鞭辟入里的反击。三是对美国在太空碎片、航天发射通报、和平利用太空等技术标准合作讨论方面混淆视听进行外交和舆论反击。四是支持我国航天科技院所、企业在太空碎片减缓等相关领域开展攻关，主导制定国际标准，提升影响力和国际标准话语权。

2. 积极参与"太空透明和建立信任措施"等议程探讨

针对当前国际体系内美国借用其盟友，为转移国际社会对防止太空武器化和军备竞赛这一重点问题的注意力而作出的华而不实的举措，中国应继续表明推进太空活动行为准则的制定与防止太空武器化和军备竞赛并行不悖的立场，同时，从以下方面大力推动太空环境安全的综合施策。一是强调由联合国和平利用太空委员会制定统一的减缓太空碎片的标准和要求，以及由相关国际组织规范核动力源使用标准和审核流程。二是中俄等国应统一立场，继续联手跟踪国际上围绕太空军备控制提出的太空安全议题和相关项目，如联合国推动的"太空透明和建立信任措施"（TCBM）等项目的后续跟踪探讨等。三是中俄等国应坚持不懈地推动防止太空武器化和军备竞赛的国际努力，强调可将"负责任太空行为准则"作为"防止太空军备竞赛"的一项议题来讨论。

3. 团结相关国家和社会力量

太空领域国家间安全互动的协调规范，已得到许多国家的关注。世界各国应坚持维护和完善相关国际法，反对将太空据为己有，反对不正当干涉别国太空活动的自由，并以此作为推进太空安全合作的起点。国际社会应通过协调各国行动，利用联合国等集体安全机制，反对霸权国家随意发号施令。各国不仅要以政府的名义继续努力，而且要重视发挥学术、宗教等社会团体和其他非政府组织、媒体、著名公众人物在推进太空安全合作方面的作用，鼓励相关人士进一步积极参与"帕格沃什"组织、忧思科学家联盟等的活动，扩大发展中国家在这些非政府组织中的话语权和影响力。特别是航天员在国际法上享有"人类使节"的地位，受各国人民普遍尊敬，可组织航天员参与对外交流，表达相关国家的和平愿望与合作诚意。通过影响民意，自下而上地推动各国政府达成太空安全合作，可以为破解太空安全困境提供新的途径。

三、促进太空国际合作共赢

太空的无疆域性决定太空及其相关利益绝不是个别人或个别国家的专利，而是全人类共同拥有的利益。随着航天技术及其应用的深入发展、太空主体的增加、太空利益的交织，以及公众支持都有可能为太空国际合作注入活力。

1.加强航天事业国际合作

我国作为发展中国家的一员，应当积极推进航天技术的普及共享，增进全人类利益；作为太空大国，我国应会同国际社会反对太空霸权，维护太空战略安全与合法权益。为此，我国应在坚持自主创新的基础上，充分利用后发优势，积极参与航天国际合作，进一步提高在太空探索领域的技术与管理水平。与此同时，我国应积极拓展广大发展中国家一切有可能的航天国际合作，如以亚太空间合作组织为阵地，通过成员国之间的合作扩大影响力。通过卫星领域的联合研发、制造、测试等活动，拓展我国在国际发射市场的份额。我国应通过星箭一体出口，以"交钥匙工程"的形式向发展中国家提供卫星制造、发射、保险和应用培训的一揽子服务，开辟和拓展发展中国家太空应用市场，既展示自身和平利用太空的形象，又增进合作安全的意识和动机。

2.健全太空资源开发机制

太空是人类共有的万代疆域，和平开发利用太空是人类的长期伟业。在现有航天技术条件下，各国在太空开发利用中对特定资源利益博弈，主要集中在频轨资源争夺、航天商业竞争、月球资源开发等方面。在太空特定资源国际管理方面，国际社会已经达成一系列多边条约，既是指导各国太空特定资源和平开发利用的依据，也是太空安全治理框架体系的重要组成部分。各国应该立足现有制度基础，循序渐进地推动太空特定资源开发利用机制的完善。首先，应根据航天技术发展的实际情况，区分各国在不同太空资源竞争中的冲突程度，依照轻重缓急来循序渐进推进太空特定资源开发利用机制的完善。其次，对于日益凸显的频轨资源争夺问题，应在国际电信联盟的主导下，本着公平正义、合理高效的原则，通过完善频轨资源分配机制的形式解决。最后，对于商业航天市场进行适度规范，制止恶性竞争和不公平竞争带来的安全隐患。

3.共同提供太空公共产品

各国在太空探索的实践活动所形成的航天产品中有相当一部分是公共产品。各国航天发展过程中提供这种非排他性、效益巨大的公共产品，旨在通过加深各国间的相互依存，在客观上起牵制、羁绊太空霸权的作用。一是构建全球信息系统天基段，超越地球上的地理位置限制，以及人为划分国家边界的约束，能够为全世界提供广泛的公共产品和服务，从而消除发达国家与发展中国家的信息鸿沟。二是各国应加强航天领域的国际合作，以有效应对气候变暖、灾害性天气、地震、海啸、饥荒、重大疫情、恐怖主义等全球性危机的挑战。三是航天驱动的太空探索本质上是一项世界性的努力，各国的政府、企业和学术机构等围绕太空探索而建立的全球伙伴关系，既有利于保护地球和太空环境安全，也有可能为应对人类面临的全球挑战奠定坚实的基础。

本章思考题

1. 太空军事安全与太空资产安全的关系是什么？
2. 天基系统在维持国际战略稳定方面发挥着哪些作用？
3. 当前太空安全面临的主要威胁与挑战是什么？
4. 当前太空安全形势下维护太空安全的途径与方法主要有哪些？

即测即练

参考文献

[1] [法] 卡伊-乌维·施罗格，等 . 太空安全指南（上下册）[M]. 杨乐平，等，译，北京：国防工业出版社，2019.

[2] 何奇松 . 太空安全问题研究 [M]. 上海：复旦大学出版社，2014

[3] 杨乐平 . 纵论太空 [M]. 北京：中国社会科学出版社，2017.

[4] 徐能武 . 外层空间安全战略研究 [M]. 北京：中国社会科学出版社，2018.

第十五章

深海安全

学习目标

◇ 掌握深海及深海安全相关知识。
◇ 明确我国深海安全现状及面临的总体形势。
◇ 提升对维护国家安全、实现建设海洋强国目标的责任意识。

随着人类命运共同体、经济全球化的加速推进和深海科技的迅猛发展，传统的国家安全观已经从国土、领海、近海向深海延伸。深海成为沿海国家密切关注的重点领域，保障深海安全已成为沿海国家的必然选择。

第一节　深海安全的概念

深海安全命题隶属于国家安全学新兴学科，是研究深海客观属性与人类主观活动相互作用和影响的因子、机制、发展趋势和控制机制的学问，是国家安全的重要组成部分。

一、海洋主权、海洋主权权利与海洋权益

地球表面积约为 5.1 亿平方千米，其中约 3.6 亿平方千米是海洋，约占地球表面积的 71%。1982 年通过的《联合国海洋法公约》（以下简称《公约》）明确，沿海国拥有内水、领海、毗连区、专属经济区和大陆架等不同权利内涵的海域和海底。该《公约》经 60 个国家提交批准书或加入书后于 1994 年 11 月 16 日正式生效，目前世界上已有 160 多个国家和地区已获批准加入。我国于 1996 年 5 月 15 日在第八届全国人民代表大会常务委员会第 19 次会议批准该《公约》，享有《公约》赋予的权利，同时承担《公约》明确的义务。

扩展阅读15.1
联合国海洋法公约

海洋主权是沿海国海洋领域对内的最高权和对外的独立权，具有国家根本属性和排他性，是国家主权的重要组成部分，沿海国在内水和领海享有等同国土的完全主权，相互尊重国家主权和主权平等是国际法的基本原则。海洋主权权利是海洋主权国家依据国际法和国内法行使的具体权利，沿海国对专属经济区水域、海床及底土自然资源的勘探、开发、养护和利用行使主权权利。海洋权益是国家领土向海洋延伸形成的权能和利益，包括海洋政治、经济、科技和安全利益等。

二、深海及深海安全的定义

目前国际上对深海尚没有统一的深度标准。不同行业根据自身特点有不同的定义：有海洋学者用海水透光物理现象来区分海洋深度，将没有阳光存在的 1 000 米以下深度称为深海；海洋生物学家认为 1 000 米深度以内有阳光，海水温度高，食物充足，95% 的鱼类生活在该深度以内，故以 1 000 米为界划分浅海和深海；海洋地质学家根据海洋地质现象将 200~2 000 米深度称为半深海，2 000 米以下深度称为深海；海洋油气开发工程根据作业方式将 500 米以下深度视为深海；海洋渔业养殖界将 25 米以下深度称为深海养殖。从深海科技角度，比较认可 1 000 米以下深度为深海，6 000 米以下深度为深渊。本章所讲的深海是指从国家安全角度应该引起高度关注和进行重点研究的海洋深度，故将 200 米以下深度定义为深海。

深海安全是指人类安全地进入、探测、利用深海的能力和深海对国家安全构成的现实的或潜在的不利影响，包括自然和人为的因素，以及人们为消除或者抑制这些不利影响所作出的努力。

三、学习研究深海安全的意义

我国是海洋大国，拥有近 300 万平方千米的主张管辖海域、6 500 多个面积在 500 平方米以上的岛屿以及大量淹没在海平面以下的海山、礁群、沙洲、大陆架等，它们是我国海洋方向国家安全的第一道战略屏障。但是，中华民族历史上精于农耕，疏于海洋，甚至在较长时间里视海为患，而封建统治者长期实行禁海政策，造成"有海无疆""有海无防"的残局。据统计，历史上外敌从海上入侵我国达 470 次之多，仅 1840 年至 1945 年的大规模海上入侵就有第一次鸦片战争、第二次鸦片战争、马江海战、甲午战争、八国联军入侵以及长达十四年的日本侵华战争等。这些海上来的侵略和掠夺，使华夏大地陷入任人宰割的悲惨境地，一个个不平等条约使我国国家主权和海洋权益尽失，广袤的海洋不但没有为中华民族提供安全屏障和创造财富，反而成为帝国主义列强侵略中国的通道、国家衰败和民族屈辱的痛点。回首历史，反思苦难，既有帝国主义列强侵略本性的残暴，也有我们缺乏海洋意识的缘由，我们的民族为过去长期不重视海洋付出了极其沉重的代价。

中国共产党深知海洋对国家安全、民族安危的极端重要性，在艰苦的革命战争时期就注重建立自己的海上武装力量。新中国成立之初，人民领袖毛泽东就发出"为了反对帝国主义的侵略，我们一定要建立强大的海军""核潜艇，一万年也要搞出来"等时代强音，迅速建立起新中国近岸、近海防御体系并不断提升防卫能力。老一辈海洋工作者在十分困难的条件下，立志"查清中国海，进军三大洋，登上南极洲"，这些宏伟夙愿早已成为现实。

学习研究深海安全问题，提升全民族海洋意识，是实现中华民族伟大复兴梦想的迫切需要，也是我国公民和社会极其重要的必修课。

四、深海安全对人类可持续发展的影响

目前人类对海洋的认知还十分有限。蕴藏在深海的资源究竟有什么、有多少、在哪里——这些奥秘需要科学家们努力探索。深海丰富的宏生物、微生物、沉积物、岩石等因其长时间高稳定性的生存环境，对人类生命科学和地球生命科学都具有重大研究价值；深海蕴藏的多金属结核结壳、热液硫化物、可燃冰、稀土、深海油气以及尚未被探知的资源，是人类可持续发展的重要依托。然而，深海因高压、低温、无（弱）光、复杂的洋流和水动力环境及地形地貌等，极大地限制了人们进入深海的步伐。万米以下深海的压力超过100兆帕，更是对人类科技和勇气的极限挑战。

进入21世纪，人类发展驶入快车道，对资源的需求急剧攀升，陆地和浅海资源枯竭的现象加剧，人类可持续发展则更多地寄希望于深海，而保障深海安全是进入、探索、利用深海必需的前提条件。

五、深海装备发展概况

当今世界深海科技快速发展，新型深海装备呈井喷式涌现。中国共产党第十七次全国代表大会将海洋与信息、生物、新材料、新能源和航空航天同时纳入国家重点发展的六大高技术群，中国共产党第十八次全国代表大会进一步作出"建设海洋强国"的战略部署，我国海洋科技总体上正在加速实现从跟跑为主向并跑为主、部分领跑的重大转变，深海科技进入世界先进行列。

1. 深海科考装备

（1）载人潜水器。其具有大深度精确定点作业的强大能力。美国于1964年建成世界上第一艘科考型"阿尔文"号4 500米级载人潜水器，法国于1985年研发"鹦鹉螺"号6 000米级载人潜水器，俄罗斯于1987年装备"和平1""和平2"号6 000米级载人潜水器；日本于1989年入列"深海6500"号6 500米级载人潜水器。我国是世界第五个拥有大深度科考型载人潜水器的国家，2012年完成"蛟龙"号7 000米级载人潜水器海试，创造了下潜深度为7 062米的同类型潜水器世界纪录，之后又相继研发了关键核心技术全部国产的"深海勇士"号4 500米级和"奋斗者"号全海深载人潜水器。"奋斗者"号全海深载人潜水器于2020年10月至11月在西太平洋马里亚纳海沟挑战者深渊8次下潜至万米以下深度，最深处达到10 909米，成功进行了长时间坐底取样和近底航行科考作业。

（2）无人潜水器。其包括遥控式水下机器人、自主式水下机器人、全海深自主/遥控混合型水下机器人、深海着陆器以及各种新概念潜水器。在深海海底和水体中还有对地震、火山、内波等进行长期科学观测和实验的装置。

2. 深海工程装备

深海工程装备包括深海油气管线和光缆路由勘察及铺设施工、深海油气钻井/采集、水合物开采、深海采矿和深海救援装备等。

3.深海军事装备

深海军事装备包括以核反应堆为动力的核潜艇、以柴油机和电池为动力的常规潜艇、军用可组网无人潜航器、深海可预置式武器系统、大深度鱼雷和水下监听基阵等。

第二节　深海安全面临的威胁与挑战

一、深海安全成为国家安全新疆域

在相当长的时间里，由于科技能力的限制，深海成为人类活动的禁区。20世纪中期以来，由于材料、能源、通信、动力、水下导航定位等高科技迅猛发展，人类逐步开展对深海的探测和资源开发，深海已成为战略新疆域，包括战略空间、战略资源、战略机遇、战略格局、战略安全等内涵的综合概念，也包含因利益争夺而带来的治理新挑战。

2017年1月18日，习近平总书记在联合国日内瓦总部发表题为《共同构建人类命运共同体》的主旨演讲中特别提到："要秉持和平、主权、普惠、共治原则，把深海、极地、外空、互联网等领域打造成各方合作的新疆域，而不是相互博弈的竞技场。"呼吁全人类秉承"人类命运共同体""海洋命运共同体"理念，实现深海战略新疆域的和平与共治。

不可忽视的是，人类对深海战略新疆域的治理机制建设远落后于挺进和抢占行动的步伐。尽管《联合国海洋法公约》明确"公海应只用于和平目的"和"国际海底区域为人类共同继承的财产"等基本原则，但无法解决人类在深海战略新疆域面临的各类复杂问题。人类在规则不完备、不系统、不清晰的情况下，贸然闯进了深海战略新疆域，尤其是世界海洋强国为抢先建立"非对称"战略优势，其军事力量挺进深海的进程日益加快、程度日益加强，深海在还没有为人类发展提供有效支撑的情况下，首先成为世界海洋强国谋取战略优势的新空间。深海安全已成为海洋主权国家新的战略安全威胁。

二、人类活动对深海环境安全的影响

1.船舶活动影响

随着人类海洋活动急剧增加，海洋环境污染程度也日益加剧。船舶因制造、航行、维修及拆解过程中产生的废液和固体废物排放，因航行产生的噪声、震动，以及船舶发动机燃料燃烧不完全致使高毒性芳烃和沥青质排放入海，因船载货油、危险品等的意外泄漏，以及船舶塑料、焚烧灰烬、渔具等人为或非人为弃海等，都对海洋环境造成污染损害。这些污染经大气和水中沉降、水体循环和交换、水声传导等，最终会对深海环境安全造成恶劣影响。

2.海洋油气勘探开发泄漏

海洋油气资源包括石油、天然气及天然气水合物等，总量极为丰富。海洋已成为人类可持续发展最现实的能源接替区。

海洋为人类提供巨量能源的同时，也可能会发生井喷、生产平台设备泄漏、海底管道泄漏等事故。2010年4月20日，在墨西哥湾进行深水作业的英国BP公司"深水地平线"钻井平台发生井喷及爆炸，该平台沉没并造成重大人员伤亡和财产损失，70万桶原油泄漏进入墨西哥湾，造成极为严重的海洋及海岸带生态灾难。

3. 陆源排海污染

海洋由于低于地平面，客观上成为地球上一切废物的最后收容所。目前已知的天然和人造化合物超过200万种，在人类使用后产生的大量废弃物中很大部分就是通过各种通道最终进入海洋，再随着海洋潮汐和环流，从近岸被运输至远海甚至南北极，也会从海面被运输至深水再到海底，其间发生复杂的生物地球化学转化过程，其形态、成分及含量不断发生变化，部分难降解污染物可能在水体或海底存在几十年甚至更长时间。

（1）塑料。截至2020年，全球产生了近70亿吨塑料废弃物。这些塑料进入海洋后由于生物可降解性低而长期存在，较大的塑料迅速沉积海底，或者在碎波区被磨碎成更小的颗粒，形成微塑料。深海已成为微塑料富集的主要场所。微塑料能够对浮游生物、底栖生物等产生重要的生理影响，甚至导致其死亡。

（2）持久性有机污染物。持久性有机污染物具有高亲脂性、高毒性，不易溶于水但易被悬浮颗粒物吸附并被输运至沉积物中，又通过食物链传递产生生物富集效应。研究发现，地球最深处的马里亚纳海沟挑战者深渊沉积物中累积了多种多氯联苯类和多溴联苯醚类持久性有机污染物，该海沟沉积物中多氯联苯类总浓度高于其他较浅海域沉积物中的含量。

（3）重金属。随着工业的迅猛发展，人类使用汞、镉、铜、铅、铬等金属元素日益增多，排海量也成正比地增加。海洋生物对重金属具有较强的富集能力，富集系数可达几十倍乃至几十万倍，引起机体中毒并有致畸等作用，如甲基汞引起的水俣病和镉污染引起的骨疼病事件，曾被列入20世纪中期的"八大公害事件"中。

4. 海洋核污染

海洋核污染是指进入海洋环境的人工放射性核素污染，其来源主要有大气核试验落下灰、核电站事故泄漏、大洋核废料倾倒、失事核装置泄漏等。

（1）大气核试验落下灰。1952年至1980年各国在大气层进行了500余次核试验，大部分大气层核试验释放的核污染物最终进入了海洋。全球落下灰年平均有效剂量最高值出现在1963年，之后呈缓慢下降状态。

（2）核电站事故。国际特大和重大核电站事故有美国1979年三哩岛核事故、苏联1986年切尔诺贝利核事故、日本2011年福岛核事故等。核事故泄漏的放射性物质经大气、地表水进入海洋和深海。

（3）海洋核废物。1946年至1993年，许多有核国家相继向太平洋、北冰洋、大西洋等上百个地点倾倒核废料，核废料在污染水体后最终会沉入深海。

（4）水下失事核装置。2019年有科学家使用水下机器人探测了30年前沉没的苏联"共青团"号核潜艇附近1 665米深海底，发现该区域核辐射超过标准的10万倍。

海洋中放射性污染会直接对人类海洋活动造成危害，尤其对海洋生物造成的影响会通过食物链危害人类。

5. 战争行动引发的深海次生灾害

随着新型作战平台和武器的出现，人类武装冲突或战争能力已经拓展至深海，且作战威力、隐蔽性、破坏力不断加大。海上战争行动会对深海环境造成损害。

（1）引发深海次生灾害。战争行动会导致有害物质排海并可能长时间存在，还可能引发滑坡等灾害，最终会对人类造成伤害。

（2）核爆为海洋带来生态灾难。核武器爆炸瞬间海水被气化，随着蘑菇云扩散，造成海水中核尘埃浓度骤增，使浮游生物、甲壳类等改变生物遗传基因，也有可能导致大量生物绝种或泛滥成灾，撕裂海洋生物的正常食物链。

（3）冲击振荡危害深海生物生存环境。水中武器爆炸时瞬间释放出巨大能量，可形成过热和高压气泡，危及海洋生物生存。

三、深海地质灾害对深海安全的影响

深海地质灾害指海底滑坡、地震海啸、海底水合物等。深海地质灾害将威胁人类深海活动和地球生态环境安全。

1. 海底滑坡

海底滑坡指在地震、海啸、火山、水合物分解等因素的诱导下，海山山体或大陆坡沿滑动面发生块体搬运的过程。海底滑坡是一种重力流搬运机制，包括滑动、滑塌和碎屑流等重力流作用过程。相对于陆地山体滑坡，海平面以下的海山长期浸泡于水体中，更容易发生滑坡现象。

海底滑坡的发育规模不等，最大可以达数十平方千米，对原生沉积物具有极大破坏和改造作用，它能将沉积物运移至数百千米之外。早在 17 世纪，人们就已经注意到了海底滑坡现象的存在。1616 年至 1886 年发生了 330 余次海底滑坡事件。1929 年 11 月 18 日，Grand Banks 地震引发了 20 平方千米的海底滑坡，滑坡壁至滑坡舌的距离超过 850 千米，有 27 人在该事件中丧生，形成的沉积物流把 200 立方千米的碎屑带入深水中，切断了跨大西洋的海底电报电缆。

2. 地震海啸

海底发生地震时会使海底地形地貌发生明显变化，某些部位突然上升或下沉，使海底到海面整个水体剧烈波动从而诱发海啸。大多数海啸是由浅源大地震引起的，海啸源地一般沿板块俯冲带分布。并不是所有深海大地震都会产生海啸，只有那些海底发生激烈的上下方向位移的地震才会产生海啸，垂直运动幅度越大，相对错动速度就越大，面积越大，则海啸等级也越大。2011 年 3 月 11 日，发生在日本东北部太平洋近海、震源深度 20 千米的 9 级大地震引发的巨大海啸，对多县造成毁灭性破坏，并造成福岛核电站严重泄漏事故。2018 年 9 月 28 日，印尼中苏拉威西省近海发生 7.4 级地震，震源深度 10 千米，地震随即引发海啸。海啸生成的狂涛在海面迅速移动，在积聚大量能量后，最终冲向了帕卢市南北长约 300 千米的"口袋形"海湾，以很快的速度登陆，造成 2 091 人死亡、10 679 人受伤、680 人失踪，还造成 67 310 间房屋不同程度地受损。

地球的海啸发生区大致与地震带一致，发生在环太平洋地区的地震海啸占比约 80%，日本列岛及附近海域发生的地震海啸占太平洋地震海啸的 60% 左右。

3. 海底水合物

天然气和水在符合水合物相平衡条件的低温高压区域会再次形成水合物结晶，即为水合物二次生成现象。天然气水合物的二次生成可能会导致处于低温环境下的水下井口、井筒、海底管线、控制元件堵塞，引发井控事故，影响深水油气井安全。

（1）水合物分解引起全球变暖。水合物分解释放甲烷，甲烷是一种温室效应极强的气体，单位甲烷的蓄热能量为单位二氧化碳气体的 20 倍。据水合物资源量评价资料，全球水合物甲烷含量占地球上甲烷总量的 99%，大约是大气中甲烷含量的 3 000 倍，1 立方米甲烷水合物可以释放出约 164 立方米甲烷气体。水合物大范围分解将导致全球变暖，改变地球生态系统。

（2）水合物分解诱发海底滑坡。由于海底水合物分解为气水混合物，使沉积物固结程度降低。位于海底斜坡带的沉积物，一旦发生地震或者载荷增大，甚至单纯沉积物自身的重量，都可能引起海底滑坡。

（3）水合物分解威胁钻井安全。海底水合物分解将导致地层承载力不均匀，致使钻井平台桩腿的不均匀沉降，引发平台倾斜甚至倾覆。

四、海洋内波对水下航行器和海洋工程的威胁

海洋内波是指导致海洋环境发生急剧变化的内孤立波，密集出现在边缘海、海峡、岛屿和陆坡区域。南中国海、苏禄海、安达曼海、直布罗陀海峡和比斯开湾是典型的五大内波活跃区。海洋内波的形成主要受天文潮与复杂海底地形相互作用的影响，具有振幅大、流速强和周期短等特点，是海洋内部最为极端的动力过程。

海洋内波可对水下航行器构成致命威胁。1963 年，美国"长尾鲨"号核潜艇在下潜至设计最大深度时失联，最终确认潜艇失事，公布的事故原因就是遇到了"海水断崖"现象。2014 年，我海军某艇在南海潜航时突然大幅度掉深，该艇官兵以其过硬的技能迅速采取应急措施后转危为安，观测数据证明正是内波导致了这一重大险情。

海洋内波还会对深海油气勘探开发和深海采矿作业安全造成威胁，波幅越大，威胁也越大。

五、水下军事活动对深海安全的威胁

进入 21 世纪，世界海洋强国的核潜艇肆意进入他国海域，同时发展水下无人系统、潜布系统、海底预置装备，不断推出新的深海作战模式，致力于形成深海"非对称"军事威慑和作战能力。世界海洋强国全球泛在深海作战能力，危及我国近海、海上运输线和海

外利益的安全。深海安全已成为我国必须面对的重大现实问题。

六、海洋强国对主权国家附近海洋科考活动的威胁

世界海洋强国以海洋科考的名义，派出测量船出没于他国近海，使用无人、智能、低成本、小型化、网络化、立体化的海洋调查装备，进行高精度海底地形测绘，且高密度、长周期收集海洋重力、磁力、水文、气象等资料，获取敏感战场信息，对主权国家深海安全构成严重威胁。

七、我国海洋方向特殊地理环境对深海安全的影响

我国已成为世界第二大经济体、最大出口国和第二大海外投资国，90%以上的外贸物资运输依靠海运，2020年港口外贸货物吞吐量达45亿吨，位居世界第一。海上航线是我国外贸的"生命线"，其安全对于我国利益的拓展、"一带一路"倡议的实现和"全球命运共同体"的构建有着至关重要的作用。

世界海洋强国及其盟国为了遏制我国的发展，构建从日本列岛、琉球群岛、我国台湾岛、菲律宾群岛直至马来西亚等的第一岛链，又以关岛为中心，构建从小笠原群岛、硫黄列岛到马里亚纳群岛的第二岛链。相关国家在岛链上建设军事基地，部署重兵和先进武器系统，围堵甚至企图封锁我国进出太平洋、印度洋的战略通道。如何打破岛链"瓶颈"制约，成为我国实现海洋强国梦想的必答题。

第三节　维护深海安全的途径与方法

维护深海安全的总体思路是高度重视深海安全问题，多措并举，夯实国家深海安全治理基础，提高维护我国深海安全的能力。

一、提高国家深海安全监测预警能力

1. 增强深海空间信息感知能力

综合利用卫星、船、浮台、智能浮/潜标、无人航行器、海底观测网和岸基观测站等，在重点方向建立空天、水面、水下、海底不同空间层次的多源、连续、实时深海空间立体监测网络，实现对重点深海空间的人类工程活动、自然地质活动、相关军事活动等重要目标的精确定位与实时跟踪，形成"看得清、看得远、看得深"的深海感知能力。

2. 提高信息综合分析处理能力

通过对深海空间信息的监测感知，融合通信网络、大数据、人工智能等新一代信息技

术，构建一体化的深海空间综合信息网络和通用信息处理平台，建立深海与水面、陆地、空中、太空的跨域信息传输网络体系，实现基于大数据的信息连通、数据融合和智能决策，为保障我国深海安全提供精准、高效、科学的信息处理和决策支持能力。

3. 建立深海安全风险预警体系

综合深海信息感知、传输与处理，通过体系平台，实现对深海空间各类胁迫因素的快速准确识别、综合风险评估和预警，组织有效的应对防范措施，全面提高我国应对深海空间环境污染、生态损害、地质灾害、军事冲突以及其他突发事件的安全预警和应急处置能力。

二、提升国家深海科技创新能力

1. 强化深海安全基础理论和应用技术研究

加强深海安全理论研究，构建中国特色深海安全理论体系，提高对深海物理、化学、生物、地质等基本现象和规律的认识，为深海技术研发提供方向引领。通过实施在深海领域部署的国家重点专项、重点研发计划、战略性先导科技专项等任务，大力开展深海材料、能源、通信、导航、传感器等关键核心技术攻关，提高深海高技术装备研发制造能力，丰富载人潜水器、自主 / 遥控式水下机器人、深海着陆器等各类深海装备谱系化的作业场景，为实现深海安全目标提供科技支撑。

2. 加强深海科技人才队伍建设

倡导"海洋科技工作者的事业在海上"和"不求所有，但求所用"的理念，创新人才工作机制，以提升深海科考作业和实验能力为牵引，鼓励大批有识之士加入海洋科技人才队伍；培养、引进深海战略科学家和科技领军人才；培养大批"出海能干活，现场能指挥"的具有丰富深海科考、试验和工程作业经验和能力的年轻深海科技人才；加强深海科技人才的国际交流与合作，吸引国际人才参与我国深海科技创新工作，为深海科技创新提供强大的智力支持。

3. 推动深海重大科技基础设施平台建设

布局建设一批服务于深海科技创新的重大科技基础设施和实验平台，形成国家深海科技战略支撑高地；推动国家涉及深海的行业、系统、地区、单位之间深海科技协同创新平台开放共享、高效利用，打破传统的领域、学科、专业、行业壁垒，将一大批具有深海科技实力和一技之长的单位和人才"拉下海"，不断充实"小核心，大网络"的深海科技战略合作体系。

三、增强国家深海威胁的抑制和消除能力

1. 提高深海环境污染防治能力

立足"海洋命运共同体"，坚持现代海洋生态环境系统治理和保护观，统筹陆地和海洋生态系统的整体性和关联性，建立完善深海生态环境陆海协同污染防治、深海生态灾害

应急处置等联防联控机制。加强对船舶航行噪声抑制和排污、海洋油气勘探开发事故泄漏、陆源污染排海、核废料等深海环境污染治理技术的研究，提升我国深海环境污染防治、深海生态系统修复等深海空间污染防治综合实力。

2. 增强深海空间常态化管控能力

在当前全球地缘政治格局面临"百年未有之大变局"的日趋复杂和敏感的形势下，提升深海管控能力已成为我国建设海洋强国的重要内容和紧迫需求。要依靠深海科技创新驱动，大力发展深海高新技术，构建适合我国特色的深海管控体系，实现深海存在常态化，提升我国在深海战略新疆域的识别力、管控力和影响力。

3. 加快制深海权能力建设

立足深海威胁实际，研制部署具有大深度、长航程、常驻留、能搭载多种传感器的无人潜航器，实施深海抵近侦察、监视、干扰等任务。整合空中、水面、水下平台力量，快捷高效组织指挥相关力量执行联合行动任务。推动深海技术装备无人化、智能化、集群化发展，有效提升我国制深海权的能力。

4. 推动深海应急救援能力建设

深海救援面临诸多世界性难题，马航 MH370 航班失事的搜救工作证明了深海搜救的艰难。应丰富和完善我国应急救援工作体系，组建国家深海救援专业化队伍，建立快速反应、远距离投送机制，完善国家深海应急救援相应的法律及保障体系。加强深海救援理论和技术研究，探索在我国重点方向、重点区域建立大、中、小不同尺度下的深海突发情况探测与感知方式与方法，加强深海救援适用型装备研发，构建完整的"搜索—救援—打捞—回收"深海救援设备链条和技术体系。

四、加强深海安全国际交流与合作

1. 加强深海科技国际合作

积极推动同国际社会特别是 21 世纪海上丝绸之路沿线国家和相关国际组织的深海科技交流与合作。着力推进由我国有关单位牵头的"全球深渊深潜探索计划""马里亚纳共识"和"马里亚纳海沟生态环境科研计划"等国际大科学计划培育专项和深海倡议等。组织国内外学者协同攻坚深海地球科学系统的形成与演化、生命起源与环境适应、生物多样性与气候变化等重大科学问题。履行《联合国海洋法公约》赋予的义务，部署实施一批海洋环境与生物保护保全示范工程，提升我国"负责任大国"的影响力。通过牵头组织开展深海科技合作，提升我国在世界深海科技创新体系中的话语权。

2. 深度参与国际深海安全规则制定与秩序构建

作为联合国常任理事国，我国应瞄准深海空间规则制定和秩序构建这个国际新舞台，倡导"海洋命运共同体"理念，在深海规则尚未完全建立的时候，基于构建"21 世纪海上丝绸之路"的实践，积极发出深海规则的"中国声音"，提供深海治理的"中国方案"，深度参与深海安全国际秩序构建，建立我国在深海治理中的主导权。

3. 积极参与国际深海安全事务处理

支持国际海底管理局等国际组织在《联合国海洋法公约》框架下发挥更大作用，积极参与国家管辖范围外海域生物多样性养护与可持续利用、国际海底矿产资源勘探规章和公海保护区设立等联合国及其他多边框架下的国际事务，积极参加深海重大安全事故的国际救援工作。在我国南海周边区域，利用我国领先的深海装备技术优势，主导建立深海安全事务区域合作平台，提升我国在国际深海治理秩序中的影响力。

4. 开展深海军事安全磋商对话

面对未来深海军事摩擦和冲突风险，要强化海洋命运共同体意识，减少对抗，管控分歧。通过协商对话化解深海军事争端，加强深海空间防务交流合作，推动建立与其他国家在深海军事活动中的对话磋商和争端解决机制，逐步构建开放透明、平等包容的深海空间军事活动规则，推动建设一个稳定、发展与繁荣的深海共享空间。

五、进一步提升全社会对海洋的认知度

我国是海洋大国，实现建设海洋强国的梦想还要作出巨大努力，需要进一步提升全社会对海洋的认知度，形成关注海洋、认识海洋、热爱海洋、保护海洋的全民共识，使大家真正认识到海洋是国家安全的第一道战略屏障、国家利益拓展的巨大战略空间、国民经济发展的重要支撑、国际交流的重要通道、国家力量展示的重要平台、保障国家安全的主要战略方向。大学生在提高海洋意识方面，应该走在全社会的前列。

本章思考题

1. 研究深海安全问题的意义是什么？
2. 深海新疆域的内涵是什么？
3. 深海安全预防和管控的主要措施有哪些？

扩展阅读15.2
墨西哥湾漏油事件镜鉴，海洋开发和治理警示中国

即测即练

参考文献

[1] 联合国环境规划署. 辐射：影响与源 [J]. 辐射与防护，2016.

[2] 环球网. 苏联起火沉没核潜艇残骸曝光，已监测到核泄漏 [EB/OL].https://3w.huanqiu.com/a/c36dc8/9 CaKrnQhUxK?agt=11&s=a%2Fc36dc8%2F9CaKrnQhUxK, 2019-07-10.

[3] 吴时国，孙运宝，李清平，等. 南海深水地质灾害 [M]. 北京：科学出版社，2019.

[4] Zhao, Z., V. Klemas, Q. Zheng, et al. Remote sensing evidence for baroclinic tide origin of internal solitary waves in the northeastern South China Sea[J]. Geophysical Research Letters, 2004, 31.

[5] Apel, J. R., J. R. Holbrook, A. K. Liu, et al. The Sulu Sea internal soliton experiment[J]. Journal of Physical Oceanography, 1985, 15：1625-1651.

[6] Osborne, A. R., and T. L. Burch. Internal solitons in the andaman sea[J]. Science, 1980, 208:451-460.

[7] Yang, Y., X. Huang, W. Zhao, et al. Internal Solitary Waves in the Andaman Sea Revealed by Long-Term Mooring Observations[J]. Journal of Physical Oceanography, 2021, 51:3609-3627.

[8] Brandt, P., W. Alpers, and J. O. Backhaus.Study of the generation and propagation of internal waves in the Strait of Gibraltar using a numerical model and synthetic aperture radar images of the European ERS 1 satellite[J]. Journal of Geophysical Research: Oceans, 1996, 101: 14237-14252.

[9] New, A. L., and R. D. Pingree, 1990: Large-amplitude internal soliton packets in the central Bay of Biscay[J]. Deep Sea Research A, 1990, 37，513.

[10] Azevedo, A., J. C. B. da Silva, and A. L. New, 2006: On the generation and propagation of internal solitary waves in the southern Bay of Biscay[J]. Deep Sea Research Part I: Oceanographic Research Papers, 2006，53：927-941.

[11] Huang, X., Z. Chen, W. Zhao, et al, 2016: An extreme internal solitary wave event observed in the northern South China Sea[J]. Scientific Reports, 2016（6）：30041.

[12] 马培浩. 进军深海的战略意蕴 [J]. 战略视野，2020：17-19.

[13] 梁怀新. 深海安全治理：问题缘起、国际合作与中国策略 [J]. 国际安全研究，2021（3）.

第十六章
极地安全

学习目标

◇ 了解极地环境的特殊性，理解极地安全相关问题。
◇ 在国家总体安全观背景下，了解当前极地安全任务。
◇ 熟悉国家在极地的主要活动和相关资产。

进入 21 世纪以来，极地由于特殊的自然地理环境和重要的战略地位，日益成为全球环境变化和地球系统科学研究的前沿阵地、国家综合能力比拼和国家战略扩展的重要平台。特别是在全球气候变暖、北极冰雪融化加速背景下，北极在战略、经济、科研、环保、航道、资源等方面的价值不断提升。伴随着国家对极地特征认识的深入，越来越多的国家将极地领域作为国家安全关注的范围，将极地纳入立法来保障本国在极地的国家利益安全。为顺应在新形势下我国极地事业发展要求，2015 年全国人大常委会通过《中华人民共和国国家安全法》（以下简称《国家安全法》），将极地安全首次写入国家最高层级立法。

第一节 极地环境和特征分析

一、极地环境

南北极位于地球的两端，存在极昼、极夜现象，区域内包含陆地和海洋，并且大部分区域被冰雪覆盖。两极虽然自然条件相似，但在地理环境、响应全球气候变化和对国际社会依存度等方面存在较大差异。从地理上看，南极是海洋包围陆地，主体是南极大陆；北极则是陆地环绕海洋，以北冰洋为主体。通常认为，南极洲是以南极点为中心，包括南极大陆及其附属岛屿，面积约为 1 400 万平方千米。国际法意义上的"南极条约区域"通常认为是指南纬 60 度以南的地区，包括南极大陆、冰架及其附属海域。北极则指北极圈（约北纬 66 度 34 分）以北的海陆兼备区域，总面积约为 2 100 万平方千米。在国际法语境下，通常认为北极是包括欧洲、亚洲和北美洲的毗邻北冰洋的北方大陆和相关岛屿，以及北冰洋中的国家管辖范围内海域、公海和国际海底区域。

北极接近北半球人类活动中心区域，北极的大陆和岛屿面积约 800 万平方千米，有关大陆和岛屿的领土主权分别属于美国、俄罗斯、加拿大、挪威、丹麦（格陵兰和法罗群岛）、冰岛、芬兰、瑞典八个北极国家。人类对北极的认知历史长、知识积累相对较多，北极与世界政治、经济发展互动性也较强。南极大陆的国际法属性特殊。在历史上，英国、新西兰、澳大利亚、法国、挪威、智利、阿根廷七个国家先后对其提出领土主权要求。目前，南极条约协商会议是推进南极国际事务和国际治理的重要国际平台。长期以来，南极极端气候和环境构筑了天然屏障，南极相对远离人类活动中心，当前人类南极活动主要是科学考察和研究，还有渔业和旅游活动。

1. 北极自然环境

北冰洋是北极地区的主要部分，它是世界五大洋（太平洋、大西洋、印度洋、南大洋、北冰洋）中最小、最浅的海洋。北冰洋被欧亚大陆北部、北美大陆（包括格陵兰）北部所环绕。北冰洋东侧通过狭窄的白令海峡与北太平洋相连，西侧则通过戴维斯海峡、哈得逊海峡、丹麦海峡、挪威海与北大西洋相连。北极大部分地区被季节性冰雪所覆盖，部分地区如格陵兰和加拿大北极群岛以北的水域，常年被冰层覆盖。一般来看，北极具有北寒带气候特征，冬冷夏凉，7月平均气温为 -10 ～ 10℃。北极区域降水较少，多以降雪的形式出现。冬季降水少、晴天较多，夏季则比较潮湿、多雾，并伴有雨雪天气。

2. 南极自然环境

南极大陆位于地球最南端，包含岛屿和冰架的面积约为 1 300 万平方千米，约占世界陆地总面积的 9%。南极大陆以跨越南极点的横贯南极山脉为界，可以分为东西两侧，其中东南极陆地面积较大。南极是人类最后发现的寒冷高原大陆，平均海拔 2 300 米，居世界各大陆地平均海拔高度之首。南极也是世界上最冷的大陆，年平均气温 -28℃左右，素有"寒极"之称。1983 年在东南极俄罗斯东方站观测到的 -89.2℃是有记录以来测得的地球表面最低温度。然而，南极大陆不同区域年度气温跨度较大，年平均温度范围从南极海岸线附近 -10℃到内陆高海拔地区 -60℃。南极还被称为"风极"，年平均风速 17~18 米/秒，最大风速近 55 米/秒，强于 12 级台风。南极风通常是由中心高海拔内陆地区向沿岸低海拔地区流动，风力因地势骤然下降而加速，汇聚产生速度极快的强劲下降风。南极冰雪资源丰富，近 95% 的南极区域常年被冰雪覆盖，冰雪层的平均厚度达 2 450 米。南极大陆空气干燥，年平均降水量仅 55 毫米，南纬 80 度以南有的地区降雨量几乎为零，因而常被喻为"白色沙漠"。

二、极地特征分析

1. 极地是"战略新疆域"

极地位置独特、环境严酷，同时也是资源丰富、生态脆弱、大国或大国战略聚集区域。近年来，伴随着北极海冰快速消融和格陵兰冰川的退缩，加之冰区技术的进步和远程交通工具等高新技术领域的发展与应用，极地传统的高纬、高寒构筑的不易进入和不易开发特征正在减退，极地与包括我国在内的外部世界的经济、政治、文化和安全联系变得日益广泛。极地区域地理通达性、战略威慑有效性、资源探索区域和最佳科研区等特征日益显现，区域重要性也不断上升，越来越多的国家认为包括极地在内的新型领域对国家安全有重要意义。极地在维护和扩展国家战略利益、支撑深度参与全球治理方面的作用日益增强,更多国家将极地视为"战略新疆域"。

2. 极地是科学家的天然实验室

在极地,人类活动干扰少,适合进行科学观测、数据采集等研究活动,是科学家的天然实验室。各国科学家前往南极实地科学观测,获取陨石、冰芯等科学样品、获取全球环境演变和探求宇宙奥秘的重要信息,帮助人们认识当前的环境状况。以南极冰芯研究为例,科学家通过提取、分析冰芯中保留的空气气泡,了解冰芯形成过程时的大气情况,因而南极冰芯常被称为"大气的化石"。相关研究显示,近30多年来北极自然环境经历了快速变化。北极地区气温升高,直接带来北极区域冰层的快速融化。有报道称,自1979年以来,北极海冰范围呈现逐年下降的趋势。2021年,政府间气候变化专门委员会发布的第六次评估报告《气候变化2021:自然科学基础》中指出,考虑相关情景,预测到2050年前,北极海洋将至少出现一次夏季无冰的情况。气候变暖和冰雪消融会带来海平面上升和海岸侵蚀,会对海域沿岸社区居民造成严重威胁。极端天气可能导致道路、油气管道、供电等基础设施的损毁和经济损失,也可能改变北极原住民捕鱼、狩猎海豹、驯鹿养殖等传统生产生活方式。由于大气和洋流的循环作用,北极气温、大气环流、海冰变化的异常还对包括中国在内的北半球中纬度地区的气候模式产生直接作用,因而对北极环境变化的研究与监测越发引起全球性的环境安全关注。

3. 极地资源利用潜力大,部分区域正在开展利用实践

广袤的极地长期处于冰封状态,资源储量丰富但并未被大规模开发。北极冰雪融化,逐步改变了北极开发利用的条件,为各国商业利用北极航道和开发北极资源提供了机遇。美国地质调查局2008年发布的北极地区勘探油气资源储量和分布报告显示,北极油气资源丰富,拥有世界可采储量的30%的天然气和13%的石油。其中,俄罗斯北极油气储量占52%(主要是天然气),美国阿拉斯加占比为20%(以石油为主)。伴随北极海冰持续减少,北极航道通航时间不断延长,运输条件改善,北极油气资源外输供给能力提高,未来可能在世界的油气,特别是天然气能源供应格局中占据重要的份额。北极油气资源为北极域外国家提供了重要机遇,他们可以利用自身的资金、技术和国内市场优势,通过国际合作参与开发利用北极资源。

北极海冰迅速消融,带来北冰洋新航道的开通和利用,增大了未来世界海运国际贸易重心北移的可能性。北极未来存在三条航道:①俄罗斯北部沿海的东北航道;②途经加拿大北极群岛的西北航道;③穿越北冰洋中心公海区的北极中央航道。其中,北极东北航道适航条件最佳,基础设施相对成熟。2013年8月,中远海运"永盛"轮成为中国国内第一艘成功穿越北极东北航道的商船。据称本次试航比途经马六甲海峡、苏伊士运河的传统航线缩短航程2800多海里,减少航时9天。可以预见北极航道在未来商业化利用和常态化运行后,或将影响现有的国际贸易布局。

南极大陆蕴藏着丰富的矿产和油气资源。南极发现的矿产资源达200余种,主要有煤、铁、铜、铅、锌、铝、金、银、石墨、金刚石等,还有钛、钚和铀等具备重要战略价值的

稀有矿物。研究南极的地质构造可知，南极大陆向海域延伸的陆架区存在丰富的石油、天然气资源，南极罗斯海、威德尔海、普里兹湾的陆架区域极有可能是潜在的石油、天然气资源勘探区。目前包括我国在内的主要南极活动国家都加入了《马德里议定书》，该议定书第七条明确规定：禁止在条约生效后 50 年内进行除与科学研究有关活动以外的矿产资源开发。目前，国际上也尚未对南极矿产资源进行商业开采。

南极气候寒冷干燥，大部分地区终年被厚厚的冰层覆盖，这种环境孕育着独特的生物资源。南极有超过百余种的地衣、苔藓，但开花的高等植物极其有限，仅有垫状草、南极发草类植物。南极还是潜在重要的微生物资源库。南极低温微生物资源，主要有细菌、酵母及丝状真菌等。研究表明，南极干燥、酷寒、强辐射的自然环境让生存在其中的微生物具备了诸如嗜冷、耐冷的特性。如今，南极微生物研究不仅丰富了人们对南极环境的认识，揭示了极端生命形式的奥秘，人们还在利用南极微生物特殊生理机制与特殊代谢产物进行医药、食品等领域的研制和开发。

南极陆地、亚南极岛屿是企鹅等鸟类的栖息地。南极生活的企鹅种类主要有阿德利企鹅、帝企鹅、帽带企鹅、巴布亚企鹅、长冠企鹅、王企鹅和冠企鹅 7 种。南大洋环绕南极大陆，海洋生物资源尤为丰富，不但种类繁多，而且数量可观。南大洋具有代表性的海洋生物种类主要包括鲸鱼、海豹、磷虾等。磷虾是广泛分布于南极水域的重要甲壳类浮游生物。南极海洋生物资源养护委员会资料显示，南大洋磷虾资源储量约 3.79 亿吨，是储量最大的生物资源，也是全世界所关注的渔业资源。2006 年，我国批准加入《养护公约》，成为南极海洋生物资源养护委员会成员国，开始稳步推进南极海洋生物资源的开发和利用。根据《养护公约》第二条规定：本公约的目的是养护南极海洋生物资源。就本公约目的而言，养护一词包括合理利用。参与南极海洋生物资源合理利用，如捕捞南极磷虾是条约赋予缔约国的国际法权利，只是此类利用必须以海洋生物资源的养护为前提，并且限定在合理的范围内，包括指定开放的捕捞区域、捕捞数量。2009 年开始，我国开展南极磷虾捕捞作业，严格落实养护委员会相关养护措施，可持续开发利用南极磷虾资源。此外，其他国家还在南大洋捕捞南极犬牙鱼、冰鱼等具有极高经济价值的生物资源。

第二节　极地利益与安全态势分析

一、极地利益分析

国家利益是国家安全战略的出发点和归宿，是影响国家安全战略的基本因素。国家安全战略的根本任务是维护国家利益，同时国家安全战略也会随着国家利益的发展变化而进行相应调整。经过改革开放四十多年的积累，我国科学技术的发展和认识水平不断提高，国家利益也逐渐从国家主权管辖内的陆、海、空域逐渐向深海、外层空间、极地等具备公域属性的空间拓展。

两极是中国国家利益拓展的新维度，虽然当前极地利益总量及其在国家总体利益结构中所处的地位有限，不论从利益的重要程度还是需求的轻重缓急来看，极地尚不构成国家利益核心。但是，极地地区利益多样化已引发各方关注，极地有可能与生态、环境、资源、运输、经济、外交、安全等不同层级的多重领域相关。像其他大国一样，伴随着极地事务的逐步深入，我国极地的权益和利益不断成长和发展，相关战略目标也日渐明晰。2018年《中国的北极政策》白皮书提及，中国是北极事务的重要利益攸关方。同时进一步指出，中国在地缘上是"近北极国家"，是最接近北极圈的国家之一。

目前，我国正处于地缘政治的成长阶段，由此推知国家利益内生性和外生性相结合构成了中国与北极地区的利益相关性。特别是伴随经济的快速发展和"走出去"战略的实践，中国对资源供给的多样性、贸易航线的安全性、海外投资的多样性等需求推动着国家利益在地域空间的快速成长，也促成中国与包括北极地区在内的全球广泛地区的利益关系。此外，北极地区自然环境发生的快速变化也为该地区的资源开发和航道利用提供了便利条件，同时北极地区经济发展的驱动对域外经济体产生了诸如融资、技术、市场、劳动力等新的需求。

二、极地安全问题的探讨

梳理两极区域相关学术研究可知，长期以来在极地存在着两股力量的博弈与互动，引发了极地安全相关议题的讨论。在极地拥有主权（或声索主权）的国家认为自身占据了极地地缘优势，追求其自身权利最大化。而希望利用极地"公域"属性的国家则更重视极地区域的非排他性、平等权利。具体而言，国家主权对于南、北极的影响程度各有不同。

北极区域陆地主权基本确定[①]，陆地和岛屿的领土主权分别属于加拿大、丹麦、芬兰、冰岛、挪威、俄罗斯、瑞典、美国八个北极国家。北冰洋海域的面积超过 1 200 万平方千米，相关海洋权益根据国际法由沿岸国和各国分享。北冰洋沿岸国拥有内水、领海、毗连区、专属经济区和大陆架等管辖海域，但北冰洋还存在公海和国际海底区域。俄、美、加、丹、挪五国因领土或部分领土直接与北冰洋相连，因而对北极区域国际关系施加更为显著的影响。

依据 1959 年的《南极条约》，国际社会搁置了对南极主权的归属纷争。早在 20 世纪前期，英国、挪威、法国、阿根廷、智利、澳大利亚以及新西兰七个国家先后提出在南极的领土主权约占南极大陆总面积的 85%。随后，美国与苏联不承认他国对南极领土的主权要求，同时声明保留本国在南极大陆的主权请求。当时，南极主权争夺一度成为国际社会关注的焦点，冲突一触即发。直到 1957—1958 年度在美国的主导下，利用国际地球物理年（International Geophysical Year， IGY）的契机，相关国家推动谈判、搁置领土主权争议并最终促成了《南极条约》。

---

① 加拿大和丹麦在汉斯岛（位于 Nares 海峡，面积约 1.3 平方千米）主权归属问题上仍存在争议。

三、极地区域法律地位和相关态势分析

1. 极地区域的法律地位

南极、北极的法律地位和制度存在较大差异。目前，关于南极领土的主权要求处于冻结状态，在国际上也搁置了南极主权归属的纷争。依据1959年《南极条约》，条约有效期内国家（包括主权申索国或主权保留国）关于南极领土主权的立场得以保留，原来提出过南极领土主权要求的国家可以不放弃其主张，但也不能提出新的主张。目前，南极条约协商会议是协商南极事务的重要国际平台，以《南极条约》为核心的南极条约体系是国际社会处理南极事务的法律基石。长期以来，《南极条约》在确保南极和平利用、保障科学自由、促进国际合作、保护南极环境和生态系统、合理利用南极海洋生物资源方面发挥了重要作用。

北极区域没有单独适用的国际条约，由《联合国宪章》《联合国海洋法公约》《斯匹次卑尔根群岛条约》以及其他适用于北极区域环境、航行等领域的国际条约和一般国际法予以规范。正如前文所提及，北极国家在北极享有的主权、主权权利和管辖权，北极域外国家可以依据《联合国海洋法公约》等国际条约和一般国际法在北冰洋公海等海域享有科研、航行、飞越、捕鱼、铺设海底电缆和管道等权利，在国际海底区域享有资源勘探和开发等权利。此外，《斯匹次卑尔根群岛条约》承认挪威对斯匹次卑尔根群岛的主权，同时缔约国国民可进出特定区域并依法在该区域平等享有开展科研以及从事生产和商业活动的权利，包括狩猎、捕鱼等。

2. 北极安全态势分析

北极位置特殊，占据战略极点，对于全球安全的重要性不断提升。若北冰洋与全球其他海洋进行联动，可以提升国家军事力量通达性，实现快速投送军事力量，实施远程运输，甚至进行全球打击。假使北极与战略新高地的外太空进行联动，可实现连续性的全球军事活动和精确打击。

北冰洋是连接欧亚、北美的顶点，地理位置的特殊性关乎各国军事安全。如果在北极布设军事设施可在最短时间内对北半球国家的腹地实施威慑和打击，因而北极在北半球战略安全和全球安全事务中始终占有一席之地。除北极国家外，日本、德国、欧盟和中国等北半球重要国家也广泛关注北极安全态势。此外，北冰洋常年被较厚的冰层覆盖，也为战略核潜艇等军事武器提供了天然的隐蔽保护场地。无论在冷战时期还是当前，美国和俄罗斯都将北极视为让对方本土置于战略威慑和打击范围内的隐蔽场所，俄美将争夺和掌控北冰洋制海权及上覆制空权视为北极地缘竞争的重要目标。在冷战时期，美国建立了从阿拉斯加经格陵兰至冰岛的导弹防御系统，美国、加拿大联合建立的早期预警网络至今仍在运作。俄罗斯北方舰队常年驻守北极，俄潜艇基地也位于其北极水域，俄空军至今仍保持在北极固定频次的远程空中巡航。冷战结束后，伴随美俄关系的缓和，北极从两大阵营的军事对抗过渡至有限度的区域合作，但北极区域的安全威胁仍未完全消除。尤其是2014年乌克兰危机以后，美俄紧张局势向北极外溢，新一轮强化军事行动能力的计划相继启动，

俄美两国在北极地区部署的军事设施（如战略轰炸机、核潜艇、预警雷达网等）均处于布防状态并保持高频率的演习和训练。

在北极航道方面，沿岸国对航道提出不同程度的主权主张，要求船只过境航行实行强制性的申请和报告制度。出于环境保护目的，《联合国海洋法公约》承认沿岸国特有权利，对其专属经济区的冰封海域制定和执行"顾及适当航行和以现有最可靠的科学证据为基础"的法律和规章。在实际操作中，北极航道沿岸国倾向于执行"内水化"的通行制度。针对西北航道，加拿大对途经其北极群岛的主航段提出内水主张，通过沿北极群岛外缘划定领海直线基线使主权固化。另外，依据《联合国海洋法公约》，加拿大以保护冰封海域环境为由将其北极水域范围延伸至北纬60°以北的专属经济区，并制定了如《北极水域污染防治法》《加拿大北方船舶交通服务区规章》等十余部法律和规章，建立了如强制性报告、冰区领航、航行安全控制区等一系列独有且严格的航行准入和管理制度。俄罗斯则认为北方海航道属于国家历史性交通干线的立场，主张该航道沿途的维利基茨基海峡、绍卡利斯基海峡、德米特里·拉普捷夫海峡和桑尼科夫海峡属于"历史性内水"。2013年生效的俄罗斯《关于北方海航道水域商业航运规则修正案》界定了"北方海航道水域"的概念，明确其外部边界同俄罗斯北冰洋沿岸200海里专属经济区的界限，该法律还规定商业船舶进入北方海航道水域前需要向俄方申请通航许可。

第三节　维护极地安全的途径与方法

2014年4月，在中央国家安全委员会第一次会议全体会议上，习近平总书记提出总体国家安全观的重大战略思想，为新形势下维护国家安全工作确立了重要遵循。习近平总书记指出"当前中国国家安全的内涵和外延比历史上任何时候都要丰富，时空领域比历史任何时候都要宽广，内外因素比历史上任何时候都要复杂，必须坚持总体国家安全观"，可以认为该指示反映了在全球化进程下我国与全球发展的各领域休戚与共的现实，也为极地安全纳入国家安全领域关注范畴带来重要机遇。2015年，全国人大常委会通过了《中华人民共和国国家安全法》。该法第三十二条规定：国家坚持和平探索和利用外层空间、国际海底区域和极地，增强安全进出、科学考察、开发利用的能力，加强国际合作，维护我国在外层空间、国际海底区域和极地的活动、资产和其他利益的安全。该条规定阐释了极地安全领域的重点任务，界定了极地领域与国家安全法相关的内容，提供了在《国家安全法》下探讨维护极地安全路径的重要法律依据。

同时，维护极地安全的途径和方法还应立足于我国参与极地事务的现状。我国是极地事务的后来者，参与国际极地事务不可避免地面临困难和挑战。一方面相较于传统极地强国，我国自身极地技术水平和能力建设仍显不足；另一方面源于西方国家对于中国深入参与国际极地事务的矛盾心态：既希望中国能够为极地安全领域的治理作出贡献，同时又担心其主导权受到挑战，试图利用舆论引导、外交手段以及军事威慑的途径进行防范和牵制。面对这种情况，我国如何应对和推进维护极地安全任务呢？考虑当前我国极地科学认知、资源投放和实质性参与尚处于起步阶段，我国与美国等已占据极地地缘、军事、技术、经济优势的国家差距显著，维护国家极地安全和提升安全能力可着力于以下几个方面。

一、加强极地科学研究探索和技术创新，增进极地认知

极地地理位置特殊，存在国家主权外的空间，具备公共性和非排他性等特性，但是各国进出极地并加以利用的能力不同，国家实际利用极地存在较大差异。突出表现在科学发展和技术水平具备优势的国家，在极地实践和利用层面占据主导地位和话语权。因而，持续加大极地科学投入，加强极地技术创新，增强科技支撑和保障能力，能更好地满足国家安全与未来发展的需求。

1. 加大极地科学探索和研究，提升极地综合认知能力

迄今为止，我国在极地开展的活动仍以科学考察和研究为主。1984年11月首次派出南极考察队以来，我国已经成功实施38次南极考察和12次北冰洋考察。我国开展了北极地质、地理、冰雪、水文、气象、海冰、生物、生态、地球物理、海洋化学等领域的多学科科学考察，积极参与北极气候与环境变化的监测和评估，进行北极大气、海洋、海冰、冰川、土壤、生物生态、环境质量等要素进行多层次和多领域的连续观测。同时，我国积极推进国际南极科学前沿问题研究，在南极冰川学、空间科学、气候变化科学等领域取得一批突破性成果，实施了南极海洋科学、冰川学、固体地球科学、大气科学、气候变化、空间科学、天文和生命科学等基础科学的观测与研究。

当下，气候变化和人为活动带来的气候、生态系统改变引发国际社会广泛关注，极地领域的非传统安全议题尤显突出，如极地冰川快速融化和海平面上升对国家沿海城市和基础设施造成危害等相关议题备受关注。如果能进一步加强极地变化和发展规律的科学认识，开展极地重点区域持续监测和研究，获取极区气候环境、生态系统和陆海资源等关键数据，那么可以更好地理解极地和全球气候变化与其他环境变化的影响，提高预警能力。同时，我国极地科学探索与研究应注重跟踪极地地球科学、生命科学、极端环境技术等前沿问题，重视极地区域各类学科间交叉发展，既要关注极地物理、化学、生命和地球等自然科学基础学科的发展，也要注重极地社会科学研究的发展，促进极地自然科学与社会科学协同创新，进一步增强对国家极地科学的综合认知。

2. 加强极地技术创新，增强科技支撑和保障能力，满足国家安全与未来发展的需求

经过30余年的发展，我国已建成"两船六站"极地立体化协同考察体系。国家在极地的科学考察设施主要有：1985年在西南极乔治王岛，我国建成首个南极常年考察站——长城站；1989年在东南极拉斯曼丘陵，我国建成第二个常年考察站——中山站；2009年，在南极内陆冰盖最高点冰穹A，我国建成首个内陆考察站——昆仑站；2014年建成具备中继站功能的泰山站；2018年在罗斯海西岸，我国选址奠基南极恩科斯堡岛站；2004

年在斯瓦尔巴群岛新奥尔松地区，中国北极黄河站开站。近年来，国家还加大推进极地科学考察保障平台与功能提升：2015 年，我国首架固定翼飞机"雪鹰 601"投入南极考察运行；2019 年"雪龙 2"号极地科学考察船首航南极，并与"雪龙"号极地科学考察船共同开启了中国"双龙探极"科学考察新局面。目前，我国已经初步建成涵盖空基、岸基、船基、海基、冰基、海床基的国家南极观测网，建立了北极海洋、冰雪、大气、生物、地质等多学科观测体系，能够基本满足极地考察活动的综合保障需求。

技术装备是国家极地活动的基础。只有不断加强极地技术创新，增强国家在极地的科技支撑和保障能力，才能更好地满足国家安全与未来发展需求。结合现有的极地活动，建议从以下两个方面增强极地科技支撑和保障能力：①持续鼓励研发适用于极地环境的监测和探测技术装备，推动冰区勘探、大气和生物观测、海洋科学等领域的装备升级，进一步提升南极陆地—海洋—空天观测技术能力；②加快发展适应极地环境的工程技术，促进在冻土区域和生态脆弱环境下的资源利用技术，开展新型冰级船舶建造技术和航行设备等方面的技术创新，助力我国参与北极海域石油与天然气钻采、可再生能源开发、航道利用等经济活动。

二、倡导国际极地事务包容发展，塑造寻求共同利益的极地公域观，使极地成为各方合作的"新疆域"

2017 年 1 月，习近平总书记在联合国日内瓦总部的演讲中提出，地球是人类唯一赖以生存的家园，珍爱和呵护地球是人类的唯一选择。他提出要以人类命运共同体为引导，秉持和平、主权、普惠、共治原则，把深海、极地、外空、互联网等领域打造成各方合作的新疆域，而不是相互博弈的竞技场。习近平总书记的治理理念为我国积极参与极地治理提供了方向指引，体现了我国主动与相关方增进相互理解，共同寻找发展利益的交汇点，创造利益的共享面，推进极地公域制度包容性发展。

1. 深度参与国际极地事务，努力在相关国际规则的制定、解释、适用和发展中发挥建设性作用

目前，极地国际治理规则的构建与完善面对诸多挑战，积极参与极地公域的制度建设，提出建设性、公平公正的治理方案和行为准则，是防范"私域化"的重要举措。我国主张各国的南极活动应遵守《南极条约》等国际公约、条约和协定，在国际南极事务中平等协商、一致决定，致力于人类更好地认识南极、保护南极、利用南极。1983 年，我国被批准加入《南极条约》。1985 年以来，我国作为南极条约协商国派团出席了历届《南极条约》协商会议，积极参与相关管理规则的讨论和制定。2006 年，我国加入了《南极海洋生物资源养护公约》，成为南极海洋生物资源养护委员会成员国，开始全面参与南极海洋生物资源的养护和合理利用。2007 年以来，我国每年派团参加南极海洋生物资源养护委员会和科学委员会会议，积极参与科学研究监测与评估、养护措施

扩展阅读16.1
关于环境保护的南极条约议定书

的制定与执行工作。

我国是北极事务的重要利益攸关方，也是陆上最接近北极圈的国家之一。中国参与北极事务由来已久，1925 年，我国加入《斯匹次卑尔根群岛条约》，正式开启参与北极事务的进程。我国是《联合国海洋法公约》和《斯匹次卑尔根群岛条约》缔约国，在北冰洋公海、国际海底区域等海域和特定区域，享有《联合国海洋法公约》《斯匹次卑尔根群岛条约》等国际条约和一般国际法所规定的科研、航行、飞越、捕鱼、铺设海底电缆和管道、依法从事生产和商业活动的权利。2013 年，我国成为北极理事会正式观察员，全力支持北极理事会工作，委派专家参与北极理事会及其工作组和特别任务组的活动。

我国是南极条约协商国、南极海洋生物资源养护公约缔约国，也是《斯匹次卑尔根群岛条约》缔约国和北极理事会正式观察员国，这些国际法身份为我国参与极地国际治理创造了条件，也为我国提供了参与推动完善极地国际治理体系的途径。以南极为例，我国在南极条约协商国会议和南极海洋生物资源养护委员会会议中享有决策权。依据上述两个决策机制确立的"协商一致"的原则，我国可以主动提交有利于我国或各国利益的提案，提供决策机制讨论决定，也可以通过投票支持或反对其他缔约国提案，对可能构成我国重大利益损害的提案行使"否决权"。鉴于目前仍存在少数国家利用地缘优势，竭力缩小极地公域范围，猜疑甚至排挤其他国家有效参与极地国际事务等不利情况，建议坚持共同推进极地领域的规则制定、解释、适用和发展，化解国家在极地的活动空间和合理权益被大幅度压缩的风险，努力寻求符合其自身利益诉求与全人类根本利益相一致的契合点，彰显我国作为全球性大国维护极地和平与稳定的责任，以及对国际条约和制度的遵守和履行，树立积极正面的大国形象。

2. 加强国际交流，努力推动多领域、多层次国际合作，拓展极地事业，打造极地合作伙伴关系网络

国际交流与合作是开展和拓展极地事业的最重要内容之一，我国极地事业的起步和发展同国际合作与交流密不可分。

1）多边层面

我国已经与相应国际组织、国家进行多领域极地交流与合作，主要表现在：①积极参与国际重大科研项目；②支持通过相关国际平台开展务实的科研、后勤保障等合作；③鼓励国际合作，坚持依据相关国际法保护极地环境，养护生物资源。

同时，我国积极参与北冰洋公海渔业管理问题相关谈判。自 2015 年起，中国、日本、韩国、冰岛和欧盟与美国、俄罗斯、加拿大、丹麦、挪威的北冰洋沿岸五国签署《预防中北冰洋不管制公海渔业协定》（以下简称《协定》），该《协定》弥补了北极渔业治理的空白。我国是参与谈判并缔结条约的十方之一，为《协定》的最终达成作出重要贡献，未来将继续与其他缔约方就《协定》科研和监测计划、探捕等后续规则制定保持沟通，共同加强对北冰洋公海渔业资源管理，保护北极海洋生态系统。

2）双边层面

我国主张在北极国家与域外国家之间建立合作伙伴关系，已经与所有北极国家开展北

极事务双边磋商，主要包括：① 2010 年，中美建立了海洋法和极地事务年度对话机制；② 2012 年，中国与冰岛签署《中华人民共和国政府与冰岛共和国政府关于北极合作的框架协议》，该协议是中国与北极国家缔结的首份北极领域专门协议；③自 2013 年起，中俄持续进行北极事务对话。同时，我国重视与其他北极域外国家的发展合作，已同英国、法国开展双边海洋法和极地事务对话。

我国积极推进与相关国家在南极考察与科学研究领域的双边合作，打造南极合作伙伴关系网络。主要有：中国和美国开展多项南极科学研究合作，南极合作已纳入中美战略与经济对话成果清单；中国和俄罗斯南极科研合作纳入两国政府间海洋领域合作协议框架，并在后勤设施共享方面开展务实合作；中国与比利时、法国、意大利、英国和欧盟等在南极研究、保障、科普等领域开展广泛合作，国家间高校和研究机构交流互访频繁；2017 年，国家海洋局极地考察办公室作为组织开展国家南北极考察的部门分别同来自阿根廷、智利、德国、挪威、俄罗斯、美国六国的极地考察专门机构签署极地领域双边合作谅解备忘录，进一步深化极地考察国际合作。此外，中国还同大洋洲、南美洲国家进行南极考察领域合作：2014 年，中国和澳大利亚签署《关于南极与南大洋合作的谅解备忘录》和《南极门户合作执行计划》；1999 年中国和新西兰签署了南极合作的声明，2014 年，中新又签署《关于南极合作的安排》；中国与智利在南极半岛地区共同开展了 3 次联合航次考察，2010 年，中智签署了所际间极地研究合作协议；2016 年，中国与乌拉圭签署《关于南极领域合作的谅解备忘录》。同时，中国在亚洲国家南极考察和研究合作中发挥了建设性作用，为区域内国家开展南极考察提供了有效的支撑保障平台。

3）领域合作方面

伴随全球变暖，北极航道利用潜力上升，国际航运价值提高。我国企业准确把握商机，抓住机遇依法稳步参与北极航道的商业化利用。中远海运集团最先开展北极航道商业试航研究，并于 2013 年成功首航北极东北航道。此后，中远海运集团持续加强航道运营方面的国际合作，努力提升北极航行、安全和后勤保障能力，目前已实现北极规模化、常态化航行。

北极地区富含天然气、地热、风能等清洁能源，中国企业加强与北极国家相关企业的清洁能源合作，开展清洁能源开发技术、人才和经验交流，探索清洁能源的供应和利用，实现低碳发展。2014 年中国丝路基金入股北极亚马尔液化天然气项目。中国石油俄罗斯公司积极整合资源，引入中国服务参与北极亚马尔项目（工程和运输服务），进一步深化了中俄两国能源合作。北极国家冰岛的地热利用技术先进，中冰在地热方面的合作发展空间大，中冰地热能源合作硕果累累。此前，我国陆续从冰岛引进地热技术和设备，建设温泉、发展农业、进行地热发电、供热等。目前，中冰合作的地热技术已广泛应用于国内多个地区，冰岛还为中国培养了不少地热技术人才。

未来，我国仍需要继续加强与相应国际组织和国家的交流、理解和良性互动，努力寻求共识。主要着力于以下几个方面：①稳步推进北极国际合作，加强共建"一带一路"倡议框架下的北极领域国际合作，坚持共商、共建、共享原则，适时开展与北极国家发展战略对接，建立安全与政治互信，营造有利于中国和平开发利用北极的安全环境；②与北极国家加强在北极低政治层级、非传统安全领域的双边与多边合作，如海空搜救、海上预警、应急反应等交流，进一步提升保障海上贸易、海上作业和运输安全，保护北极地区人员和财产安全，妥善应对海上事故、环境污染、海上犯罪等安全挑战；③在《联合国海洋法公约》等国际条约和一般国际法框架下，持续关注北冰洋公海、国际海底区域等公域相关机制、制度的发展与合作；④重视和南极事务利益攸关方的对话和交流，秉承《南极条约》的合作精神，互惠互助，发展与相关缔约方在后勤、搜救、人员培训等方面的国际合作，扩大南极合作朋友圈。

三、加快培养极地人才队伍，普及极地科学知识，增进南极认知积累

近年来，依托国家极地科学考察任务，通过组织全国科研力量参与国家极地科研和现场考察任务，我国已经初步建立起一支门类齐全、体系完备、基本稳定的极地科研队伍。伴随着我国极地科学持续深入和综合发展，未来更需要我国高校和科研机构开展极地国际学术交流和务实合作，持续助力我国培养极地科研和技术人才队伍。同时，应当重视极地科普教育和宣传，持续加大极地知识普及和文化传播力度，增加城市极地科普馆或极地科普教育基地，通过举办极地科普展览、知识竞赛、专题讲座等经常性的公众科普宣传活动，提高公民的极地意识，增进公众的极地科学认知。

本章思考题

1. 试着阐述《国家安全法》第三十二条的内容。
2. 请列举我国极地科学考察设施。

扩展阅读16.2
中国的北极政策

即测即练

参考文献

[1] 陈力. 中国南极权益维护的法律保障 [M]. 上海：上海人民出版社，2018.
[2] 陈玉刚，秦倩. 南极：地缘政治与国家权益 [M]. 北京：时事出版社，2017.

[3]　郭培清，石伟华 . 南极问题的多维度探讨 [M]. 北京：海洋出版社，2012.

[4]　王铁崖 . 国际法 [M]. 北京：法律出版社，1995.

[5]　位梦华，郭琨 . 南极政治与法律 [M]. 北京：法律出版社，1989.

[6]　邓贝西 . 北极安全研究 [M]. 北京：海洋时事出版社，2019.

[7]　陆俊元，张侠 . 中国北极权益与政策研究 [M]. 北京：时事出版社，2016.

[8]　杨剑 . 北极治理新论 [M]. 北京：时事出版社，2013.

[9]　钱宗旗 . 俄罗斯北极战略与"冰上丝绸之路" [M]. 北京：时事出版社，2018.

[10]　王泽林 . 北极航道法律地位研究 [M]. 上海：上海交通大学出版社，2014.

[11]　郑淑娜 . 中华人民共和国家安全法解读 [M]. 北京：中国法制出版社，2016.

[12]　总体国家安全观干部读本编委会 . 总体国家安全观干部读本 [M]. 北京：人民出版社，2016.

[13]　贾宇，舒洪水 . 中国国家安全法教程 [M]. 北京：中国政法大学出版社，2021.

[14]　张侠 . 极地公域与国际安全问题 [J]. 世界知识，2015（18）.

[15]　陈玉刚，王婉璐 . 试析中国的南极利益与权益 [J]. 吉林大学社会科学学报，2016（4）.

第十七章
生 物 安 全

学习目标

◇ 理解生物安全基本概念和内涵。
◇ 掌握生物安全网络体系的核心要义。
◇ 了解当前复杂的生物安全形势。
◇ 掌握维护生物安全的主要途径与方法。

自进入 21 世纪以来，随着生物技术的快速进步，有关生物安全的内涵和外延不断扩张，并逐渐渗入人类生活、经济、文化和国家安全等领域，呈现出多元化和极端威胁性的特点。需要认识到的是，生物安全问题将是人们长期面临的生存和发展的主要威胁，并成为 21 世纪安全体系的基本特征之一。

对安全的追求是人的本能，在不断推动的社会发展进程中，对生命健康安全的追求也成为一条主线。习近平总书记指出：现在，传统生物安全问题和新型生物安全风险相互叠加，境外生物威胁和内部生物风险交织并存，生物安全风险呈现出许多新特点，我国生物安全风险防控和治理体系还存在短板弱项。必须科学分析我国的生物安全形势，把握面临的风险挑战，明确加强生物安全建设的思路和举措。要完善国家生物安全治理体系，加强战略性、前瞻性研究谋划，完善国家生物安全战略。

第一节 生物安全的主要内容

一、生物安全起源

"生物安全"这一概念出现的时间较晚，始于 20 世纪 70 年代，以伯格为首的全球著名生物学家在阿西洛马会议中提出这一概念，并建立了首份生物安全相关守则。事实上，生物安全问题一直存在于人类历史发展进程中，并随着科技进步和全球化发展，呈现出多元化和扩散性等特点。在人类历史早期，生物安全的概念较为狭隘，仅包含恶性传染疾病和生物武器两个部分，历史上一些传染病的大规模暴发便是由生物战所引起的。

恶性传染疾病自古以来都是人类需要面对的最主要生物安全问题之一，包括伤寒、天花、麻疹、鼠疫、霍乱和疟疾等。自从人类出现，传染性疾病便随之出现，传染病过去是，而且以后也一定会是影响人类历史的一个最基础的决定因素。

生物武器作为一种大规模杀伤性武器，通常与生物犯罪、生物恐怖和生物战这些概念联系起来，并且随着生物技术的发展和国际安全形势日益严峻，生物武器这一概念开始广泛为人所知，已经成为全球最大的恐怖威胁。但是生物武器这一生物安全问题并不是近现代才产生的，与传染性疾病类似，同样也是伴随着人类进程的历史性生物安全问题。

在人类历史早期，由于缺乏生物安全意识，人们忽略了采用传染病毒作为生物武器的恶劣后果，通常也是导致历史上大范围疫情暴发的主要根源。自 21 世纪以来，生物技术获得迅猛发展，被广泛应用于医学、工业、农业、环境等领域。但是，在造福人类的同时，生物技术谬用和生物恐怖袭击愈演愈烈，生物安全形势也由可控转变为严峻，生物安全问题已成为全世界、全人类面临的生存和发展威胁之一。

二、生物安全基本概述

生物安全是指国家能有效应对生物技术所带来的负面效果，保障生物的正常生存、发展以及人类的生命和健康不受侵害的状态，一旦这种状态受破坏，就会产生生物安全问题。生物安全与生物安全问题在当代国家安全体系中是两个不同的概念，只有厘清它们之间的不同，才能进一步全面准确地认识生物与国家安全的多重关系，从而顺利推进与生物相关的国家安全治理。

生物安全这一概念的真正形成时间较晚，起源于人们对基因编辑、基因重组、基因驱动等生物技术的担忧。在生物技术发展史中，可以观察生物安全形成的整体脉络，其中存在两个关键性节点。第一个节点是沃森和克里克在 1953 年揭示了 DNA 双螺旋结构的奥秘，标志着生物科学的发展进入了分子生物学阶段，并由此开启了现代生物学飞速发展的序幕。第二个节点是 1972 年保罗·伯格等人成功重组 DNA 以及 1973 年科恩等人成功使用 DNA 重组技术改变了生物性状，这标志着生物技术已经深入生命的核心层次，由此而引起的一场有关重组 DNA 技术的实验室安全和生物潜在危害的认真而严肃的讨论，因此既能控制其危害，又不阻碍科学发展的安全准则应运而生。

值得注意的是，现有的国际生物安全准则发挥的效果不容乐观，世界范围内的和平依然遥遥无期，国际整体形势激烈动荡。在生物安全问题日趋严峻的形势下，尽管《禁止生物武器公约》对高危险性的生物研究进行一定的约束，但对于生物技术"两用性"的识别和应对仍存在很大的灰色地带。生物技术的"两用性"导致《禁止生物武器公约》各缔约国对其他国家生物科技发展的意图难以研判，很难严格按照"有益"或"有害"目的进行清晰划分，导致《禁止生物武器公约》所能发挥的作用有限。

三、生物安全要点

生物安全要点可分为"八大类"：一是防控重大新发突发传染病、动植物疫情；二是研究、开发、应用生物技术；三是保障实验室生物安全；四是保障中国生物资源和人类遗传资源的安全；五是防范外来物种入侵与保护生物多样性；六是应对微生物耐药；七是防范生物恐怖袭击；八是防御生物武器威胁。

防控重大传染病是生物安全的重要内容。随着全球工业化的发展及一体化的不断推进，传染病的传染途径和传播速度越来越不可控，从 2003 年 SARS 的暴发到 2020 年新冠肺炎感染疫情肆虐以来，恶性传染病已成为全球重大公共卫生问题，引发世界各级政府、医疗卫生机构及广大医务工作者的高度重视和关注。

（1）生物技术的研究与开发是生物安全的基本保障。近年来，随着生物技术跨领域融合发展，生物技术的两用性问题日益严重，它在为人类带来巨大利益的同时，也带来了诸多安全风险。当前薄弱的生物技术研发核查体系缺乏系统性和全面性，生物技术谬用和滥用风险日益增加，从而使全球生物安全治理形势更趋复杂严峻。

（2）保障实验室生物安全是生物安全的主要建设对象。实验室作为培养科技创新人才的重要基地，为学生的研究素养提供了良好的培养条件。但是，实验室内使用的各类高危化学品、活体生物材料甚至病原微生物等物质对人们安全和健康存在潜在威胁，稍有不慎就可能造成严重后果。

（3）保障人类遗传资源安全是生物安全的重要组成部分。基于我国多民族、多人口的特征，我国是世界上生物遗传资源最为丰富的国家之一。然而，为了一己私利，一些企业和境外单位合作以科研或研发的名义采集个人基因组数据，导致我国大量人类遗传资源样本、数据流失至外国生物实验室进行研究。

（4）微生物耐药是生物安全的关键性问题。自 1943 年青霉素问世以来，抗生素对保障人类健康发挥了重要作用，已经成为人们最常用的药物之一。然而，使用抗生素治疗疾病的同时也是对细菌进行定性筛选的过程，随着耐药性细菌占比的增加，抗生素逐渐丧失治疗效果。令人恐惧的事实是，一种新型抗生素的研发需要 10 年左右的时间，而相应耐药菌的产生仅需要两年，对抗生素的滥用最终将导致人类失去这一武器，这个噩梦正慢慢变为现实。

扩展阅读17.2
联合国生化武器专家：乌克兰成了美国的生物武器试验场

防御生物恐怖和生物武器威胁是生物安全的核心内容。当前国际形势朝多极化继续发展，互动复杂博弈加剧，国际战略格局不断变化。尽管国际社会已有 183 个国家签署了《禁止生物武器公约》，但一些国家和地区仍储备有较大规模的生物武器，全球反对生物恐怖主义的形势仍然十分严峻。

当前国际生物安全存在恶化趋势，生物威胁已经从偶发风险向现实持久威胁转变，局部生物安全风险冲突加剧，出现新的疫情、生物犯罪和生物恐袭的可能性剧增，生物安全成为国家安全体系的核心组成部分已成定势。因此，了解生物安全问题，积极做好识别与防护，不断构建和完善生物安全防护体系，不断地解决面临的挑战，具有极大的现实意义。

第二节　维护生物安全的重要意义

一、保障人民生命财产安全

我国生物安全状况不容乐观，与人民生命财产密切相关的生物安全观视野下的生态安全问题，包括生物遗传资源的丧失与流失、突发性恶性传染病的传播和生物技术的谬用三者之间相互交叠与强化并主要表现为对农业安全、食品安全、人体健康、生态安全等方面产生的风险和损害。生物科技的发展是人类社会发展的缩影，从原始社会、农业社会再到工业社会，生物科技主要用来解决生存和健康问题。然而，随着科技发展与经济全球化加速，生物技术在带给人们便利的同时，也逐步推动生物安全潜在危机的凸显与激化，引发生物安全问题的普遍化和多样化趋势。

突发性传染病的传播是危害人们生命和财产安全的最主要因素。仅以新冠肺炎感染疫情为例，对旅游、餐饮、酒店和进出口等行业造成不可估量的损失，其波及范围之广，影响程度之深是其他安全问题所不能比拟的。令人担忧的是，近年来，一些过去被认为已经有效控制的流行病，如流行于非洲的埃博拉、美国的最强"人流感"甲型 H3N2、马达加斯加的鼠疫、我国的人禽流感等又重新暴发和流行起来。自新中国成立 70 多年以来，党和国家高度重视传染病预防和控制工作，制定和建立了一系列新发传染病防控策略、方案和指南，构建和完善了能够快速监控新发传染病的防控信息网络体系。

随着人类社会进入后工业和全球化发展时代，无处不在的生物风险已经成为不可避免的现象，生物技术为解决问题提供途径的同时，也常成为问题的制造者。需要注意的是，人们对生物安全问题的担忧和恐惧出现泛化，对生物技术产物表现出极大的不信任和抵制情绪，甚至呼吁限制生物技术的发展。事实上，对生物技术的盲目抵制只会导致医药、农牧业、工业、环保等众多领域的发展停滞，对生物安全体系的构建和社会的健康发展带来不可逆转的破坏。可以明确的是，生物安全问题自人类诞生开始便已经存在，并非来源于生物技术本身，也不会随着生物技术的停滞而消失。

对于我国这样一个现代生物技术迅速发展、同时经济社会发展对环境资源的压力越来越大的国家而言，在生物安全领域实行严格的法治化管理，构建全面的生物安全网络，是保障人民生命财产安全的必由之路。

二、完善国家安全体系建设

生物安全关乎一个国家、一个民族乃至整个人类社会的和平稳定与健康发展，也对保障人类生存和健康具有更加直接的意义与价值。在全球化程度不断加深的大环境中，人类社会面临的生物安全风险异常复杂、越发突出，维护生物安全已经成为重要的战略任务。习近平总书记指出："要从保护人民健康、保障国家安全、维护国家长治久安的高度，把生物安全纳入国家安全体系，系统规划国家生物安全风险防控和治理体系建设，全面提高国家生物安全治理能力。"这一论述将生物安全提高至国家总体安全的新高度，更成为国家安全体系中不可或缺的一部分。

在我国，规范生物技术研究开发行为、维护国家生物安全和社会公共利益是中国政府一直重视的问题，在 1993 年国家科学技术委员会就颁布了第一部有关生物技术安全法规——《基因工程安全管理法》。当时的出发点是对重组 DNA 技术管理，且主要目的是规范封闭状态下转基因生物的利用。如今看来，办法规定过于原则化，针对生物安全问题的多领域并发的情况缺乏现实的可操作性。

针对中国法律对过去发生的生物安全问题缺乏相应处罚规定的问题，党的十三届全国人大常委会第十四次会议提出的生物安全法草案首次明确了相应的责任及处罚，填补了法律空白。草案第一条中明确规定"为了维护国家生物安全，保障人民生命健康，保护生物资源，促进生物技术健康发展，防范生物威胁，促进人类命运共同体建设，制定本法"的表述，明确维护国家生物安全是总体要求，保障人民生命健康是根本目的，保护生物资源、促进生物技术健康发展、防范生物威胁是主要任务。表达了中国通过实现生物安全，寻求人类和谐共生的美好愿望和主张。

当前，我国在生物技术研发、基础设施建设上相对落后，在技术、产品和标准上存在较大差距，生物安全原创技术少，优秀成果少。将国家生物安全能力建设纳入法律，以法律形式将鼓励自主创新的产业政策和科技政策固定下来，牢牢掌握核心关键生物技术，依法保障和推进我国生物技术的发展，提升防范风险和威胁的能力。

三、关乎国际安全总体形势

随着现代生物技术和其他学科的交叉融合为医疗健康领域带来新的研究方向，生物威胁随之也呈现多元化，国际生物安全准则还能发挥多少作用需要进一步的观察。事实上，由于现代国际形势错综复杂，在今天世界的军备竞赛里，利用生物技术制造危害人类的生物武器已经不是什么秘密了。需要知道的是，生物战、生物恐怖、生物犯罪虽然在定位上有一定的差别，但其根本目的都是使用生物技术作为武器以满足自己的需要，本质上都是反和平、反人类。

为进一步理解生物安全主旨，明确现存形势下生物安全问题日益严峻这一事实，以下对国际上面临的主要生物安全问题进行简要描述。

（1）传染病是指由各种病原体引起的能在人与人、动物与动物或人与动物之间相互传播、感染能力较强、波及范围广泛、出现大量的病人或死亡病例的一类疾病。

（2）生物武器是指以生物战剂（包括立克次体、病毒、毒素、衣原体、真菌等）杀死人、畜生等有生力量和破坏农作物生长的各种武器的总称，生物武器与恶性传染病的威胁等级处于同一量级，但其发生条件包含了人为因素。

（3）生物犯罪是指使用生物武器进行违法犯罪活动，以满足自身利益的行为。

（4）生物恐怖是指极端恐怖分子利用生物武器的致病作用，为造成人员伤亡和社会恐慌而实施的反社会、反人类的活动，从而实现其不可告人的丑恶目的。

（5）生物战是指应用生物武器完成军事目的的行动，是以国家作为行为主体。在作战中，通过各种方式施放生物战剂，造成对方军队和后方地区传染病流行，农作物大面积坏死，从而达到削弱对方战斗力，破坏其战争潜力的目的。

（6）生物风险是指一些具有直接或间接潜在危害的传染因子（包括细菌、病毒、真菌、寄生虫等），通过直接传染或者破坏周围环境间接危害生命的正常发育过程。

生物武器与传统武器相比，常选用烈性传染病作为生物战剂，具有致病性强、传播范围广、成本低廉、制作简单、使用隐蔽难以防治等特点，被称为"廉价的原子弹"，受众多恐怖主义者的青睐。事实上，生物恐怖威胁离我们并不遥远，如美国的炭疽邮件事件、餐馆沙门氏伤寒杆菌事件以及日本东京的沙林毒气袭击事件等，都引起了民众的大范围恐慌。

扩展阅读17.3
习近平：加强国家生物安全风险防控和治理体系建设

在当前形势下，2021年9月6日《禁止生物武器公约》系列会议在日内瓦举行，为降低生物恐怖主义风险、促进生物技术的和平利用，中方呼吁尽快重启核查议定书谈判进程，并再次敦促美方改变独家反对的立场。耐人寻味的是，美国对通过国际谈判建立公正、有效的核查机制极力阻挠。虽然现有的生物武器管理体系获得了一定的成果，但《禁止生物武器公约》中并不存在对公约成员进行监督核查的机制，甚至个别国家为追求霸权主义还会阻挠管理体系的进一步完善。因此，生物安全是有关国家主体、非国家行为体内部协调治理、外部博弈冲突的一个重要领域，在很大程度上体现了非传统安全的非传统特点。

第三节 生物安全面临的威胁与挑战

党的十八届三中全会以来，以习近平同志为核心的党中央提出了我国经济发展进入"新常态"的重要论断。随着我国经济新常态的到来，国际间交流合作、人员往来的不断剧增，在带来经济发展的同时，也为我国生物安全现状带来相应的威胁与挑战。本节就我国目前的生物安全现状，主要从重大传染病的全球化、遗传和生物信息的窃取、生物恐怖主义的威胁及我国复杂的生物安全形势等各个角度，论述我国生物安全面临的威胁与挑战。

一、重大传染病的全球化危机

在过去的数十年间，经济全球化的浪潮正在以一种势不可当的态势，影响着经济一体化、人口分布、城市及社会格局、环境退化乃至气候变化等诸多问题，同时也带来了诸多的公共卫生风险。人类的发展史就是同疾病不断抗争的历史，在漫长的人类发展史中，传染病的威胁一刻都没有停息，新型流感、出血热、霍乱、疟疾、埃博拉病毒、新型冠状病毒等疾病的暴发和流行不断威胁着人们的健康及生命安全，同时还直接影响着经济的发展及国家的安全和稳定。

近几十年来，新发传染病给全球经济及社会稳定带来了巨大的挑战。20 世纪 70 年代以来，发现和确认的新的传染病接近 40 种，许多新的传染病不仅传播速度快，同时还引起较高的死亡率，影响着人们的生活和生产。传染病的全球化问题使得公共安全问题不再仅仅是一个国家面临的困境，而且也是世界范围内各个国家需要共同面对的全球性公共卫生危机。

随着经济全球化的影响，传染病随时都有可能传入我国，造成巨大的经济损失，引起人们的恐慌，影响社会的安宁。传染病对国家安全的影响主要有以下几点。

1. 传染病与公共健康安全

健康是生命科学领域"长生不老"的话题，不仅是指国民身体没有疾病，拥有强健的体魄，而且还指身体的、心理的健康和社会适应的完美状态。SARS 是严重急性呼吸综合征，据国际卫生组织统计数据显示，截至 2003 年 8 月 16 日全球累计暴发病例 8 096 例，死亡 774 例。我国成为此次传染病受灾最严重的国家之一。

数据显示，重大传染病疫情过后，人口大量死亡，人口数量将出现断崖式的急剧下跌，对地区经济带来不利的影响。

2. 传染病与经济发展

传染病暴发后不仅造成了人口死亡，对每个行业的经济都将造成影响。而且还减少了地区间文化交流及旅游业带来的经济收益，给地区经济带来多重打击。由于经济贸易的减少，旅游业及各个行业的收益都受到严重影响，直接影响就业状况、影响人民的幸福指数、影响国家的整体经济水平。

3. 传染病与国家安全

传染病暴发带来的经济损失最后直接反映为政治治理的负担。危机的爆发同时会影响公众对国家及政府的信心，直接考验国家的安全现状。对危机的处理将直接影响社会的安定及国家的稳定。如 COVID-19 在暴发后，我国的新冠肺炎感染患者治疗费用均由国家买单，同时"火神山"及"雷神山"医院就是国家在疫情当下针对我国的疫情现状作出的灵活处理。

传染病的暴发甚至直接影响国防安全。据相关数据报道显示，第一次世界大战期间，流感随着军队的行程，导致全球范围内 4 000 万人死亡。除此之外，若传染性病原体或生物制品被恐怖分子所掌握使用，将直接影响国家安全，出现生物恐怖的威胁。并且，由于传染病的防治较难，将在影响国家安全的同时，导致大规模的人口死亡。

二、遗传和生物信息的窃取

我国是一个由 56 个民族构成的人口大国，遗传资源相较其他国家丰富，这也为本国开展基因多样性的研究及针对本国人口特定药物的开发奠定了基础。一方面，遗传资源的泄露可使国外的药企获取中国的遗传资源资料，开发相应的药物，在市场上占据优势，直接影响本国企业的经济效益；另一方面，人口遗传资源的泄露很有可能被不法人员违法利用，直接威胁国家安全。

中华人民共和国第十三届全国人民代表大会常务委员会第 22 次会议于 2020 年 10 月 17 日通过《中华人民共和国生物安全法》（以下简称《生物安全法》），自 2021 年 4 月 15 日起施行。《生物安全法》第六章高度概括并对人类遗传资源与生物资源安全作出相应的要求，境外组织、个人及其设立或者实际控制的机构不得在我国境内采集、保藏我国人类遗传资源，不得向境外提供我国人类遗传资源。

根据科技部披露，华大基因与上海华山医院在 2015 年 9 月，未经许可将部分人类遗传资源信息从网上传递出境。科技部要求华大基因立即停止该研究工作的执行，停止国际合作，整改验收合格后再展开。2016 年 10 月，药明康德因未经许可将 5 165 份人类遗传资源（人血清）作为犬类血浆违规出境，被科技部没收并销毁该项目中人类遗传资源材料，并暂停受理药明康德涉及我国人类遗传资源的国际合作和出境活动的申请。2018 年 7 月，艾德生物未经许可接收阿斯利康投资（中国）有限公司 30 管样本，拟用于试剂盒研发相关活动，科技部对艾德生物进行警告，没收并销毁违规利用的人类遗传资源材料。

《中华人民共和国人类遗传资源管理条例》已于 2019 年 3 月 20 日国务院第 41 次常务会议通过，自 2019 年 7 月 1 日起施行。虽然国家在不断通过法律途径完善我国人类遗传资源的保护，但我国遗传资源保护仍然存在一些问题。

三、生物恐怖主义的潜在威胁

伴随着科学技术的日新月异，科学技术手段的不断革新，生物技术也迎来了空前的发展。生物在不断给人们提供营养的同时，也在国家安全及国家安全威胁中被大家所重视。生物武器的出现更是让人们对生物从简单的认识上升至国际关系处理等的另一个层面。因生物武器在感染宿主后能进一步繁殖甚至传播，因此生物武器是一种无法控制的盲目性武器。

1. 侵华日军第 731 防疫给水部队（731 部队）反人道惨案

731 部队，全名为日本关东军驻满洲第 731 防疫给水部队，是以石井四郎、内藤良一、北野政次、篠冢良雄等为头目的侵华日军假借研究之名，实则使用活体中国人、朝鲜人、联军战俘进行生物武器与化学武器的效果实验。仅 1939 年至 1945 年，至少有 7 000 余名无辜生灵被侵华日军第 731 部队在哈尔滨平房区本部直接用作活体细菌试验材料，无一生还，近 3 000 余名受害者的确切名单已经被确定。除此之外，仅山东聊城、临清等 18 个县有至少 20 多万人死于日本细菌战。

2. 1984 年罗杰尼希教"沙门氏菌"生物恐怖攻击事件

奥修教是印度人奥修（本名为罗杰尼希）创办的邪教组织，1984 年奥修的追随者由于担心不能获得足够选票，决定毒害美国俄勒冈州达尔斯市的选民让他们因生病不能投票而让自己当选。他们在当地几家餐馆投放沙门氏菌，造成沙门氏菌中毒。本次事件导致当地出现 751 宗急性肠胃炎个案，实验结果显示所有受害者都感染了鼠伤寒沙门氏菌。

3. 美国炭疽攻击事件

2001 年在美国"9·11"事件发生后，又发生了"炭疽邮件"事件。9 月 18 日开始，有人把含有炭疽杆菌的信件寄给数个美国新闻媒体办公室以及两名民主党参议员。这个事件导致 5 人死亡，17 人被感染。公布的数据显示了使用代码的菌株与攻击菌株的比较，它被怀疑是来自马里兰州戴翠克堡美国陆军传染病医学研究所。

4. 日本邪教组织"奥姆真理教"炭疽事件

1993 年，日本国内奥姆真理教人士，亦曾利用炭疽制造龟户异臭事件，虽未成功，却引发全日本的恐慌。1995 年 3 月 20 日，真理教发动东京地铁沙林毒气袭击事件，造成 12 人死亡，至少 5 510 人受伤（其中 80% 留下眼部残疾）。2004 年 2 月 27 日，麻原被东京地方法院一审判处死刑。

生物恐怖在过去不仅给全世界范围内的人们带来了灾难及挥之不去的黑色记忆，同时还在经济、国家稳定等各个方面造成了重大影响。生物恐怖的现状是不容乐观的，同时也是全球范围内影响公共安全的最大威胁之一。这些威胁的来源可能是一个从事生物武器研究的国家，也有可能是一个与生物相关的公司、团体，甚至会是一个人。

四、我国复杂的生物安全形势

我国地大物博，造就了独特的天然环境及丰富的生物资源。我国高度重视生物多样性的保护，不断推进各方面的创新及立法，将生物多样性的保护上升为国家战略。由于内部或者外部各种因素的影响，生物多样性面临严重挑战。

1. 食品安全

食品安全是一项关系国计民生的"民心工程"，直接关系广大人民群众的身体健康和生命安全，关系经济发展和社会稳定。随着现代科学和农业技术手段的进步，包括我国在内的世界上多数国家都可以满足食品数量上的供应。但是，食品质量安全问题目前仍是国内外关注的焦点。

近年来，随着检测技术的进步及检测标准的完善，食品安全问题也逐渐暴露在大众的视野当中。我国加大了食品安全法律体系和监管体系，对食品安全问题也进行了坚决的处理，我国的食品安全真正步入正轨。我国通过完善相关法律法规，加强市场监督，协调各行业协作等方式逐步将我国的食品安全问题优化。

2. 转基因技术安全

随着科技的发展，国内外转基因技术均得到了快速的发展，筛选对自然环境及自身性状具有优势的新品种及新作物，一方面大幅度提高了其经济性状，另一方面转基因技术拓宽了物种间的联系，如动物、植物、微生物遗传资源间的相互转移及优化等。但不可忽视的是转基因技术本身存在一定的风险，如对公众健康是否有威胁、对周边生态环境的影响等。

3. 实验室生物安全

生物实验室是进行生物相关研究的场所，生物实验室的安全将关乎实验者及周边活动对象，同时还关系着国家对疾病的研究。由于我国科学研究较发达国家起步晚，虽然实验室安全相关法律法规在不断完善，但是相应的环节不容乐观，仍需进一步梳理，着手落实。

第四节 维护生物安全的途径与方法

生物技术的发展提升了我们的生活水平，同时也为我们带来了新的隐患。为避免生物技术发展带来的危险，相应的措施也应该同应用的发展一起被实施。

一、提高生物安全意识

1. 防范遗传资源窃取

国家应该加强法律法规的建设并进行宣传，增强公众尤其是相关从事人员对于生物安全的法治观念，从而使他们在对外交流和科学研究活动中自觉维护国家利益。生物遗传资源是全社会的资源，保护生物遗传资源需要全社会的参与，公众的广泛参与会有效促进遗传资源的保护与管理。政府要利用网络、电视、电影、报纸杂志等手段进行广泛的宣传教育与培训，普及遗传资源保护知识，提高广大公众对国家生物遗传资源的保护意识。为防范遗传资源被窃取，未经国务院允许，禁止采集、保存、利用、对外提供我国人类遗传资源，我们不应通过境外组织进行基因检测等需要提供遗传信息的行为。

2. 防范生物信息数据的非法交易

为防止生物信息数据泄露，国家应立法规范生物信息的管理并严格执行，严惩生物信息数据的非法交易。对于需要收集公众生物信息的企业，政府应进行资格审核，审核内容应该包括该企业收集生物信息的用途、该企业对于收集信息的保管方式，以及过程中的安全性。对于未通过审核的企业与未进行审核的企业，应禁止其对公众生物信息的收集，违规收集应严惩。个人在生活中也要妥善保护个人的生物信息，不得把个人生物信息提供给无法保证信息安全性的组织或个人，未经允许不得收集他人的生物信息。

3. 提高个人疫情防范意识

疫情防控也是生物安全中的重要部分，为做好疫情防控工作，我们应做到以下几点。

（1）"防"。要继续做好个人防护，坚持戴口罩、勤洗手、一米线等良好卫生习惯，少聚集，不信谣、不传谣、不造谣，积极配合落实各项防疫措施，积极主动接种疫苗。

（2）"减"。减少跨省跨市的出行，广大群众要暂缓外出旅游，合理安排行程，做好个人防护，避免旅途感染风险。中高风险地区要严格限制人员流动。

（3）"报告"。发现异常情况要及时报告，涉及被排查的人员或曾经到过中高风险地区的人员要主动向所在地的村、社区、单位、酒店报告可疑的接触史和旅居史。

积极配合做好核酸检测、隔离管控、健康监测等防控措施。如果出现了一些咳嗽、发热、咽痛、乏力、腹泻等症状，要在做好个人防护的情况下，立即就近前往发热门诊进行筛查诊治。就诊过程中，不得乘坐公共交通工具，更不能往人群聚集处扎堆。

二、加强生物安全监管

1. 制定统一的实验室生物安全标准

制定实验室生物安全标准时，要考虑许多因素。既需要根据各实验室的共性设定最基础的安全标准，也需要根据不同实验室的个性细化一些需要注意的细节。成功的安全标准既要符合所有生物实验室的基本要求，又要在不同的细节方面为各实验室的管理作出有效指导。

在实验室成立之初，应按照统一的标准建设和规划实验室。不同危险级别的区域应当分开，对于卫生要求高或危险病原相关实验区域，应设置专门的消杀区域并安装紫外灯等消毒设备。对于实验室的全部区域，应设置专门的灭火装置，建设通畅的逃生通道并安装醒目的标识。对于处理危险化学物品的区域，应设置专门的冲洗装置。

选择和使用合适的初级屏障也是实验室生物安全的重要组成部分。微生物学和生物医学实验室所进行的工作涉及许多不同的危险物。有许多不同类型的初级屏障可以用来降低操作这些危险物的风险。这些初级屏障可以在特殊的情况下保护人员、环境和样品。对于不同危险等级的区域，必须按照其等级的统一标准配备相应的器具并定期检查其功能是否完好，操作者必须按照标准使用相应器具来保障生物安全。

2. 生物研发活动的逐级分类管理

在进行生物研究前，应根据生物因子的危险等级对各操作进行分类，并将风险标识置于操作区的显著位置，与周围的区域区分开来。目前，将生物因子对个体/群体的危害程度分为四个级别，从低个体/群体危害（一级）到高个体/群体危害（四级），相应的生物安全防护和标识管理也应按照其危害等级进行。进入有危险标识的区域时应采取相应的防护措施并得到管理人员的许可。

国务院颁发的《病原微生物实验室生物安全管理条例》根据病原微生物的传染性、感染后对个体或者群体的危害程度，将病原微生物分为四类，危害程度从第一、二、三、四依次递减，其中第一类、第二类病原微生物统称为高致病性病原微生物。

根据以上分类，一般情况下，明确生物安全防护水平为一级的实验室适用于操作第四类病原微生物；生物安全防护水平为二级的实验室适用于操作第三类病原微生物；生物安全防护水平为三级的实验室适用于操作第二类病原微生物；生物安全防护水平为四级的实验室适用于操作第一类病原微生物。一级、二级生物安全实验室属于基础实验室，三级、四级生物安全实验室为屏障实验室，也称为高等级生物安全实验室。

生物安全实验室可采用 BSL-1、BSL-2、BSL-3、BSL-4 代表相应级别的实验室，动物生物安全实验室可采用 ABSL-1、ABSL-2、ABSL-3、ABSL-4 代表相应级别的实验室。确定实验室的生物安全防护水平，应在风险评估的基础上，依据国家相关主管部门发布的生物危害分类名录，不能低于国家规定。

3. 对转基因食品的安全性进行全面评估

转基因食品的安全性评估对消费者的健康安全是必不可少的，而且对于转基因技术的发展与应用也有指导性意义与重要价值。首先，应从人类健康角度考虑，主要评价转基因食品的毒性以及对食物链的影响。其次，在考虑其风险或危害的同时，也应对其可能带来的经济效益进行评估。由于转基因食品的复杂性，对其安全性评价应遵循以下原则。

（1）个案分析原则。必须从战略上进行多方位评估，找出安全性上最敏感、最关键的因素并进行综合比较分析。

（2）逐步完善原则。对影响安全性的各种因素和条件进行系统综合分析，以动植物生态遗传和毒性实验为依据。

（3）在积累数据和经验的基础上，使监控规律趋向程序化和简约化原则。需要建立转基因生物全安全性评估中心和相关技术体系，为转基因生物体安全性评估提供可靠的科学依据。

三、完善生物安全法律法规

1. 制定生物安全法，解决管理内容和权限方面的问题

国家生物安全法规体系首先要根据明确的立法范围，制定有关法规，如法律、条例和管理办法等，这些规定需要覆盖与生物安全相关的各个领域并建立严格的监督体系。根据中国国情并借鉴国外经验，逐步建立和完善生物安全立法体系结构。2020 年 10 月 17 日颁布的《中华人民共和国生物安全法》，对生物安全风险防控体至生物安全能力建设等方面都做了初步的规定，政府需要按照规定设立严格的监督制度。有关部门需要根据中国各部门的职责和工作实际，以生物安全法为框架，制定各自领域内的生物安全管理专项规章。对于现代生物技术所涉及的行业，如遗传资源、生物信息数据、转基因生物等方面，需进行专门立法。

2. 把生物安全纳入国家安全体系，全面提高国家安全治理能力

习近平在中央全面深化改革委员会第十二次会议上发表重要讲话："要从保护人民健康、保障国家安全、维护国家长治久安的高度，把生物安全纳入国家安全体系，系统规划

国家生物安全风险防控和治理体系建设，全面提高国家生物安全治理能力。要尽快推动出台生物安全法，加快构建国家生物安全法律法规体系、制度保障体系。"

生物安全是国家安全体系的重要组成部分。近年来，我国高度重视生物安全，颁布了《中华人民共和国生物安全法》，并出台了多部相关行政法规。与此同时，我国制定了有关生物安全的技术标准与规范，不断健全各环节的行政管理体系。但是，我国生物安全风险防控和治理体系建设还需要进一步系统规划，相关法律法规之间的衔接还需要进一步加强。

四、构建中国特色生物安全体系

生物安全关乎人民生命健康、关乎国家长治久安、关乎中华民族永续发展，是国家总体安全的重要组成部分，也是影响乃至重塑世界格局的重要力量。要深刻认识新形势下加强生物安全建设的重要性和紧迫性，贯彻总体国家安全观、贯彻落实生物安全法，统筹发展和安全，按照以人为本、风险预防、分类管理、协同配合的原则，加强国家生物安全风险防控和治理体系建设，提高国家生物安全治理能力，切实筑牢国家生物安全屏障。

党的十八大以来，党中央把加强生物安全建设摆在更加突出的位置，纳入国家安全战略，颁布施行生物安全法，出台国家生物安全政策和国家生物安全战略，健全国家生物安全工作组织领导体制机制，积极应对生物安全重大风险，加强生物资源保护利用。我国生物安全防范意识和防护能力不断增强，生物安全基础不断巩固，生物安全建设取得历史性成就。

现在，传统生物安全问题和新型生物安全风险相互叠加，境外生物威胁和内部生物风险交织并存，生物安全风险呈现许多新特点，我国生物安全风险防控和治理体系还存在短板弱项。必须科学分析我国生物安全形势，把握面临的风险挑战，明确加强生物安全建设的思路和举措。

加强生物安全建设是一项长期而艰巨的任务，需要持续用力、扎实推进。各级党委（党组）和政府要切实把思想认识和行动统一到党中央决策部署上来，把生物安全工作责任落到实处，做到守土有责、守土尽责。要加大投入力度，完善政策措施，强化要素保障，把生物安全建设重点任务抓实抓好抓出成效，提高生物安全风险防控和治理体系现代化水平，牢牢掌握国家生物安全主动权。

本章思考题

1. 什么是生物安全？
2. 构建生物安全网络体系的核心要义是什么？
3. 维护生物安全的主要途径与方法有哪些？

扩展阅读17.4
国家安全机关呼吁：共同维护国家生物安全

即测即练

参考文献

[1] Judi S., Simon W., Dana P. Biosafety, biosecurity and internationally mandated regulatory regimes: compliance mechanisms for education and global health security [J]. Medicine, Conflict and Survival, 2013, 29(4): 289-321.

[2] 罗亚文.总体国家安全观视域下生物安全概念及思考 [J]. 重庆社会科学，2020，07：63-72.

[3] 黄硕，刘才兄，邓源，等.世界主要国家和地区传染病监测预警实践进展 [J]. 中华流行病学杂志，2022，43(4)：591-597.

[4] 王小理.生物安全：全球战略稳定的新兴变量 [J]. 中国国际战略评论，2020，01：149-162.

[5] 赵林，李珍妮.可怕的战争魔鬼——解密生物武器 [J]. 军事文摘，2020，07：11-14.

[6] 薛杨，王景林.《禁止生物武器公约》形势分析及中国未来履约对策研究 [J]. 军事医学，2017，41(11)：917-922.

[7] 王盼娣，熊小娟，付萍，等.《生物安全法》实施背景下生物遗传资源的安全管理 [J]. 生物资源，2021，43(6)：643-651.

[8] 晋继勇.《生物武器公约》的问题、困境与对策思考 [J]. 国际论坛，2010，12(2)：1-7.

[9] 王开阳.关于生物技术与生物安全的探讨 [J]. 科技风，2017，06：130.

[10] 唐蜜，邢莎莎，徐鸣，等.药物临床试验机构对涉及中国人类遗传资源的项目管理 [J]. 中国优生与遗传杂志，2022，30(2)：340-343.

[11] Nguyen B.A.T., Chen Q.L., He J.Z., et al. Microbial regulation of natural antibiotic resistance: Understanding the protist-bacteria interactions for evolution of soil resistome [J]. Science of The Total Environment, 2020, 705: 135882.

[12] Cohen N.R., Lobritz M.A., Collins J.J. Microbial Persistence and the Road to Drug Resistance [J]. Cell Host and Microbe, 2013, 13(6): 632-642.

[13] 武国凡，张丹丹.生物安全风险的成因和防制概述 [J]. 生物学教学，2021，46(12)：4-7.

[14] 丁陈君，陈方，郑颖，等.全球生物科技发展态势及对我国的启示 [J]. 世界科技研究与发展，2020，42(2)：133-143.

[15] Olliaro P., Torreele E. Global challenges in preparedness and response to epidemic infectious diseases [J]. Molecular Therapy, 2022, ISSN: 1525-0016.

[16] 徐海洋，吴集，杨筱. 以技术创新不断筑牢生物安全屏障 [J]. 科技中国，2022，01：19-22.

[17] 刘冲，邓门佳. 新兴生物技术发展对大国竞争与全球治理的影响 [J]. 现代国际关系，2020，06：1-10.

[18] 卢浪，徐能武. 人类命运共同体视域下的全球生物安全治理——现状分析、原因探究与路径选择 [J]. 湘潭大学学报（哲学社会科学版），2022，46(2)：115-120.

[19] 习近平. 论坚持推动构建人类命运共同体 [M]. 北京：中央文献出版社，2018.

[20] 关武祥，陈新文. 新发和烈性传染病的防控与生物安全 [J]. 中国科学院院刊，2016，31(4)：423-431.

[21] 吴函蓉，王莹，杨力，等. 我国生物技术基地平台现状与发展建议. 中国生物工程杂志，2021，41(11)：119-123.

[22] 高一涵，楼铁柱，刘术. 当前国际生物安全态势综述 [J]. 人民军医，2017，60(6)：553-558.

[23] 李小鹿，郭向阔. 晦暗不明的生物战 [J]. 世界知识，2020，10：17-20.

[24] Tanusha S. Overview of biorisk management: reality to resilience [J]. Safety and Health at Work, 2022, 13(S)：S81.

[25] 闵芳. 可怕的生物武器 [J]. 生命与灾害，2019，04：4-5.

[26] 刘长敏，宋明晶. 美国生物防御政策与国家安全 [J]. 国际安全研究，2020，38(3)：96-126.

[27] Arturo C. The future of biological warfare [J]. Microb Biotechnol, 2012, 5(5)：584-587.

[28] 李江龙，杨秀汪. 聚焦"新常态"：中国能源需求变化的驱动因素分解 [J]. 厦门大学学报（哲学社会科学版），2021，04：43-56.

[29] 田烨，红霞. 重大传染病疫情与构建人类命运共同体——基于抗击新型冠状病毒肺炎疫情的人类学启示 [J]. 新疆大学学报（哲学·人文社会科学版），2022，50(2)：64-70.

[30] 龚向前. 传染病全球化与全球卫生治理 [J]. 国际观察，2006，03：24-29.

[31] David B., Michael K., Klaus P. Modern Infectious Diseases: Macroeconomic Impacts and Policy Responses [J]. Journal of Economic Literature, 2022, 60(1)：85-131.

[32] Nicholas R., David S.S. Bioterrorism [J]. American Family Physician. 2021, 104(4)：376-385.

[33] 闫妍. 人类遗传资源权利研究 [D]. 天津大学，2021.

[34] Star R.H., Diana E., Erin K., et al. Art's Work in the Age of Biotechnology: Shaping Our Genetic Futures [J]. Leonardo, 2022, 55(1)：5-17.

[35] 孙名浩，李颖硕，赵富伟. 生物遗传资源保护、获取与惠益分享现状和挑战 [J]. 环境保护，2021，49(21)：30-34.

[36] 刘然. 回思与进路：食品安全治理中的思想政治教育研究——评《中国食品安全道德治理研究》[J]. 食品安全质量检测学报，2022，13(2)：669.

[37] Meghnaa T., Bruce H., Evan L., et al. Impact of Abstract Versus Concrete Conceptualization of Genetic Modification (GM) Technology on Public Perceptions [J]. Risk Analysis, 2020, 41(6)：976-991.

[38] 高利红. 筑牢生物安全防线 守护人民群众安全健康 [N]. 湖北日报，2021，DOI：10.28310/n.cnki. nhbbr.2021.010054.

[39] 孙名浩，胡冰莹，李颖硕，等 . 遗传资源获取与惠益分享相关国际法现状与发展趋势 [J]. 中国食品药品监管，2022，01：112-119.

[40] 裴昱 . 境外机构使用中国人类遗传信息或面临安全审查 国际科研合作影响几何？ [N]. 中国经营报，2022，DOI：10.38300/n.cnki.nzgjy.2022.000894.

[41] 周燕，肖建鹏，胡建雄，等 . 我国常态化防控阶段的新型冠状病毒肺炎本土疫情流行特点和防控经验 [J]. 中华流行病学杂志，2022，43(4)：466-477.

[42] 牛建敏，沈佚葳，刘磊，等 . 医院科研实验室生物安全管理现状及应对措施 [J]. 中国病原生物学杂志，2021，16(11)：1361-1363.

[43] 刘玮 . 生物安全重于泰山——评《实验室生物安全》一书 [J]. 中华疾病控制杂志，2021，25(9)：1117.

[44] 秦天宝 . 论实验室生物安全法律规制之完善 [J]. 甘肃政法学院学报，2020，03：1-11.

[45] 吴孔明 . 提高政治站位 强化责任担当 加强国家生物安全风险防控和治理体系建设 [J]. 旗帜，2021，12：30-32.

[46] 加强国家生物安全风险防控和治理体系建设 提高国家生物安全治理能力 [N]. 人民日报，2021，DOI：10.28655/n.cnki.nrmrb.2021.010413.

第十八章
高校大学生维护国家安全的责任与担当

学习目标

◇ 了解国家安全法律体系。
◇ 理解大学生维护国家安全的重要性。
◇ 掌握公民维护国家安全的义务规定。
◇ 了解大学生维护国家安全的主要路径。

国家安全与每一个公民和组织的安全息息相关，维护国家安全是每个公民的神圣职责，更是根本利益所在。党的二十大报告指出："当代中国青年生逢其时，施展才干的舞台无比广阔，实现梦想的前景无比光明。"以习近平新时代中国特色社会主义思想为指导，全面贯彻总体国家安全观，自觉承担维护国家安全的义务，不断丰富国家安全知识，全面提升维护国家安全能力，是新时代大学生应有的责任与担当。

第一节　全面依法维护国家安全

一、我国现行国家安全法律体系

我国现行国家安全法律体系，包括一个国家所制定的所有关于国家安全和利益保护的法律规范，即广义上所有的国家安全相关法律。狭义的国家安全法，就是指单行的《中华人民共和国国家安全法》，是以国家名义系统地规定有关维护国家安全并形成一定体系的法律。因此，我国现行国家安全法律体系，不仅包括专门的国家安全法，还包括宪法、反间谍法等其他有关维护国家安全的法律规范。大致可以分为以下三个方面。

（1）宪法。宪法是我国的根本大法，具有最高的法律效力。宪法对我国国家安全相关法律法规所必须遵循的原则做了规定，如第二十八条规定"国家维护社会秩序，镇压叛国和其他危害国家安全的犯罪活动，制裁危害社会治安、破坏社会主义经济和其他犯罪的活动，惩办和改造犯罪分子"。宪法第五十四条规定"中华人民共和国公民有维护祖国的安全、荣誉和利益的义务，不得有危害祖国的安全、荣誉和利益的行为"。这些原则规定，又通过其他国家安全相关法律法规得以贯彻实施。

（2）专门立法。即专门规范国家安全工作的法律法规，内容涵盖维护国家统一和领土完整、政治秩序和社会秩序及国防和军事安全等方面。这不仅包括一批支架性法律，为维护国家安全提供基本法律依据，还包括相关配套法规制度，如国家安全法、反分裂国家法、反间谍法、反恐怖主义法、境外非政府组织境内活动管理法、网络安全法、国家情报法、核安全法和国家保密法等专门的国家安全法律。

国家安全法是以宪法为立法依据所制定的法律，也是宪法所规定原则的具体体现。1993 年第七届全国人大常委会第三十次会议审议通过的国家安全法，为适应当时国家安全工作的需要，主要规定了防范、制止、惩治来自境外敌对势力、间谍情报组织及境内外相勾结实施的危害我国国家安全的行为。2015 年十二届全国人大常委会第十五次会议通过实施的《中华人民共和国国家安全法》是适应新时代的需要，为贯彻总体国家安全观所重新制定的国家安全法，是该领域最重要的基础性法律，居于国家安全法律体系中的龙头地位。

（3）相关法律法规的部分条款中涉及维护国家安全或惩治相应的违法犯罪行为，如反垄断法、食品安全法、刑法等法律的部分条款。

二、公民维护国家安全法律义务的主要内容

（一）义务的概念和种类

在维护国家安全的法律关系中，主体有公民和机关团体等组织，也包括国家安全机关及工作人员。本节内容主要是介绍公民和组织在维护国家安全中所负的法律义务，即必须履行的责任和不得作出的行为，同时，还介绍了公民和组织在维护国家安全中所具有的权利内容。

在生活中，公民和组织承担着各种义务，如道德义务、宗教义务和法律义务等。其中，法律义务指的是法律规定人们应该履行的某种责任，表现为义务人必须作出一定行为或不作出一定行为，以此来维护国家利益或保证权利人的权利获得实现。可以分为宪法中规定的公民基本义务和其他法律法规中规定的具体义务。《国家安全法》中对公民和组织所规定的维护国家安全的义务，是对宪法中公民基本义务的具体化。

（二）公民和组织维护国家安全的义务

《国家安全法》对公民和组织维护国家安全的义务在第六章第七十七条、第七十八条及第七十九条进行了规定。具体包括以下十项内容。

1.遵守宪法、法律法规关于国家安全规定的义务

公民和组织应当主动了解宪法、法律法规中关于国家安全的相关规定，并在全面了解和掌握的基础上积极主动地遵守相关规定。

宪法中关于国家安全的有关规定主要是指："国家维护社会秩序，镇压叛国和其他危害国家安全的犯罪活动，制裁危害社会治安、破坏社会主义经济和其他犯罪的活动，惩办和改造犯罪分子。中华人民共和国的武装力量属于人民，它的任务是巩固国防、抵抗侵略，保卫祖国，保卫人民的和平劳动，参加国家建设事业，努力为人民服务。"宪法第二十八条至

第二十九条、第五十一条至第五十五条都规定了公民在维护国家安全方面应履行的义务。

关于国家安全的相关规定主要是指在《中华人民共和国香港特别行政区维护国家安全法》《中华人民共和国国家情报法》《中华人民共和国反恐怖主义法》《中华人民共和国境外非政府组织境内活动管理法》《中华人民共和国核安全法》《中华人民共和国网络安全法》《中华人民共和国反间谍法》《中华人民共和国反间谍法实施细则》《中华人民共和国保守国家秘密法》《中华人民共和国保守国家秘密法实施条例》《反分裂国家法》《中华人民共和国国防法》《中华人民共和国戒严法》《中华人民共和国密码法》《中华人民共和国刑法》《中华人民共和国刑事司法协助法》等法律法规中的相关规定。

公民和组织可以通过自学或参加由单位、社区、学校等组织举办的普法宣传教育活动了解相关规定，培养守法意识，积极履行相关义务。

2. 及时报告线索的义务

公民和组织发现危害国家安全的活动及线索，应当及时向国家安全机关或公安机关报告。

危害国家安全的活动范围很广，在政治、国土、军事、经济、文化、社会、科技、网络、生态、资源、核、海外利益以及太空、深海、极地、生物等不断拓展的新型领域都可能发生危害国家安全的活动。很多时候这些危害国家安全的活动较为隐蔽，需要公民具有较强的国家安全意识和较全面的国家安全知识才能识别。公民发现相关违法行为，及时揭发和报告，是维护国家安全的重要途径。

报告的方式包括口头报告和书面报告。公民可以向单位或居住地基层组织报告，也可以不经过其他组织和个人直接向国家相关机关报告，国家安全机关公开的举报电话是12339。

3. 如实提供证据的义务

公民和组织有如实提供所知悉的涉及危害国家安全活动证据的义务。当国家安全机关向公民和组织了解有关情况和收集证据时，公民和组织应当积极配合，如实提供相关证据，不得拒绝。

"如实"主要是指公民和组织在提供信息时，不做艺术加工和渲染夸大，也不隐瞒和缩小事实的严重性，要根据自己知悉和掌握的实际情况进行报告。

"知悉"主要是指公民亲眼所见或亲耳听到的他人危害国家安全的行为。如果是间接得知，公民应确认其真实性再曝光，避免道听途说、主观猜测所导致的诬陷行为。

公民如实提供证据，也是履行公民作为证人的义务。《中华人民共和国刑事诉讼法》规定，凡是知道案件情况的人，都有作证的义务。证人应当客观、如实地提供证据，不得捏造事实、伪造证据进行诬告。诬告陷害和有意作伪证或者隐匿罪证，应负法律责任。

4. 提供便利条件或其他协助的义务

公民和组织有为国家安全工作提供便利条件或其他协助的义务。维护国家安全和利益，不仅是国家安全机关自身的工作，也是我国公民和组织应负的义务。国家安全机关在执行相关任务时，也需要有关公民和组织的协助和支持，才能更好地履行职责。

提供便利条件的范围较广，主要包括允许进入特定场所、查阅档案资料、使用各类工具。提供其他协助是指在法律允许范围内且条件具备，公民和组织为国家安全工作提供包括人力物力财力等各方面的积极协助。

5. 提供必要的支持和协助的义务

公民和组织有向国家安全机关、公安机关和有关军事机关提供必要的支持和协助的义务。当国家安全机关、公安机关和有关军事机关赋予公民和组织特定的任务时，公民和组织应积极配合完成。

6. 保守所知悉的国家秘密的义务

公民和组织具有保守所知悉国家秘密的义务。保守国家秘密是维护国家安全的重要方式。我国宪法、《保守国家秘密法》均对公民和组织保守国家秘密的义务作出了规定。

本项规定中的国家秘密，主要是指：国家事务重大决策中、国防建设和武装力量活动中、外交和外事活动中的秘密事项以及对外承担保密义务、国民经济和社会发展中、科学技术中、维护国家安全活动和追查刑事犯罪中、经国家保密行政管理部门确定、政党的涉及国家安全和利益的事项，泄露后可能损害国家在政治、经济、国防、外交等领域的安全和利益的事项，也包括关系国家安全工作的属于国家秘密的事项，如可能危害国家安全行为人的信息、国家安全机关的秘密行动方案、对策、案卷等。

公民和组织应当遵守保密制度，不得非法获取、持有、买卖、转送、携带和传递国家秘密。

7. 遵守法律、行政法规规定的其他义务

公民和组织有遵守法律、行政法规所规定的其他义务。本项规定较为宽泛。实际上，公民和组织积极履行各项法律义务，也是维护国家安全的方式。

8. 不得有危害国家安全行为、不得向危害国家安全的个人或组织提供资助或协助

任何公民和组织不得有危害国家的行为、不得向危害国家安全的个人或组织提供任何资助或者协助。这属于禁止性义务，即禁止法律关系的主体作出一定的行为。

不得有危害国家安全行为要求公民和组织应遵守宪法、法律法规中关于国家安全的有关规定和其他有关义务，禁止出现危害国家安全的行为。

不得向危害国家安全的个人或者组织提供任何资助或者协助主要是指：在发现有人或组织进行危害国家安全的行为时，公民或组织不得配合、资助或协助。除此之外，还应及时向有关部门报告相关情况和线索。

9. 教育并动员组织进行防范、制止的义务

各种组织应对本单位人员进行维护国家安全的教育，动员、组织本单位的人员防范、制止危害国家安全的行为。公民相应的有接受教育和动员，学习防范、制止危害国家安全行为的义务。

维护国家安全是公民和组织应尽的义务。公民应自觉参加相关组织，多渠道、多方式、多层次地接受国家安全宣传教育，了解国家安全工作的重要性，加强对总体国家安全观和中国特色国家安全道路的理解，自觉维护国家安全，积极防范和制止相关危害行为。

10. 配合有关部门采取相关安全措施的义务

企业事业组织根据国家安全工作的要求，应当配合有关部门采取相关的安全措施。主

要指的是：根据相关法律法规，国家安全机关对组织提出的配合要求，各组织应积极完成。比如《中华人民共和国网络安全法》第五十条规定，"国家网信部门和有关部门依法履行网络信息安全监督管理职责，发现法律、行政法规禁止发布或者传输的信息的，应当要求网络运营者停止传输，采取消除等处置措施，保存有关记录；对来源于中华人民共和国境外的上述信息，应当通知有关机构采取技术措施和其他必要措施阻断传播"。当某组织或单位收到这样的任务时，应当积极配合完成任务要求，有效维护国家安全。

（三）对不履行义务的处理

法律关系主体承担的法律义务应当得到履行。对于不履行维护国家安全的义务的，《国家安全法》指出了不履行义务应承担法律责任。《国家安全法》第六章中规定了公民和组织有维护国家安全的义务，该法对这些义务的不履行在第一章中有所规定：任何个人和组织违反本法和有关法律，不履行维护国家安全义务或者从事危害国家安全活动的，依法追究法律责任。在实践中，需要根据刑法和其他专门法律追究相应的刑事法律责任和行政法律责任。

刑法分则中的第一章、第二章、第六章、第九章及第十章分别规定了危害国家罪、危害公共安全罪、妨害社会管理秩序罪、渎职罪和军人违反职责罪的相应法律责任。其中，危害国家罪、危害公共安全罪和妨害社会管理秩序罪和高校维护国家安全密切相关。

另外，在其他国家安全相关法律中也有对法律责任的规定。主要是两种情况：当情节轻微时，相关法律明确规定应负的行政法律责任；若构成犯罪，则需依照刑法追究刑事法律责任。比如《中华人民共和国反恐怖主义法》第九章就明确规定了相应的法律责任。该法第九章第七十九条规定，"组织、策划、准备实施、实施恐怖活动，宣扬恐怖主义，煽动实施恐怖活动，非法持有宣扬恐怖主义的物品，强制他人在公共场所穿戴宣扬恐怖主义的服饰、标志，组织、领导、参加恐怖活动组织，为恐怖活动组织、恐怖活动人员、实施恐怖活动或者恐怖活动培训提供帮助的，依法追究刑事责任。当情节轻微，尚不构成犯罪时，由公安机关处十日以上十五日以下拘留，可以并处一万元以下罚款"。

扩展阅读18.1
违反《网络安全法》的典型案例

《中华人民共和国反间谍法》第四章明确规定了相应的法律责任。比如该法第四章第二十九条规定，"明知他人有间谍犯罪行为，在国家安全机关向其调查有关情况、收集有关证据时，拒绝提供的，由其所在单位或者上级主管部门予以处分，或者由国家安全机关处十五日以下行政拘留；构成犯罪的，依法追究刑事责任"。第三十一条规定，"泄露有关反间谍工作的国家秘密的，由国家安全机关处十五日以下行政拘留；构成犯罪的，依法追究刑事责任"。第三十二条规定，"非法持有属于国家秘密的文件、资料和其他物品，构成犯罪的，依法追究刑事责任；尚不构成犯罪的，由国家安全机关予以警告或者处十五日以下行政拘留"。

第二节　高校维护国家安全面临的主要问题及风险挑战

一、危害国家安全行为主要类别

什么是危害国家安全的行为？我国在有关的国家安全法中以及刑法中对危害国家安全行为的概念和具体内容进行了规定。《国家安全法》第十五条至第三十四条规定了维护国家安全的任务，那么违反这些规定的行为，即可视为危害国家安全的行为。比如《国家安全法》中第十五条指出，"国家防范、制止和依法惩治任何叛国、分裂国家、煽动叛乱、颠覆或煽动颠覆人民民主专政政权的行为；防范、制止和依法惩治窃取、泄露国家秘密等危害国家安全的行为；防范、制止和依法惩治境外势力的渗透、破坏、颠覆、分裂活动"。

根据我国法律规定的具体内容，危害国家安全行为的特征有：首先，危害行为的客体是国家安全。根据《国家安全法》第二条，国家安全指的是：国家政权、主权、统一和领土完整、人民福祉、经济社会可持续发展和国家其他重大利益相对处于没有危险和不受内外威胁的状态，以及保障持续安全状态的能力。其次，危害行为的主体，是实施危害行为或向实施危害行为的个人或组织提供资助及协助的个人和组织。再次，客观上，危害国家安全行为的表现是我国有关国家安全的法律及刑法中明确规定的行为。最后，我国相关法律中并未规定实施危害行为的动机和目的。因此，不论实施危害国家安全行为的主观是否故意，都不影响此行为的成立。

根据我国刑法，危害国家安全的行为可以分为三种，即危害国家安全、危害公共安全和妨害社会管理秩序。

（一）危害国家安全

根据我国刑法分则第一章第一百零二条至第一百一十三条，危害国家安全的行为具体包括以下六种。

1.破坏国家主权、领土完整和安全、颠覆国家政权、推翻社会主义制度的行为

刑法分则第一百零二条至第一百零七条对这一类危害国家安全的行为进行了描述，"勾结外国，危害中华人民共和国的主权、领土完整和安全的""组织、策划、实施及煽动分裂国家、破坏国家统一的""组织、策划、实施武装叛乱或武装暴乱的""策动、胁迫、勾引、收买国家有关机关人员等进行武装叛乱或武装暴乱的""组织、策划、实施颠覆国家政权、推翻社会主义制度的""以造谣、诽谤或其他方式煽动颠覆国家政权、推翻社会主义制度的""与境外机构、组织、个人相勾结，实施以上行为的""接受境外机构、组织、个人资助，实施以上行为的"。

"国家政权"是由我国各级人民代表大会、政府、审判机关、法律监督机关、军事机关所行使的。因此，不论是组织、策划、实施颠覆中央人民政府，还是针对地方人民政府，

又或者是法院及检察院的，性质都同属于危害国家安全。其手段和方式可以是多样的，不论是组织、策划、实施、煽动，还是与境外勾结，不论是公开还是秘密进行，都不影响其危害国家安全的性质。

"推翻社会主义制度"指的是以各种方式改变人民民主专政和以公有制为主体的社会主义经济基础的行为。

2. 投敌叛变的行为

刑法分则第一百零八条和第一百零九条对这一类危害国家安全的行为进行了描述，"投敌叛变的""带领武装部队人员、人民警察、民兵投敌叛变的""国家机关工作人员在履行公务期间，擅离岗位，叛逃境外或者在境外叛逃的""掌握国家秘密的国家机关工作人员叛逃境外或者在境外叛逃的"。

该项规定中除了针对普通公民，还特别对武装部队人员、人民警察、民兵、国家机关工作人员和掌握国家秘密的国家机关工作人员作出规定。因为这些对象如果叛变叛逃，将对国家经济、军事等各方面造成比较大的危害和损失。

3. 间谍行为

刑法分则第一百一十条对这一类危害国家安全的行为进行了描述，"参加间谍组织或接受间谍组织及其代理人的任务的""为敌人指示轰击目标的"。

"参加间谍组织"指的是加入间谍组织成为间谍组织成员的行为。只要成为间谍组织成员，不要求已经实施了间谍行为，就属于危害国家安全的行为。"接受间谍组织及其代理人的任务"指的是受间谍组织或其代理人的命令、派遣、委托或自主，进行危害我国国家安全的活动。

4. 窃取、刺探、收买、非法提供国家秘密或者情报的行为

刑法分则第一百一十一条对这一类危害国家安全的行为进行了描述，"为境外机构、组织、人员窃取、刺探、收买、非法提供国家秘密或者情报的"。

行为人只要在窃取、刺探、收买、非法提供四种行为中具备一种，就属于危害国家安全的行为。"国家秘密"是指《中华人民共和国保守国家秘密法》第二条、第八条以及《中华人民共和国保守国家秘密法实施办法》第四条规定的事项。"情报"指的是关系国家安全和利益、尚未公开或者依照有关规定不应公开的事项。

5. 战时供给敌人武器装备、军用物资资敌的行为

"战时"指的是国家宣布进入战争状态。部队受领作战任务或者遭敌突然袭击时、部队执行戒严任务或者处置突发性暴力事件时，只要行为人有资敌行为，不论敌人是否取得武器装备和军用物资，都不影响确定其危害国家安全行为的性质。

6. 其他危害国家安全的行为

刑法除了规定五种具体的危害国家安全行为外，还规定了其他项。因为实践中可能出现在列举项之外的新的、多种多样的危害国家安全的行为。因此，有必要指出其他破坏行为性质上也可以属于危害国家安全的行为。比如，实施、煽动实施或资助恐怖活动的行为，胁迫、强制、煽动他人宣传恐怖组织的行为都属于危害国家安全。

（二）危害公共安全

刑法分则第二章对危害公共安全的行为作出了规定，其中和国家安全所面临的风险密切相关的，主要是第一百二十条中所规定和实施恐怖活动相关的行为。恐怖主义是指通过暴力、破坏、恐吓等手段，制造社会恐慌、危害公共安全、侵犯人身财产，或者胁迫国家机关、国际组织，以实现其政治、意识形态等目的的主张和行为。具体如下。

1. 组织、领导、积极参加恐怖活动组织的行为

"恐怖活动组织"是以从事杀人、伤害、绑架、爆炸等严重暴力犯罪为主要活动内容的犯罪集团，具有很大的社会危害性。该组织一般带有明显的政治性目的，并在此目的的指导下，专门或者主要从事暗杀、绑架、爆炸、放火、劫持人质和交通工具等严重暴力犯罪行为。

"组织"是指策划、鼓动、教唆、召集、引诱多人成立专门以或者主要以从事恐怖犯罪活动为内容的组织的行为。

"积极参加"是指多次参加恐怖组织的活动，态度积极，或者虽然偶尔参加恐怖组织的活动，但在其中起主要作用的行为。

"参加"是指除组织、领导、积极参加恐怖活动以外的其他参与恐怖组织活动的行为。

行为人只要组织、领导或者参加恐怖活动组织就危害了公共安全，如果还具体实施了一定恐怖犯罪行为，应当将其所实施的具体犯罪行为和组织、领导、参加恐怖活动组织罪实行数罪并罚。

2. 帮助恐怖活动的行为

帮助恐怖活动的行为包括资助恐怖活动组织、实施恐怖活动、资助恐怖活动培训的行为，以及为前几种恐怖活动培训招募、运送人员的行为。

"资助恐怖活动组织"，指的是以募捐、变卖房产、转移资金等方式为恐怖活动组织、实施恐怖活动的个人、恐怖活动培训筹集、提供经费，或者提供器材、设备、交通工具、武器装备等物资，或者提供其他物质便利的。

3. 准备实施恐怖活动的行为

准备实施恐怖活动的行为包括为实施恐怖活动准备凶器、危险物品或者其他工具的；组织恐怖活动培训或者积极参加恐怖活动培训的；为实施恐怖活动与境外恐怖活动组织或者人员联络的；为实施恐怖活动进行策划或者其他准备的行为。

根据刑法总则及相关刑法理论，任何一种故意犯罪都可能存在预备行为，准备实施恐怖活动罪也不例外，如为购买实施恐怖活动的枪支、弹药而筹集钱款的行为，为与境外恐怖活动组织或者人员进行联系而制作或者购买通信工具的行为，为策划实施恐怖活动而与相关人员联系的行为，等等。

4. 宣扬恐怖主义、极端主义、煽动实施恐怖活动的行为

这种行为包括以制作、散发宣扬恐怖主义、极端主义的图书、音频视频资料或者其他物品，或者通过讲授、发布信息等方式宣扬恐怖主义、极端主义的，或者煽动实施恐怖活动的行为。

"制作"和"散发"是两个并列的客观行为,是"宣扬"的表现形式,实施了其中的一个,就构成宣扬恐怖主义、极端主义、煽动实施恐怖活动的行为。

5. 利用极端主义破坏法律实施的行为

这种行为包括利用极端主义煽动、胁迫群众破坏国家法律确立的婚姻、司法、教育、社会管理等制度实施的行为。

"极端主义"是指为了达到个人或者小部分人的某些目的而不惜一切后果采取极端的手段对公众或政治领导集团进行威胁。"煽动"是指怂恿、鼓动。"胁迫"是指威胁和强迫。

6. 强制穿戴宣扬恐怖主义、极端主义服饰、标志的行为

这种行为是指以暴力、胁迫等方式强制他人在公共场所穿着、佩戴宣扬恐怖主义、极端主义服饰、标志的行为。

"暴力"是指对他人殴打、捆绑等。"胁迫"指的是以语言或行动向他人告知,如违背其意志将其予以加害的精神强制方法。其他方式包括"暴力""胁迫"不能涵盖但危害程度相当的方式,比如催眠、用酒灌醉、药物迷幻等方式。

7. 非法持有宣扬恐怖主义、极端主义物品的行为

这种行为是指明知是宣扬恐怖主义、极端主义的图书、音频视频资料或者其他物品而非法持有的行为。

"明知"是指知道或者应当知道。对"明知"的认定不能以行为人的供述和认知为标准,应当结合案件具体情况,以行为人实施的客观行为为基础,结合其一贯表现,具体行为、程度、手段、事后态度,以及年龄、认知和受教育程度、所从事的职业等来综合判断。

"非法持有"是指没有合法根据地实际占有、支配或者控制。

(三)妨害社会管理秩序

刑法分则第六章对妨害社会管理秩序的行为作出了规定,其中和国家安全所面临的风险密切相关的,主要是第二百八十二条至第二百八十八条中所规定的六种行为。具体有以下几点。

1. 非法获取国家秘密的行为

刑法分则第六章第二百八十二条对此类行为进行了描述,"以窃取、刺探、收买方法,非法获取国家秘密的""非法持有属于国家绝密、机密的文件、资料或者其他物品,拒不说明来源与用途的"。

"窃取"是指行为人采取非法手段秘密取得国家秘密的行为。"刺探"是指行为人通过各种途径和手段非法探知国家秘密的行为。"收买"是指行为人以给予金钱或者其他物质利益的方法非法得到国家秘密的行为。"国家秘密"包括国家绝密、国家机密与国家秘密。国家秘密的保密期限已满、自行解密后,不属于本行为所指对象。

"非法持有"是指不该持有而持有属于国家绝密、机密的文件、资料或者其他物品,包括传递、携带、保存这些文件、资料和物品。"其他物品"是指依照有关法律被确定为国家绝密、机密的物品,如被确定为国家绝密或者机密的先进设备、高科技产品、军工产

品等。"拒不说明来源与用途"是指在有关机关责令说明其非法持有的属于国家绝密、机密的文件、资料和其他物品的来源和用途时，行为人拒不回答或者做虚假回答。

2. 非法生产、销售专用间谍器材、窃听、窃照专用器材的行为

"非法生产"是指未经批准，运用各种手段加工、制作窃听、窃照等专用间谍器材的行为，只要行为人生产的产品属于国家安全部确认的专用间谍器材，即使其产品质量、性能低于合法生产的专用间谍器材，也不影响其行为的性质认定。"非法销售"是指未经批准擅自经营专用间谍器材或者向没有法定使用许可手续的单位或个人出售专用间谍器材的行为。"间谍专用器材"是指暗藏式窃听、窃照器材，突发式收发报机、一次性密码本、密写工具，用于获取情报的电子监听、截收器材，以及其他专用间谍器材。

3. 非法使用窃听、窃照专用器材的行为

在我国，窃听、窃照专用器材是一般禁止持有、使用的物品，除非法律特别授权，否则持有、使用即为非法。对于有关机关确有需要的，其具体使用程序应进行严格的限制。

根据刑法分则规定，非法使用窃听、窃照专用器材，造成严重后果的，可构成非法使用窃听、窃照专用器材罪。"严重后果"主要指由于行为人非法窃听、窃照行为而致使窃听、窃照对象伤、亡、受重大财产损失，严重损害国家政治利益等情形。

4. 非法侵入计算机信息系统的行为

刑法分则第六章第二百八十五条对此类行为进行了描述，"违反国家规定，侵入国家事务、国防建设、尖端科学技术领域的计算机信息系统的""违反国家规定，侵入前款规定以外的计算机信息系统或者采用其他技术手段，获取该计算机信息系统中存储、处理或者传输的数据，或者对该计算机信息系统实施非法控制""提供专门用于侵入、非法控制计算机信息系统的程序、工具，或者明知他人实施侵入、非法控制计算机信息系统的违法犯罪行为而为其提供程序、工具"的行为。

刑法分则的规定，主要是对国家事务、国防建设、尖端科学技术领域的计算机信息系统安全的特殊保护。只有侵入这些领域的计算机信息系统，才属于妨害社会管理秩序。

5. 破坏计算机信息系统的行为

刑法分则第六章第二百八十六条对此类行为进行了描述，"违反国家规定，对计算机信息系统功能进行删除、修改、增加、干扰，造成计算机信息系统不能正常运行""违反国家规定，对计算机信息系统中存储、处理或者传输的数据和应用程序进行删除、修改、增加的操作""故意制作、传播计算机病毒等破坏性程序，影响计算机系统正常运行"的行为。

根据刑法分则的规定，破坏计算机信息系统造成严重的后果，包括以下几点：

（1）造成 10 台以上计算机信息系统的主要软件或者硬件不能正常运行的；

（2）对 20 台以上计算机信息系统中存储、处理或者传输的数据进行删除、修改、增加操作的；

（3）违法所得 5 000 元以上或者造成经济损失 1 万元以上的；

（4）造成 100 台以上计算机信息系统提供域名解析、身份认证、计费等基础服务或者

为 1 万以上用户提供服务的计算机信息系统不能正常运行累计 1 小时以上的；

（5）造成其他严重后果的。

6. 扰乱无线电通信管理秩序的行为

刑法分则第六章第二百八十八条对此类行为进行了描述，"违反国家规定，擅自设置、使用无线电台（站），或者擅自使用无线电频率，干扰无线电通信秩序"的行为。

在中华人民共和国境内设置、使用无线电台（站）和研制、生产、进口无线发射设备以及使用辐射无线电波的非无线电设备，都必须遵守国家有关规定。无线电管理实行统一领导、统一规划、分工管理、分级负责的原则，贯彻科学管理、促进发展的方针。无线电频谱资源属国家所有。

此类行为只有造成严重后果者才能构成犯罪。"严重后果"主要指干扰重要无线电通信系统的接收，造成重大误解或信息遗漏，危害严重的；干扰无线电导航或其他安全业务的正常进行，造成人身伤亡或财产损失的；干扰按照规划开展的无线电广播电视业务，严重损害、阻碍或一再阻断广播电视的接收并造成严重后果的；其他因干扰而造成严重后果的，如严重妨害公安机关对重大案犯的抓捕行动、妨害军事行动，等等。

二、高校学生维护国家安全面临的风险挑战

在全球化不断深化的今天，资本、知识、文化、人才等早已开始跨国、跨民族传播流动，随着网络科技的发展，在跨国、跨民族的文化交流基础上，文化全球化更势不可当。不同的价值观、文化模式等方面不断发生碰撞，潜移默化地改变着本国、本民族的思维方式、生活方式。高校作为一个国家文化传播、思维创新的前沿阵地，日渐成为国家安全入侵的首选，面临各种严峻的风险挑战。

扩展阅读18.2
为维护国家安全作出贡献的公民事迹

第一，西方敌对势力意识形态渗透。中华人民共和国成立以来，以美国为首的西方敌对势力对我国进行的意识形态渗透持续进行，利用"自由""民主""人权"的幌子，企图分裂中国。特别是利用高校学生年轻气盛、思想活跃的特点，企图腐蚀高校知识阵地，对我国造成潜在的威胁。

第二，网络安全挑战。网络的发展为高校学生学习、工作带来便利，同时也会被利欲熏心之人所利用。例如，某高校大学生杜某，因家庭生活贫困，闲暇之余在网站发帖求职。没过多久，一家外国军事杂志，询问杜某的个人信息后，答应给他一个"社会调查员"的职位，工作内容是到军事基地和军港拍摄照片，薪水丰厚。然而，这一切都是境外间谍设下的陷阱。类似的案件时有发生，境外间谍分子利用网络选择对象，以丰厚酬金诱导大学生，导致这一切发生的主要原因就是大学生对国家安全观认识不够，高校进行总体国家安全观教育力度有待加强。

第三，文化侵袭。全球化发展的文化导向，各国的软实力是各个国家制定外交政策的

重要依据。西方国家中最早重视利用文化软实力争夺话语权的是法国，法国以其深厚的文化背景引领全球绘画、建筑、雕塑、电影的潮流。日本以塑造"21世纪酷日本"形象，发展以动漫、茶道、插花、饮食为代表的大众文化产业；韩国以"韩流"为形式将服饰、本国语言推向全球发展。西方文化以及邻国文化已经在悄无声息地影响着人们的生活行为，改变着人们的思维方式。高校作为国家青年人汇聚的地方，是知识传播、文化传承的重要阵地，做好思想教育工作，防止青年学生思想西化，遏制西方思想渗透，使我国优秀传统文化得以继承和发扬，是高校总体国家安全观教育的重中之重，更是高校教育的职责所在。

一方面，大学生作为公民中的一个群体，作为普通公民中的一员，国家安全与自身安全息息相关，"皮之不存，毛将焉附"说的正是这个道理；另一方面，大学生肩负着维护国家安全的义务，并且时刻承担着防范化解国家安全风险的重大责任。习近平总书记指出，进入新时代以后，我国取得了伟大成就，但同时我国也面临明显增多的各种风险因素，维护国家安全和社会稳定任务繁重艰巨。这反映在大学生群体身上，就是大学生必须树立国家安全意识，提高警惕，直面维护国家安全的各类风险挑战，正确认识在日常生活中维护国家利益的重要性、紧迫性和必要性。

三、大学生提升维护国家安全能力的主要路径

国家安全离我们并不遥远，甚至就在我们身边，我们每个人都是国家安全的一道防线。青年大学生是维护国家安全的重要力量，要牢固树立总体国家安全观，正确认识国家安全的概念，要全面提升维护国家安全的能力，自觉担当维护国家安全的责任，做维护国家安全的参与者、实践者、贡献者。

（一）牢固树立总体国家安全观

1. 正确认识国家安全的概念

习近平总书记指出："当前，我国国家安全内涵和外延比历史上任何时候都要丰富，时空领域比历史上任何时候都要宽广，内外因素比历史上任何时候都要复杂。"大学生需要认识国家安全概念内涵与外延的丰富性，了解国家安全在政治、国土、军事、经济、文化、社会、科技、信息、生态、资源、核及其他新兴领域面临的挑战和风险，认识维护国家安全的任务比以往更加复杂、繁重、艰巨。

如果大学生的国家安全意识不强，没有领会总体国家安全观的深刻内涵，认识比较狭隘，对国家安全认识模糊、放松警惕，国家利益就会遭受损失。比如，有大学生对国家安全的概念仍停留在军事、国防、领土、战争、情报、间谍等一些传统、局部的认识上，没有全方位理解国家安全；有些大学生则把国家安全片面等同于情报间谍等活动，对其他行为警惕性不高；还有些大学生对国内外敌对势力破坏活动的警惕性不强，认为"和平期间无间谍"。这些都是不准确的，需要有则改之无则加勉。

2. 认识大学生维护国家安全的重要性

大学生在维护国家安全上也能起到重要作用。习近平总书记指出，"青年兴则国兴，青年强则国强。青年一代有理想、有本领、有担当，国家就有前途，民族就有希望"。无论是现在还是将来，维护国家安全都依托于广大青年，当今大学生要认识自身在维护国家安全上的重要性。

习近平总书记告诫我们，"人生的扣子从一开始就要扣好"。大学是大学生生活和精神独立的开始，是大学生世界观、人生观和价值观形成的关键阶段。大学期间的教育，对其未来发展和行为具有重大影响。大学生要成为担当民族复兴大任的时代新人，必须要认识到维护国家安全对自己成长和未来事业发展的重要性。

3. 认识大学生维护国家安全的必要性

国家安全迫切需要大学生的维护。当前，我国国家安全的形势日益严峻，面临着对外维护国家主权、安全、发展利益，对内维护政治安全和社会稳定的双重压力，各种可以预见和难以预见的风险因素明显增多，非传统领域安全日益凸显。当代大学生的学习生活与国家安全密切相关，是维护教育安全的重要力量，同时也是未来中国式现代化建设的主力军，承担着中华民族伟大复兴之大任，应该认识到维护国家安全的必要性与紧迫性，深切关注国家安全与发展。

（二）自觉担当维护国家安全的责任

1. 不断丰富国家安全领域新知识

大学生要重点学习习近平关于总体国家安全观的重要论述、了解国家安全的重要性、我国新时代国家安全的形势与特点，熟知总体国家安全观的基本内涵、重点领域和重大意义，以及相关法律法规。对我国国家安全各重点领域的基本内涵、重要性、面临的威胁与挑战、维护的途径与方法进行深入学习。

我国国家安全重点领域主要包括政治安全、国土安全、军事安全、经济安全、文化安全、社会安全、科技安全、网络安全、生态安全、资源安全、核安全、海外利益安全以及太空、深海、极地、生物不断拓展的新型领域安全。

大学生可以通过以下方式学习国家安全知识：参与高校开设的国家安全教育课程；参与国家安全领域相关的讲座、参观、调研、体验式实践活动等方式，进行案例分析、实地考察、访谈探究、行动反思，进行体验感悟；学习学校各类社团、报刊媒体、广播站、宣传栏、在线学习平台等各类传统或新媒体传播平台上的国家安全教育精品资源；参加社会各领域专业人士开办的实践课程，强化体验感受。

2. 全面提升维护国家安全的能力

首先，要提高工作保密意识。比如担任班级干部和学生会干部的同学，特别是党员学生在完成党组织的工作时，都有可能接触高校机要文件，对机要文件的接收、签领、登记、审批、传阅等都要遵守规范的流程，尽量不要使用微信、QQ等软件随意传播，以免造成秘密泄露，危害国家安全。2020年5月，某县教育局从机要渠道收到省委有关专项工作组下发的 1 份秘密级文件后，该局局长批示传达至各学校落实，办公室借调人员胡某为尽快落实文件精神，将文件全文拍照并发布至各学校校长微信工作群。某校校长张某未经查看即将文件照片转发至该校教师工作群，文件立即被群成员多次转发，迅速在数十个微信群传播，造成泄密。在案件发生后，胡某、张某均被给予党纪政务处分。大学生要意识到这些机要文件具有较强的严肃性和政治性，不应在未获得批准时私自随意传播。

其次，要提高反间防谍能力，严守国家秘密。由于高校承担了许多涉密的科研项目，学生作为学校科研的主要参与者，在工作和学习中不可避免地接触、知悉国家秘密。境外间谍机构往往会打着学术交流、交友联谊、推荐工作等幌子来收买大学生，以金钱诱使涉世未深的大学生参与情报收集、分析和传递等各种各样的策反活动，一旦掉入陷阱的大学生有所觉察，准备收手，他们就会原形毕露，利用手中掌握的把柄，以大学生今后的前途命运相威胁，迫使这些受害者继续听从他们的摆布。因此，在校大学生一定要提高反间防谍意识，严守自己知道的秘密。在遇到自己暂时难以处理的问题时，应及时向国家安全机关主动报告。

最后，不断提升履行维护国家安全相关义务的能力。要自觉学习宣传贯彻落实总体国家安全观，与时俱进，主动关注时事热点，主动了解世情、国情的变化，深入地了解国内外安全局势，提高警惕，理智地看待网络言论，提升防范政治安全、文化安全等方面的安全风险能力。主动参与全民国家安全教育日等活动，争做宣扬总体国家安全观的志愿者，积极参与普法宣传进社区、国安教育进基层等相关实践活动，带动身边的人一起提高国家安全意识，一同为维护国家安全而努力。

本章思考题

1. 公民和组织维护国家安全的义务有哪些？
2. 大学生和国家安全的关系是什么？

扩展阅读18.3
国家安全机关披露：境外反华敌对势力拉拢内地学生内幕

即测即练

参考文献

[1] 中共中央党史和文献研究院.习近平关于总体国家安全观论述摘编 [M].北京：中央文献出版社，2020.

[2] 阿克苏网警巡查执法.2020 年网络安全宣传周典型案例 [EB/OL].https://baijiahao.baidu.com/s?id=1678072918910445531&wfr=spider&for=pc，2021-12-06.

[3] 新华网.国家安全机关对为维护国家安全作出贡献的举报人进行表彰奖励 [EB/OL].http://www.xinhuanet.com/politics/2020-04/15/c_1125858654.htm, 2021-12-08.

[4] 范凌志.国家安全机关披露：境外反华敌对势力拉拢内地学生内幕 [EB/OL].https://world.huanqiu.com/article/42ipUk7QdgG, 2021-12-10.

后 记

2020 年 10 月，教育部印发《大中小学国家安全教育指导纲要》，将国家安全教育列为高等学校公共基础课，课时不少于 1 学分。如何落实《大中小学国家安全教育指导纲要》，如何解决高校普遍存在的国家安全教育内容被零碎分散在形势政策课、军事教育等科目中的现象，如何让现有高校国家安全教育教师和国家安全教育工作者领会总体国家安全观指导下的国家安全内涵，迅速掌握非传统安全和新型领域安全等知识，及时有效地推进高校国家安全教育，亟须一套涵盖新时代国家安全所有领域的权威教程。

本书是为满足普通高等学校开设国家安全教育公共基础课而编写的教程。本书的编写得到了国际关系学院刘跃进教授的精心指导，参与编写的都是从事国家安全涉及领域的专家和长期从事高校国家安全教育实践的一线教师。本书的第一章由中国高等教育学会保卫学专业委员会秘书长谭琳、副秘书长邓昌富撰写；第二章和第七章由南京大学社会学院成伯清院长领衔的团队撰写，主要执笔人为王家辉和吕雕；第三章由山东大学周作福老师、王寻老师撰写；第四章由陆军某学院胡有才老师、刘媛媛老师、王毅老师撰写；第五章由清华大学白重恩教授、雷家骕教授撰写；第六章由清华大学熊澄宇教授撰写；第八章由国防科技大学刘杨钺教授撰写；第九章由湖南大学廖鑫副教授、彭飞教授撰写；第十章由海南大学徐文副教授撰写；第十一章由湖南大学建筑与规划学院叶强教授团队撰写，参与本次撰写的团队主要成员有赵垚博士、莫正玺博士后、王敏博士；第十二章由南华大学何正忠副教授、吕丽丹老师撰写；第十三章由上海政法学院韩冬涛老师撰写；第十四章由国防科技大学徐能武教授、黄嘉副教授撰写；第十五章由中国科学院深海科学与工程研究所刘心成领衔的团队撰写，团队成员还有向长生、林雪平、焦倩雯；第十六章由中国极地研究中心屠景芳、湖南大学邓昌富撰写；第十七章由湖南大学涂海军教授撰写；第十八章由湖南大学莫桑梓副教授、华东交通大学付自生老师撰写。此外，清华大学出版社付潭娇编辑为及时出版本书做了大量的协调工作，并为本书的出版付出了艰辛的努力。在此，由衷地对团队的敬业精神表示感谢。

教师服务

感谢您选用清华大学出版社的教材！为了更好地服务教学，我们为授课教师提供本书的教学辅助资源，以及本学科重点教材信息。请您扫码获取。

▶▶ 教辅获取

本书教辅资源，授课教师扫码获取

▶▶ 样书赠送

公共基础课类重点教材，教师扫码获取样书

清华大学出版社

E-mail: tupfuwu@163.com
电话：010-83470332 / 83470142
地址：北京市海淀区双清路学研大厦 B 座 509

网址：https://www.tup.com.cn/
传真：8610-83470107
邮编：100084